IMPRIMERIE DE H. PERRONNEA

CHOIX

DE

DISCOURS FRANÇAIS,

OU

CONCIONES FRANÇAIS.

PRIX de ce Volume :

Broché.......................... 4 fr.
Relié en carton................. 4 fr. 25 c.

CHOIX

DE

DISCOURS FRANÇAIS,

OU

CONCIONES FRANÇAIS,

A L'IMITATION DU *CONCIONES* LATIN EN USAGE DANS
LES RHÉTORIQUES ;

PAR A. F. THÉRY,

Docteur ès-lettres, ancien Elève de l'Ecole Normale, Professeur de seconde au Collége royal
de Versailles.

A PARIS,

CHEZ J.-S. MERLIN, LIBRAIRE,
QUAI DES AUGUSTINS, N° 7.

1821.

DE L'IMPRIMERIE DE FEUGUERAY,
RUE DU CLOÎTRE SAINT-BENOÎT, N° 4.

A

MONSIEUR CHEVALIER,

PROFESSEUR DE RHÉTORIQUE

AU COLLÉGE ROYAL DE VERSAILLES.

Hommage d'affection et de reconnaissance.

Son ancien Élève, aujourd'hui
son Collègue,

A.-F. THÉRY.

PRÉFACE.

Je me suis demandé plus d'une fois pourquoi, dans nos rhétoriques, où le *Conciones latin* est regardé à juste titre comme le manuel des élèves pour la composition latine, nous n'avons point, pour la composition française, un ouvrage du même genre, un *Conciones français* (1). Sommes-nous donc, me disais-je, dans une impuissance absolue de trouver la matière d'un pareil recueil? Nous qui opposons avec un orgueil légitime nos Bossuet et nos Massillon aux Démosthène et aux Cicéron, ne possédons-nous aucuns morceaux oratoires dignes des Salluste, des Tite-Live et des Tacite, ou qui du moins approchent assez de la manière de ces grands maîtres pour offrir aux jeunes-gens une incontestable utilité?

Mais une réflexion m'expliqua bientôt l'absence de cet ouvrage. Je songeai qu'il avait suffi, pour composer le recueil latin,

_____

(1) J'espère qu'on voudra bien considérer que ce mot est devenu technique. On dit un *Conciones* comme on dit un *Veni mecum*. J'ai cru que c'était assez pour autoriser ce titre.

d'interroger trois ou quatre historiens auxquels s'étaient bornées et avaient dû se borner les recherches. Je vis ensuite que, pour
former un recueil français du même genre,
il faudrait dévorer le long et fastidieux
travail de feuilleter à-peu-près *cinq-cents*
volumes; que, sans cette espèce de dévouement, des morceaux peu connus seraient
injustement oubliés, l'ouvrage manque-
rait de cette variété qui peut seule y tenir
lieu de l'intérêt historique, et on laisserait
à faire un nouveau recueil plus complet
et plus judicieux que le premier.

Et en effet, ce n'était pas assez d'em-
prunter au Télémaque des discours d'une
éloquence vraiment antique, de recueillir
dans Mézerai des morceaux pleins de vivacité et d'énergie, dans Vertot quelques
imitations originales des anciens, et dans
Saint-Réal plusieurs traits du pinceau de
Salluste; il fallait encore mettre à contri-
bution tous les écrivains dont se glorifie
notre belle littérature, et même les écrivains moins distingués qui ont eu quelquefois des inspirations heureuses; ne né-
gliger dans aucun genre aucun auteur un
peu connu (1); enfin, exécuter pour une

_____

(1) Des considérations que fera aisément ap-
précier l'objet principal de ce recueil, m'ont in-
terdit l'usage de quelques morceaux.

partie spéciale du plan adopté dans les leçons de littérature, ce que MM. Noël et Delaplace ont exécuté habilement pour le plan tout entier.

C'est le résultat de ces recherches que je publie aujourd'hui. Parmi les matériaux innombrables dont je me suis trouvé entouré, j'ai choisi tous ceux qui m'ont paru le plus dignes d'être offerts à l'imitation. Tous ne sont pas de la même perfection, je l'avoue; mais je crois pouvoir affirmer que tous sont extraits d'écrivains recommandables, quoiqu'à des degrés différens; que tous renferment de véritables beautés, et peuvent être imités sans crainte. Je me permettrai d'ajouter que les quatre grands historiens dont le *Conciones latin* nous présente les chefs-d'œuvre ne sont pas toujours irréprochables; que Quinte-Curce est quelquefois rhéteur; que Tite-Live n'est pas toujours exempt de manière, ni fidèle peintre des mœurs; que Tacite a des formes de style dures et suspectes; et que Salluste est accusé d'affecter les vieilles locutions.

Au reste, l'utilité de ce recueil, quelque inférieur qu'on le suppose au recueil latin, me paraît évidente. Jusqu'à présent les rhétoriciens étaient obligés, pour le discours français, d'étudier dans le *Conciones latin* les mouvemens et les idées, et de chercher des modèles de style dans nos classiques français. Mais le mérite spécial de ce recueil serait, à mon avis, de présenter, rassemblés en un seul corps, des avantages auparavant disséminés. Est-il vrai que, pour apprendre à composer un discours français, qui est un tout unique renfermant les pensées et le style, il soit également avantageux à l'élève d'étudier les pensées d'un côté, le style de l'autre, ou d'étudier aussi dans un tout unique le style et les pensées ? J'oserai ne pas le croire, et cette seconde manière d'étudier me paraît bien plus vivante et bien plus efficace. Supposons un moment que cet ouvrage eût paru avant le *Conciones latin*, approuverait-on que, pour se former au discours latin, les élèves étudiassent ce recueil français et allassent chercher dans Cicéron des modèles de style ? Il n'y a, ce me semble, qu'à renverser la proposition (1).

Le *Conciones français* aura encore l'avantage de faire connaître aux jeunes-gens un certain nombre de morceaux choisis et irréprochables sous tous les rapports, d'au-

_____

(1) Je n'en reconnais pas moins l'immense utilité du *Conciones latin*, même pour le discours français : seulement, je pense que ce recueil permettrait de mettre plus d'ensemble dans cette étude.

teurs qu'ils ne peuvent ou même qu'ils ne doivent pas lire. J'ai eu soin que, parmi ces morceaux, comme dans tout le recueil, les idées qui peuvent se trouver répréhensibles fussent toujours suffisamment expliquées par la situation ou le caractère de l'orateur. C'est ainsi qu'on ne s'étonne pas, en ouvrant Salluste, de voir l'apologie de la sédition dans la bouche d'un Catilina.

On verra un petit nombre de morceaux traduits, soit des anciens, soit des modernes. Je les ai admis quand la traduction m'a paru originale; mais plusieurs motifs m'ont déterminé à ne pas admettre, dans ce recueil, de morceaux tirés des auteurs contemporains (1). J'ai la confiance que ces motifs seront appréciés facilement.

Outre les argumens nécessaires pour mettre au fait du discours, j'ai cru devoir caractériser chaque morceau le plus brièvement possible, sous le double rapport de la pensée et du style. Il m'a semblé que cette rapide indication porterait d'avance à réfléchir davantage pendant la lec-

(1) J'ai fait une seule exception pour quelques extraits du *Mémoire de M. le comte de Lally-Tollendal.* C'est un ouvrage qui, par son sujet et par le jugement qu'en a porté Laharpe, appartient au siècle précédent.

ture, et provoquerait des observations nouvelles, plus justes peut-être, mais dont
elle aurait été l'occasion.

Néanmoins, je n'ai pas poussé plus
loin cette méthode; j'ai pensé que présenter une analyse complète de chaque discours, ce serait favoriser la paresse du lec-
teur et rendre ainsi la lecture moins fruc-
tueuse. Il suffisait, ce me semble, de donner quelques conseils sur la manière d'a-
nalyser un discours, et d'offrir une seule
application de ces conseils. Avec ce fil
conducteur, les jeunes-gens risqueront
moins de s'égarer, et leur réflexion ne sera
pas cependant frappée de stérilité pour
avoir été prévenue. L'essai placé à la fin
du recueil est destiné à remplir cet objet.

Les points historiques qui avaient besoin d'être éclaircis ont donné lieu à plusieurs notes que j'ai tâché de rendre courtes
et précises. J'en ai ajouté quelques autres
par différentes considérations.

Il me reste à parler de ce qui a demandé
de ma part le plus de soin et d'attention,
je veux dire le plan du recueil, et la dis-
tribution des parties. Comme ce plan est
basé sur des réflexions particulières, j'ai
besoin de l'expliquer avec quelque détail.
Cependant, circonscrit dans les bornes
d'une préface, je ne puis guère donner
qu'un résumé rapide de mes idées. Je me

propose de les étendre dans un ouvrage sur la philosophie de l'art oratoire, que j'ai le dessein de publier si ce premier essai est accueilli avec quelque faveur.

Une nouvelle division des genres de la rhétorique, tel est le fondement sur lequel repose le plan de ce recueil. Quelle est cette division, et pourquoi la substituer à l'ancienne, c'est ce que je dois expliquer.

Des littérateurs distingués, et Laharpe (1), par exemple, ont senti que la division d'Aristote était vague et incomplète; mais ils n'ont rien proposé pour la remplacer.

Après avoir pensé que, des trois genres, le *délibératif* et le *judiciaire* étaient les seuls qu'on pût conserver, parce que seuls ils ont un objet déterminé nettement et avec certitude; tandis que le *démonstratif*, vague et indéterminé dans sa généralité immense, devait être rejeté, mes réflexions m'ont conduit à une conséquence opposée, quoique déduite du même principe. J'ai conclu que, des trois genres, le *démonstratif*, ou plutôt l'*expositif* (τὸ ἐπιδεικτικόν), devait être conservé, et qu'il fallait renoncer aux deux autres.

_____

(1) *Cours de Littérature*, tom. II., édition de M. Auger.

b.

En effet, si nous considérons l'éloquence en elle-même, nous verrons, comme l'a judicieusement observé M. de La Malle (1) d'après Cicéron, qu'elle est une et simple. La logique nous conduit à conclure d'abord qu'elle ne peut être rigoureusement définie, car ce qui est simple n'admettant pas d'analyse, peut bien s'indiquer, se décrire, mais ne se *définit* pas. Mais si l'éloquence ne peut être définie, elle ne peut être *divisée* en plusieurs genres. Je dis *exactement divisée*, car la division est une analyse comme la définition, et encore une fois, ce qui est simple n'est pas susceptible d'analyse (2).

Cependant l'étude de l'éloquence offrirait des difficultés peut-être insurmontables, à cause des innombrables objets qu'elle embrasse, si quelques divisions ne venaient aider la faiblesse de l'esprit, et le fixer sur une partie spéciale et déterminée. De là une nécessité absolue de sortir de la nature et comme du sanctuaire de l'éloquence, pour la considérer dans ses objets.

---

(1) *Discours sur l'Eloquence du barreau et de la tribune,* couronné par l'Académie française en 1820, par M. De la Malle, conseiller d'état.

(2) J'ai besoin de rappeler que les bornes d'une préface me permettent seulement d'indiquer mes idées.

Mais on peut affirmer d'avance que, plus on considérera ces objets dans une haute généralité, moins on s'éloignera brusquement de la généralité plus haute encore de l'éloquence, et moins, par conséquent, on l'aura dénaturée.

Il m'a semblé qu'on pouvait diviser les objets de l'éloquence en deux grandes classes : ou l'orateur provoque, rejette, approuve, blâme *un fait ou une action spéciale, positivement connue et déterminée,* ou il *expose des idées générales ou spéculatives, sans que cette exposition ait un autre but positif et spécial qu'elle-même.* En d'autres termes, le but du discours est ou *spécial et positif,* ou *général et spéculatif.* J'ai donné au premier de ces deux genres le nom d'*éloquence pratique* (τὸ πρακτικόν) et conservé au second celui d'*éloquence spéculative* ou *expositive* (τὸ ἐπιδεικτικόν). Ainsi, le discours de Henri IV à l'assemblée des notables, pour demander des subsides, appartient à l'*éloquence pratique,* parce que l'orateur a pour but *un fait particulier et positif.* Au contraire, les oraisons funèbres sont du genre *expositif,* parce que l'orateur veut alors *exposer* seulement les titres qui recommandent la mémoire de celui ou de celle qu'il entreprend de célébrer.

Il est facile de voir maintenant ce qu'il

y a de vicieux, à mon avis, dans la division
d'Aristote. C'est qu'il a confondu une division *générale* avec des subdivisions *particulières*. Le genre *politique* ou *délibératif*
et le genre *judiciaire* sont des termes clairs
par eux-mêmes et qui n'ont pas besoin
d'explication. Mais à côté de ces divisions
si nettement établies, qu'est-ce que le
genre *expositif?* Si on le borne aux discours d'apparat, aux éloges, aux disserta-
tions, quelle foule de sujets oubliés! Où
sont les discours militaires, par exemple?
Que devient le discours de Priam aux pieds
d'Achille, et mille discours prononcés dans
mille circonstances diverses? Si, dans le
genre *expositif*, on renferme toute exposition d'idées générales et spéculatives, à la
bonne heure; mais on n'exclut guère moins
de sujets, et d'ailleurs cette division est
évidemment d'une autre espèce que celle
des genres *délibératif* et *judiciaire*.

Je ne crois pas que la division des trois
genres ait été arbitrairement établie. Mais
c'est une question dans laquelle je ne puis
entrer (1). Qu'il me suffise de faire voir en
quoi cette division me paraît fausse.

J'ai pensé que la seule manière de re-

_____

(1) Je professe le plus grand respect pour Aristote, et la plus grande admiration pour sa rhétorique. Je crois qu'il l'a faite telle qu'elle pou-

médier à ce défaut était de transporter les
genres *délibératif* et *judiciaire* dans les *subdivisions*, et d'y substituer une *division* ana-
logue et parallèle à celle du genre *expositif*, une *division générale*. C'est ce que j'ai
appelé *genre pratique*; mais je ne me suis
pas dissimulé qu'une fois sorti de la nature même de l'éloquence, je ne pourrais
établir que des genres qui tendraient continuellement à s'identifier et à se confondre. Beaucoup de discours me paraissaient
bien marqués exclusivement du caractère
d'un genre; mais d'autres pouvaient me
sembler douteux. Cette considération n'a
pas dû m'arrêter, dans la persuasion où je
suis que ce défaut est inévitable et inhérent
au fait même d'une division quelle qu'elle
soit. J'ai donc mis tous mes soins à séparer
mes matériaux de la manière la plus dis-
tincte; mais je ne réponds pas que la ligne
de démarcation ne se soit quelquefois presque effacée.

On concevra que, dans un ouvrage de
ce genre, les deux parties que j'ai indiquées
ne peuvent contenir des discours dans la
même proportion. Ordinairement les discours du genre *expositif* sont beaucoup

---

vait être alors; mais on pourrait prouver, je
pense, qu'elle doit être aujourd'hui bien mo-
difiée.

plus longs que ceux du genre *pratique* ; ce sont souvent de véritables ouvrages, comme les *Oraisons funèbres* ou les *Éloges académiques*. J'ai dû m'interdire ceux-là, et c'était me restreindre à un petit nombre. Mais toutes les fois que, dans un de ces ouvrages, j'ai trouvé quelque morceau qui m'a paru faire à lui seul un tout complet, et dans la forme de discours, je l'ai admis sans scrupule ; j'y ai même trouvé des morceaux qui appartiennent à l'éloquence *pratique*, et que j'ai rangés dans la première partie de la division.

J'ai encore un mot à dire sur la seconde partie. On trouvera peut-être que les discours qu'elle contient ne sont pas du genre de ceux qu'on donne à faire dans nos réthoriques. La réponse est bien simple. Si des discours de ce genre sont susceptibles de beautés oratoires, et peuvent former aussi les jeunes-gens à l'éloquence, pourquoi ne les y exercerait-on pas (1) ?

Pour faciliter les recherches, et mettre plus de clarté dans ce recueil, j'ai subdi-

---

(1) On a restreint beaucoup trop, pour l'enseignement surtout, le sens du mot *Éloquence*. On a trop considéré l'orateur *de profession*, et l'on a trop peu songé à former *l'homme éloquent*. J'indique seulement ici cette importante question.

visé les deux divisions principales. Je ne prétends pas m'être arrêté dans les subdivisions possibles, mais j'ai employé celles qui pouvaient contenir les matériaux que j'ai rassemblés.

Le premier livre, ou la partie de l'*éloquence pratique*, est donc subdivisé en six sections, selon la nature des sujets. En voici les titres : 1°. *Sujets religieux*; 2°. *Sujets philosophiques et moraux*; 3°. *Sujets politiques*; 4°. *Sujets civils ou tirés des situations diverses des particuliers*; 5°. *Sujets judiciaires*; 6°. *Sujets militaires*. Les subdivisions du second livre sont les mêmes, à l'exception de la sixième, qui contient des *Sujets académiques ou d'apparat*, au lieu des *Sujets militaires*. Je dois une explication sur le titre de la quatrième subdivision. Ce titre est loin de me satisfaire, mais j'en ai cherché inutilement un autre. J'ai renfermé dans cette partie tous les discours relatifs aux circonstances infiniment diverses où peuvent se trouver les hommes dans la vie, en exceptant de ces circonstances les situations sociales positivement déterminées par chacune des autres subdivisions. J'ai donné à ces sujets le nom de *civils* par opposition aux sujets *politiques*, parce que l'orateur est alors supposé parler comme homme, comme individu, et non comme revêtu d'aucun caractère public. Au reste,

c'est ici que le champ serait ouvert aux subdivisions indéfinies : mais il m'a semblé
qu'il y avait quelque avantage à ne pas trop
disséminer les sujets.

Je ne dirai rien de la manière dont ces
discours sont distribués dans les sections
diverses : j'ai tâché d'y mettre de la variété
et de l'intérêt. Tous mes vœux seront remplis si ce faible tribut de mon zèle pour le
progrès des études ne paraît pas sans utilité.

CONCIONES
FRANÇAIS.

LIVRE PREMIER.
ÉLOQUENCE PRATIQUE.

SECTION Ire.
SUJETS RELIGIEUX.

MANDEMENT pour faire chanter un *Te Deum* en actions de grâces de la naissance d'un Dauphin.

(MASSILLON, *Mandemens.*)

Grandeur et solennité dans le style. On reconnaît la manière habituelle de Massillon aux développemens féconds d'une même pensée.

LES vœux de la France sont enfin exaucés. Dieu, qui, pour nous faire sentir l'instabilité des choses humaines, se plaît, ce semble, à

1

faire passer sans cesse les sceptres et les empires d'une race à une race nouvelle, continue,
par une miséricorde singulière, à perpétuer
depuis un nombre étonnant de siècles l'empire
français dans la maison royale; il vient enfin
d'accorder un successeur au trône, un nouveau soutien à la monarchie, un gage de la
paix et de la tranquillité à toute l'Europe.
Le sang de saint Louis ne cessera pas de couler; la race des justes ne manquera pas, et
leurs neveux posséderont jusqu'à la fin l'héritage que le Ciel accorda dès le commencement à la piété et à la valeur de leurs augustes
ancêtres. Toutes les nations qui nous sont
connues, après une certaine révolution de
temps et d'années, ont plus d'une fois changé
de maîtres; de nouveaux noms y sont montés
sur le trône à la place des anciens, dont la
postérité était ou éteinte, ou chassée par des
usurpateurs de l'héritage de ses pères. Les
guerres, les dissensions domestiques, le renversement même de la Foi; en un mot, la désolation des peuples et des empires a presque
toujours été le fruit de ces tristes mutations.
La France seule conserve encore ses anciens
maîtres; et, avec eux, elle conserve encore la
foi de ses pères, les lois primitives de la monarchie, les maximes anciennes et respectables de

l'Eglise et de l'Etat. Si les vices de la nation la
rendent indigne d'une faveur si signalée, Dieu
l'accorde sans doute à la fidélité et à l'amour
qu'elle a toujours eus pour ses rois. Oui, mes
frères, le nouveau prince que le Ciel vient
d'accorder à nos désirs assure nos fortunes,
la tranquillité de nos villes, l'état de chaque
citoyen, et fournit au ministre sage qui semble tenir en ses mains la destinée de toute l'Europe (1), des moyens sûrs de pacifier les rois
et les nations, et de soulager les peuples, à qui
le malheur des temps, les soupçons et les préparatifs d'une guerre incertaine n'ont pas encore permis de respirer de leurs calamités passées, et de jouir des douceurs et des avantages
de la paix.

Il serait inutile, mes frères, de vous exhor-
ter à joindre vos actions de grâces à celles
de l'Eglise, pour le don inestimable dont la
bonté de Dieu vient de nous favoriser. Vous
l'aviez souhaité et demandé au Ciel avec trop
de zèle pour ne lui en pas marquer la plus
vive reconnaissance. Attirons donc, non-seulement par nos actions de grâces, mais encore
par la sainteté de nos mœurs, sur cet enfant
précieux, toutes les bénédictions qui peuvent

---

(1) Le cardinal de Fleury.

en faire un jour un prince selon le cœur de Dieu. Les bons rois sont toujours la récompense de la piété des peuples. Rendons-nous dignes des faveurs du Ciel; il ne cessera pas de nous protéger tandis que nous ne cesserons pas de lui être fidèles.

Invocation à Dieu pour obtenir la paix.

(Buffon, *Première vue de la Nature.*)

Le style de Buffon, dans ce morceau, est non-seulement oratoire, mais poétique. La pompe et l'harmonie s'y réunissent à l'exquise pureté de la diction.

Grand Dieu, dont la seule présence soutient la nature et maintient l'harmonie des lois de l'univers, vous qui, du trône immobile de l'empirée, voyez rouler sous vos pieds toutes les sphères célestes, sans choc et sans confusion; qui, du sein du repos, reproduisez à chaque instant leurs mouvemens immenses, et seul régissez dans une paix profonde ce nombre infini de cieux et de mondes; rendez, rendez enfin le calme à la terre agitée; qu'elle soit dans le silence; qu'à votre voix la discorde et la guerre cessent de faire retentir leurs clameurs orgueilleuses!

Dieu de bonté, auteur de tous les êtres, vos regards paternels embrassent tous les objets de la création ; mais l'homme est votre être de choix ; vous avez éclairé son âme d'un rayon de votre lumière immortelle , comblez vos bienfaits en pénétrant son cœur d'un trait de votre amour. Ce sentiment divin, se répandant par-tout, réunira les nations ennemies ; l'homme ne craindra plus l'aspect de l'homme ; le fer homicide n'armera plus sa main ; le feu dévorant de la guerre ne fera plus tarir la source des générations ; l'espèce humaine , maintenant affaiblie, mutilée dans sa fleur, germera de nouveau et se multipliera sans nombre ; la nature accablée sous le poids des fléaux, stérile, abandonnée, reprendra bientôt avec une nouvelle vie son ancienne fécondité ; et nous, Dieu bienfaiteur, nous la seconderons, nous la cultiverons, nous l'observerons sans cesse , pour vous offrir à chaque instant un nouveau tribut de reconnaissance et d'admiration.

LE MISSIONNAIRE RASLES AUX SAUVAGES AMALINGANS.

(LETTRES ÉDIFIANTES, *Mémoires d'Amérique.*)

Ce discours est écrit d'un style simple et affectueux, sans faux ornemens et non pas sans adresse. La fin surtout me paraît touchante.

ARGUMENT. Tandis que le missionnaire Rasles propageait la foi chrétienne chez la nation Abnakise, un des plus vaillans capitaines de cette nation fut tué par les Anglais ; des sauvages Amalingans qui étaient venus s'établir à quelque distance de là, députèrent plusieurs de leur peuplade vers les parens du mort pour leur offrir des consolations, selon leur usage. Ces députés furent frappés d'admiration à la vue d'une procession du Saint-Sacrement : le missionnaire voulut profiter de ces sentimens favorables ; il assembla les Sauvages et leur tint ce discours :

IL y a long-temps, mes enfans, que je souhaite de vous voir : maintenant que j'ai ce bonheur, peu s'en faut que mon cœur n'éclate. Pensez à la joie qu'a un père qui aime tendrement ses enfans, lorsqu'il les revoit après une longue absence, où ils ont couru les plus grands dangers, et vous concevrez une partie de la mienne ; car quoique

vous ne priiez (1) pas encore, je ne laisse pas
de vous regarder comme mes enfans, et d'a-
voir pour vous une tendresse de père, parce
que vous êtes les enfans du Grand-Génie (2),
qui vous a donné l'être aussi-bien qu'à ceux
qui prient; qui a fait le Ciel pour vous aussi-
bien que pour eux; qui pense de vous comme
il pense d'eux et de moi, qu'ils jouissent
d'un bonheur éternel. Ce qui fait ma peine
et qui diminue la joie que j'ai de vous voir,
c'est la réflexion que je fais actuellement,
qu'un jour je serai séparé d'une partie de mes
enfans, dont le sort sera éternellement malheureux, parce qu'ils ne prient pas; tandis que
les autres qui prient seront dans la joie qui
ne finira jamais. Lorsque je pense à cette séparation, puis-je avoir le cœur content? Le
bonheur des uns ne me fait pas tant de joie,
que le malheur des autres m'afflige.

Si vous aviez des obstacles insurmontables
à la prière, et si, demeurant dans l'état où vous
êtes, je pouvais vous faire entrer dans le Ciel,

---

(1) On entendait par *prières*, chez ces peuples sauvages,
tout ce qui est exprimé par le mot *Christianisme*.

(2) Le missionnaire, obligé de se conformer au langage
de ces peuples, emploie l'expression de *Grand-Génie* au
lieu du mot *Dieu*, dont il ne trouvait pas dans leur langue
une traduction littérale.

je n'épargnerais rien pour vous procurer ce bonheur. Je vous y pousserais, je vous y ferais tous entrer, tant je vous aime et tant je souhaite que vous soyez heureux ; mais c'est ce qui n'est pas possible. Il faut prier, il faut être baptisé, pour pouvoir entrer dans ce lieu de délices.

(*Le missionnaire explique ensuite aux Sauvages les principaux articles de la Foi; puis il continue ainsi :*)

Toutes les paroles que je viens de vous expliquer ne sont point des paroles humaines, ce sont les paroles du Grand-Génie : elles ne sont point écrites, comme les paroles des hommes, sur un collier (1), auquel on fait dire tout ce qu'on veut; mais elles sont écrites dans le livre du Grand Génie, où le mensonge ne peut avoir d'accès.

Courage, mes enfans ! Ecoutez la voix du Grand-Génie qui vous parle par ma bouche ;

---

(1) Ces Sauvages, lorsqu'ils écrivaient à quelque nation, lui envoyaient un collier, ou une large ceinture, sur lesquels ils faisaient diverses figures avec des grains de porcelaine de différentes couleurs. On instruisait celui qui portait le collier en lui disant : voilà ce que dit le collier à telle nation, à telle personne, et on le faisait partir.

il vous aime ; et son amour pour vous est si
grand, qu'il a donné sa vie pour vous procurer une vie éternelle. Hélas ! peut-être n'a-t-il
permis la mort d'un de nos capitaines que
pour vous attirer dans le lieu de la prière et
vous faire entendre sa voix. Faites réflexion
que vous n'êtes pas immortels. Un jour viendra qu'on essuiera pareillement des larmes
pour votre mort. Que vous servira-t-il d'avoir
été en cette vie de grands capitaines, si après
votre mort vous êtes jetés dans les flammes
éternelles ? Celui que vous venez pleurer avec
nous s'est félicité mille fois d'avoir écouté la
voix du Grand-Génie et d'avoir été fidèle à la
prière. Priez comme lui, et vous vivrez éternellement. Courage, mes enfans ! ne nous sé-
parons point ; que les uns n'aillent pas d'un
côté et les autres d'un autre : allons tous dans
le Ciel, c'est notre patrie, c'est à quoi vous
exhorte le seul maître de la vie, dont je ne
suis que l'interprète.

Le Pape Urbain II au Concile de Clermont.

(Mézerai, *Histoire de France*. Philip. ~ Ier.)

Style pompeux et périodique, surtout dans la première partie. Véhémence dans la seconde. On peut y trouver quelques traits de rhéteur.

Argument. Pierre l'ermite, qui avait fait un pèlerinage à la Terre-Sainte, et qui avait vu de ses yeux les cruautés exercées par les Turcs contre les Chrétiens, parcourt les différens pays de l'Europe, et dépeint avec éloquence aux princes et aux seigneurs le spectacle déplorable dont il avait été le témoin. Le pape Urbain II résout de proposer une croisade, et à la fin du concile de Clermont, où était accourue une multitude prodigieuse de nobles et de prélats, il prononce ce discours :

Chers enfans du Sauveur du monde, nous avons en ce concile, autant que le Saint-Esprit nous en a donné les lumières, pourvu à réformer les abus que les ennemis de la vérité s'efforçaient d'introduire dans son Église, qui doit être sans aucune tache. Mais leur malice n'emploie pas seulement des erreurs pour tromper les esprits ; elle suscite des tyrans et des persécutions pour les forcer, et bien que l'oracle divin ait établi l'Église sur un rocher inébranlable, néanmoins, comme il a pris le

soin d'empêcher qu'elle ne soit abattue, il
nous a commandé aussi de faire tous nos efforts, afin qu'elle ne soit pas agitée d'orages
ni de tempêtes. Vous savez tous, et vous ne
l'avez pas entendu sans frémir d'horreur, de
quelle sorte les Sarrazins tyrannisent les Chrétiens dans les terres que la permission divine
leur a abandonnées. Cette maudite secte,
éclose dans les déserts d'Arabie, dispute maintenant d'étendue avec le Christianisme : tant
de pays conquis à la foi par le sang des mar-
tyrs sont malheureusement tombés entre les
mains de ses plus cruels ennemis, et ce qui
est de plus déplorable, chacun regarde périr
son voisin sans songer à sa conservation.

L'Arabie, puis l'Égypte, l'Afrique ensuite,
peu de temps après l'Espagne, ont été l'objet
de leurs cruautés et en sont encore les théâtres.
Les îles de la Méditerranée et les côtes d'Italie ont ressenti et craignent tous les jours le
même malheur. La France seule, le cœur du
Christianisme, a repoussé ce venin qui la voulait étouffer; et Charles Martel, avec une troupe
de Français, égorgea une prodigieuse armée
de ces infidèles (1). Le soleil ne vit jamais une

_____

(1) A la fameuse bataille de Tours, où les Sarrazins
étaient commandés par Abdérame.

si belle journée ni tant de sang si utilement
répandu. Ce fut pour lors que les désolateurs
de l'Asie, qui méditaient de se rendre maîtres
de toute l'Europe, furent défaits et taillés en
pièces par un seul capitaine, mais un capitaine le plus vaillant et le plus expérimenté
qui fût jamais, son zèle ardent pour la Foi for-
tifiant son courage, et l'ange tutélaire de la
France se servant de son bras pour sauver le
reste du monde en la sauvant.

Mais l'assistance de Dieu ni le courage des
Français n'ont pas tellement abandonné la défense de la Foi, qu'il ne se trouve maintenant
parmi vous plusieurs Martels aussi zélés et
non moins courageux que celui-là. Aussi le
danger qui nous menace de la part de ces infidèles est pareil à celui qu'il détourna de dessus la France. Leur nombre et leur insolence
s'augmentent de jour en jour ; la barbarie et
l'impiété n'ont rien d'horrible et de tyranni-
que qui ne se remarque en ces ennemis du
genre-humain. Ils accablent les serviteurs de
Jésus-Christ, ils les chargent de fers et les font
mourir dans les plus cruels tourmens. Rien
n'est exempt de leurs inhumanités ; et il semble que les choses insensibles se plaignent de
ce que, pour détruire les plus superbes ouvrages de la nature et de l'art, ils portent par-

tout indifféremment le fer et le feu. Ne sont-ce pas eux qui abattent les autels, qui démolissent les temples, et qui profanent indignement la Terre-Sainte, où les adorables pas du Sauveur sont marqués? Mais, ô prodige exécrable! eux-mêmes encore menacent de ruiner son glorieux sépulcre, qu'ils ont déjà souillé de plusieurs crimes. Tous les jours ils crucifient l'auteur de notre salut; et, par leurs blasphêmes épouvantables, ils s'efforcent de donner la mort à celui qui nous a donné la vie.

Animons-nous donc, chers enfans, à venger leurs impiétés; ne tardons pas davantage; courons nous opposer à leurs barbaries; armons-nous sur terre pour la défense de notre père céleste; allons venger les persécutions faites à nos frères; allons repousser des abominations qui méritent d'être pleurées avec des larmes de sang; allons répandre le nôtre pour ce bon pasteur qui nous a sauvés par le sien; allons, en un mot, combattre les Turcs, ces communs fléaux des Chrétiens: autrement vous les verrez venir fondre sur nos têtes, et alors, qu'en devons-nous attendre, qu'un traitement digne d'eux et tout-à-fait indigne de nous? Est-il à croire qu'ils nous épargnent, eux qui n'ont point pardonné aux Sarrazins mêmes, quoiqu'infectés comme eux de la superstition de Mahomet ? Seront-ils plus doux aux Chrétiens qu'à ceux de leur secte, desquels ils ont presque aboli le nom dans tout l'Orient ? Nous ne devons point douter qu'ils ne nous traitent de la même sorte qu'ils ont traité ceux de la sainte cité de Jérusalem, où ils ont tout passé au fil de l'épée, sans respecter ni nation ni sexe ; et si nous ne les prévenons promptement, nous nous trouverons bientôt opprimés sans nous pouvoir défendre. Mais il n'est pas besoin de vous recommander une chose que votre piété vous doit assurément avoir persuadée. Vous n'allez pas seulement à cet agréable voyage, vous y courez. Déjà votre zèle ardent vous a fait passer sans appréhension les mers et les montagnes ; déjà vous avez surmonté les difficultés du chemin aussi-bien que celles de la saison ; et déjà il me semble vous voir au champ de bataille, où, tout couverts de sueur et de poussière, vous chargez courageusement les barbares. Enrôlez-vous donc sous les enseignes de Dieu ; passez, l'épée à la main, comme vrais enfans d'Israël, dans la *Terre Promise* ; donnez hardiment, et vous ouvrant un chemin à travers leurs bataillons et les monceaux de leurs corps, ne doutez point que la Croix ne demeure victo-

rieuse du Croissant. Rendez-vous maîtres de
ces belles provinces qu'ils ont usurpées ; ex-
terminez-en l'erreur et l'impiété ; faites, en un
mot, que ces pays ne produisent plus de palmes
que pour vous, et de leurs dépouilles élevez
de magnifiques trophées à la religion chrétienne et à la nation française. Je vous en dirais davantage si je ne savais que mes paroles
n'ajouteront rien à l'ardeur que vous avez
pour une si glorieuse entreprise, et que vous
êtes trop naturellement portés à tout ce qui
regarde le service de Jésus-Christ et votre
honneur, qui sont deux choses dont vous
faites plus particulièrement profession que
tous les peuples de la terre.

Exhortation aux Fidèles.

(De Noé.)

Véhémence qui n'ôte rien à la dignité, et vigueur qui laisse place à l'élégance.

Argument. Le 23 septembre 1788, le roi Louis XVI rappela à leurs fonctions tous les parlemens, qui avaient été supprimés sur le conseil de plusieurs ministres. Au jour indiqué pour la première séance, l'évêque de Lescar monta en chaire, et prononça un discours dont voici un fragment qui nous a paru former un ensemble :

Ce fut un beau spectacle que donna le peuple de Dieu, quand, après une longue oppression, un édit du roi de Perse et d'Assyrie vint le rétablir dans ses droits, lui permit de relever les murs de la ville sainte, de rebâtir le temple du vrai Dieu, et défendit de le troubler dans ses sacrifices. Il est écrit qu'à la voix de ses prêtres tout le peuple se rassembla dans la place publique : là, sur une éminence préparée pour la cérémonie, un prêtre vénérable (c'était Esdras), entouré de prêtres et de lévites, s'avance portant le livre de la loi et l'acte de l'alliance qui allait être jurée. Au premier mot sorti de sa bouche, des pleurs, des sanglots, des cris de religion et de tendresse l'interrompent; les lévites font faire silence, et alors se fit entendre cette belle et sublime prière : Dieu grand, Dieu fort, Dieu terrible, qui avez fait les cieux et toute l'armée des cieux, la terre et tout ce qu'elle contient, la mer et tout ce qu'elle renferme, qui gardez inviolablement votre alliance et conservez votre miséricorde à ceux qui vous aiment, ne détournez pas vos yeux de tous les maux que nous avons soufferts pour nos rois, nos princes, nos prêtres, nos prophètes, tout le peuple, et sous lesquels, sans le secours de votre bras, nous aurions succombés. A la vue de vos bienfaits, au souvenir de nos maux et de nos périls, nous venons aussi faire une alliance avec vous; la formule en est dressée, nous la jurons; nos princes, nos prêtres, nos lévites vont la signer.

Mes frères, nous venons d'éprouver de cruelles alarmes, et de passer par de longues tribulations. Un édit du plus juste des rois et du meilleur des maîtres a mis fin à nos malheurs; nous voici rassemblés, pontifes, prêtres, lévites, chefs du peuple, le peuple lui-même, sous les yeux du Seigneur, comme autrefois le peuple de Dieu : pourquoi ne donnerions-nous pas aujourd'hui le même spectacle? pourquoi, prêts à chanter le cantique de joie et d'actions de grâces pour un bienfait semblable, ne nous lierions-nous pas par le même serment à Dieu, au Roi, à la Patrie ? —Nous jurons, ô mon Dieu! en votre présence, d'obéir à vos lois, de garder vos commandemens, d'observer vos saintes cérémonies ; nous jurons et promettons à l'auguste héritier de notre bienfaiteur, de notre législateur Henri II (1), le père des peuples de ces contrées, au petit-fils du grand Henri, le père et l'ami de son peuple, un sentiment le plus digne et de lui et de nous, un amour sans bornes, principe et garant d'une fidélité à toute épreuve ; à la patrie, qui réunit tous les droits, tous les intérêts, tous les devoirs, le dévouement le plus universel, un dévouement sans fin et sans réserve. S'il s'élevait dans son sein quelque membre assez lâche, assez bas, pour s'isoler dans ses besoins, pour s'éloigner dans ses périls, pour s'unir à ses ennemis publics ou domestiques, et sur ses débris élever des projets et des espérances, grand Dieu!.... guérissez son cœur par votre grâce; ou si , par un juste abandon, vous le livrez à son penchant

---

(1) Père de Jeanne d'Albret, reine de Navarre, mère de Henri IV.

et le déclarez incurable.... tant que la corruption de son cœur ne s'exhalera pas au dehors, nous ne sonderons pas cet abîme; mais si elle vient à éclater, si le venin contagieux menace de gagner et d'infecter la masse publique, que ce scandale soit arraché du milieu de ses frères; que son nom à jamais odieux, retienne quiconque serait tenté de l'imiter, et que la paix, le repos, le bonheur, fruits de notre sagesse dont il sera le témoin, soient son supplice et notre vengeance.

Vous avez entendu le serment que je viens de prononcer pour vous, entendez et recevez celui que je vais prononcer pour moi. Au jour de l'alliance que je contractai avec mon Église, je jurai, à la face des saints autels, un amour inviolable pour le troupeau vers lequel j'étais envoyé; je le jurai avant de vous connaître, avant d'être connu de vous; je le jure aujourd'hui de nouveau, aujourd'hui que votre adoption et les témoignages constans de votre bienveillance me font de cet amour un devoir aussi doux que l'onction sainte l'a rendu sacré. Mes soins, mes sentimens vous sont acquis; vos intérêts spirituels et temporels seront les miens; les jours que le Ciel me réserve vous seront consacrés, et je regarderai comme perdu celui où je n'aurai

pas travaillé à vous être utile. Si , pour vous
servir, la Providence m'oblige à m'éloigner ,
mon éloignement me paraîtra un exil; mon
cœur, mes yeux se tourneront sans cesse vers
vous. Que ma langue s'attache à mon palais
si jamais je t'oublie, ô Jérusalem (1)! Que
ma droite tombe sans mouvement si jamais
tu cesses d'être présente à ma pensée! Si le Ciel,
s'opposant à mon retour, terminait mes jours
dans une terre étrangère, mon dernier soupir,
mes derniers vœux lui demanderont votre
bonheur; mes os seront rapportés dans une
terre chérie pour vous attester mon amour ,
même dans le tombeau; mes cendres repose-
ront en paix au milieu de vous, vous rappelle-
ront un pasteur à qui vous fûtes chers, et sol-
liciteront pour lui vos prières.

---

(1) Imitation du psaume *Super flumina Babylonis.*

Le prince Paul à son père.

(Lettres édifiantes, *Mémoires de la Chine*, etc.)

Enthousiasme calme et qui vient de la réflexion. Dignité et simplicité dans le style.

———

Argument. Le prince Paul, ardent néophyte, voyait
son père désolé d'avoir encouru la disgrâce de l'Empereur parce que plusieurs de ses enfans s'étaient faits Chrétiens : il s'écrie :

À ce trait ne reconnaissez-vous pas le monde
qui a été jusqu'ici votre idole ? Quoi de plus
ingrat ? il oublie les plus longs et les plus importans services. Quoi de plus injuste ? ce
n'est nullement la raison qui le conduit. Quoi
enfin de plus trompeur ? il n'a que des apparences qui éblouissent. Mais nous donnât-il
des biens réels, quelle en est la solidité ? Tout
ce qu'il a et ce qu'il peut donner n'est qu'une
vapeur qui se dissipe à l'instant, et dont à la
fin il ne reste qu'un souvenir inutile. Dieu,
au contraire, est grand, libéral dans ses dons,
magnifique dans ses promesses, et fidèle à les
exécuter.

Voulez-vous tout-à-coup goûter une paix

que rien ne puisse altérer, et vous remplir
d'une force supérieure à tous les événemens ?
Attachez-vous uniquement à Dieu, adorez-
le, servez-le de la manière dont il veut être
adoré et servi; en un mot, faites-vous Chrétien; vous avez avoué tant de fois que cette
religion est bonne! Dites-moi, y en a-t-il quelque autre qui soit capable de donner ce zèle
et cette ardeur que vous nous voyez, qui nous
fait pleurer et gémir sur le danger où vous
êtes de vous perdre éternellement ? Eh ! que
vous servira-t-il d'avoir eu ce grand nombre
d'enfans que vous aimiez avec tant de tendresse, s'il arrive que vous soyez éternellement séparé d'eux pour n'avoir pas voulu
reconnaître et servir le même maître ?

Saint Ambroise à Théodose.

(Lebeau, *Histoire du Bas-Empire*, liv. xxiv.)

La noblesse des pensées et la vivacité des mouvemens expriment bien cette domination d'un homme vertueux parlant au nom du Ciel. Le style ne manque ni de force ni d'élégance.

———

Argument. Dans une sédition qui s'était élevée à Thessalonique, plusieurs magistrats avaient perdu la vie. Aigri par ses ministres, l'Empereur se décide à tirer de cet attentat une vengeance cruelle. Il ordonne un massacre général des habitans. Saint Ambroise, indigné de cette barbare exécution, envoie au prince une remontrance énergique. Théodose, plein de repentir, se rend à Milan, où était le prélat, et se présente devant l'église. Mais saint Ambroise s'écrie :

Arrêtez, Prince! vous ne sentez pas encore tout le poids de votre péché. La colère ne vous aveugle plus; mais votre puissance et la qualité d'empereur offusquent votre raison et vous dérobent la vue de ce que vous êtes. Rentrez en vous-même; considérez la poussière d'où vous êtes sorti, et où chaque instant s'empresse à vous replonger. Que l'éclat de la pourpre ne vous éblouisse pas jusqu'à vous cacher ce qu'elle couvre de faiblesse.

Souverain de l'empire, mais mortel et fragile, vous commandez à des hommes de même nature que vous, et qui servent le même maître : c'est le créateur de cet univers, le roi des empereurs comme de leurs sujets. De quels yeux verrez-vous son temple ? comment entrerez-vous dans son sanctuaire ? Vos mains fument encore du sang innocent ; oserez-vous y recevoir le corps du Seigneur ? porterez-vous sur la coupe sacrée ces lèvres qui ont prononcé un arrêt injuste et inhumain ? Retirez-vous, Prince, n'ajoutez pas le sacrilége à tant d'homicides. Acceptez la chaîne salutaire de la pénitence que vous impose par mon ministère la sentence du souverain juge. En la portant avec soumission, vous y trouverez un remède pour guérir vos plaies, encore plus profondes que celles dont vous avez affligé Thessalonique.

SECTION II.

SUJETS PHILOSOPHIQUES ET MORAUX.

Socrate à ses amis.

(Barthélemy, *Voyage d'Anacharsis*, chap. LXVII.)

Style simple et pur. Imitation heureuse de la manière d'écrire des anciens.

Argument. Un des amis de Socrate le priait un jour de travailler à sa défense, et lui représentait que la vérité a besoin du secours de l'éloquence. Socrate lui répondit :

J'ai deux fois entrepris de mettre en ordre mes moyens de défense ; deux fois le génie qui m'éclaire (1) m'en a détourné, et j'ai reconnu la sagesse de ses conseils.

J'ai vécu jusqu'à présent le plus heureux des mortels ; j'ai comparé souvent mon état à celui des autres hommes, et je n'ai envié le sort de personne. Dois-je attendre que les in-

---

(1) Socrate prétendait avoir un génie ou démon (δαίμων) familier, qui ne lui conseillait jamais rien, mais qui le détournait de tout ce qu'il ne lui convenait pas de faire.

firmités de la vieillesse me privent de l'usage
de mes sens, et qu'en affaiblissant mon esprit
elles ne me laissent que des jours inutiles ou
destinés à l'amertume? Les dieux, suivant les
apparences, me préparent une mort paisible,
exempte de douleur, la seule que j'eusse pu
désirer. Mes amis, témoins de mon trépas,
ne seront frappés ni de l'horreur du spectacle, ni des faiblesses de l'humanité; et,
dans mes derniers momens, j'aurai encore
assez de force pour lever mes regards sur
eux et leur faire entendre les sentimens de
mon cœur. La postérité prononcera entre mes
juges et moi : tandis qu'elle attachera l'opprobre à leur mémoire, elle prendra quelque
soin de la mienne, et me rendra cette justice,
que, loin de songer à corrompre mes compatriotes, je n'ai travaillé qu'à les rendre
meilleurs.

Céphas à Amasis.

(Bernardin de St.-Pierre, *l'Arcadie.*)

Sentimens doux et pensées nobles , revêtus
d'un style animé et poétique.

Argument. Impatient de son obscurité , Amasis veut
quitter l'Egypte pour aller au siége de Troie Il brûle
d'acquérir de la gloire. Céphas lui parle ainsi :

Vous aimez la gloire; c'est ce qu'il y a de
plus doux dans le monde, puisque les dieux
en ont fait leur partage. Mais comment
comptez-vous l'acquérir au siége de Troie?
Quel parti prendrez-vous , des Grecs ou des
Troyens ? La justice est pour la Grèce , la pitié et le devoir pour Troie. Vous êtes Asia-
tique: combattrez-vous en faveur de l'Europe
contre l'Asie ? Porterez-vous les armes contre
Priam, ce père et ce roi infortuné , près de
succomber avec sa famille et son empire sous
le fer des Grecs ? D'un autre côté, prendrez-
vous la défense du ravisseur Pâris et de l'a-
dultère Hélène contre Ménélas son époux ?
Il n'y a point de véritable gloire sans justice.
Mais, quand un homme libre pourrait dé-
mêler dans la querelle des rois le parti le plus

juste, croyez-vous que ce serait à le suivre
que consiste la plus grande gloire qu'on puisse
acquérir? Quels que soient les applaudissemens que les victorieux reçoivent de leurs
compatriotes, croyez-moi, le genre-humain
sait bien les mettre un jour à leur place. Il
n'a placé qu'au rang des héros et des demi-
dieux ceux qui n'ont exercé que la justice,
comme Thésée, Hercule, Pirithoüs. Mais il
a élevé au rang des dieux ceux qui ont été
bienfaisans : tels sont Isis, qui donna des lois
aux hommes ; Osiris, qui leur apprit les arts
et la navigation ; Apollon, la musique ; Mer-
cure, le commerce ; Pan, à conduire des troupeaux ; Bacchus, à planter la vigne ; Cérès, à
faire croître le blé. Je suis né dans les Gaules:
c'est un pays naturellement bon et fertile,
mais qui, faute de civilisation, manque de
la plupart des choses nécessaires au bonheur.
Allons-y porter les arts et les plantes utiles
de l'Égypte, une religion humaine et des lois
sociales. Nous en rapporterons peut-être des
choses utiles à votre patrie : il n'y a point de
peuple sauvage qui n'ait quelque industrie
dont un peuple policé ne puisse tirer parti,
quelque tradition ancienne, quelque produc-
tion rare et particulière à son climat. C'est
ainsi que Jupiter, le père des hommes, a

voulu lier, par un commerce réciproque de
bienfaits, tous les peuples de la terre, pauvres ou riches, barbares ou civilisés. Si nous
ne trouvons dans les Gaules rien d'utile à
l'Égypte, ou si nous perdons, par quelque
accident, les fruits de notre voyage, il nous
en restera un que ni la mort ni les tempêtes
ne sauront nous enlever : ce sera le plaisir
d'avoir fait du bien.

Paroles des premiers hommes aux hommes de nos jours.

(Rousseau, *traduct. de Plutarque.*)

Le paradoxe développé dans ce morceau est présenté avec adresse et éloquence. Il règne un savant contraste entre la première et la deuxième partie, et pour l'ordre d'idées et pour le caractère de style. La fin est aussi énergique que le commencement est plein d'une douce mélancolie. Tout est empreint d'une brillante imagination.

Argument. Dans l'hypothèse de l'auteur, les premiers hommes, qui se nourrirent de la chair des animaux, justifient ainsi ce changement de vie, et nous condamnent pour avoir conservé une habitude que leur imposait la nécessité.

Mortels bien aimés des dieux, comparez les temps ; voyez combien vous êtes heureux et combien nous étions misérables ! La terre, nouvellement formée, et l'air chargé de vapeurs, étaient encore indociles à l'ordre des saisons ; le cours incertain des rivières dégradait leurs rives de toutes parts ; des étangs, des lacs, de profonds marécages inondaient les trois quarts de la surface du monde ; l'autre

quart était couvert de bois et de forêts stériles.
La terre ne produisait nuls bons fruits ; nous
n'avions nuls instrumens de labourage ; nous
ignorions l'art de nous en servir, et le temps
de la moisson ne venait jamais pour qui n'a-
vait rien semé. Aussi la faim ne nous quittait
point. L'hiver, la mousse et l'écorce des arbres
étaient nos mets ordinaires. Quelques racines
vertes de chiendent et de bruyère étaient pour
nous un régal ; et quand les hommes avaient
pu trouver des faînes, des noix et du gland,
ils en dansaient de joie autour d'un chêne ou
d'un hêtre, au son de quelques chansons rustiques, appelant la terre leur nourrice et leur
mère. C'était là leur unique fête, c'étaient
leurs uniques jeux : tout le reste de la vie humaine n'était que douleur, peine et misère.

Enfin, quand la terre, dépouillée et nue,
ne nous offrait plus rien, forcés d'outrager
la nature pour nous conserver, nous man-
geâmes les compagnons de notre misère, plutôt que de périr avec eux. Mais vous, hommes
cruels, qui vous force à verser du sang ? Voyez
quelle affluence de biens vous environne ! combien de fruits vous produit la terre ! que de
richesses vous donnent les champs et les vi-
gnes ! que d'animaux vous offrent leur lait
pour vous nourrir, et leur toison pour vous

habiller ! Que leur demandez-vous de plus,
et quelle rage vous porte à commettre tant de
meurtres, rassasiés de biens et regorgeant de
vivres? Pourquoi mentez-vous contre votre
mère, en l'accusant de ne pouvoir vous nourrir ? Pourquoi péchez-vous contre Cérès, in-
ventrice des saintes lois, et contre le gracieux
Bacchus, consolateur des hommes, comme si
leurs dons prodigués ne suffisaient pas à la
conservation du genre-humain ? Comment
avez-vous le cœur de mêler avec leurs doux
fruits des ossemens sur vos tables, et de manger
avec le lait le sang des bêtes qui vous le donnent? Les panthères et les lions, que vous
appelez *bêtes féroces*, suivent leur instinct
par force, et tuent les autres animaux pour
vivre. Mais vous, cent fois plus féroces
qu'elles, vous combattez l'instinct sans nécessité, pour vous livrer à vos cruelles délices. Les animaux que vous mangez ne sont
pas ceux qui mangent les autres; vous ne les
mangez pas ces animaux carnassiers, vous les
imitez. Vous n'avez faim que de bêtes innocentes et douces et qui ne font de mal à personne, qui s'attachent à vous, qui vous servent, et que vous dévorez pour prix de leurs
services.

SECTION III.

SUJETS POLITIQUES.

ROMULUS au roi de Capoue.

(FLORIAN, *Numa Pompilius*, liv. III.)

On voit dans ce morceau le caractère altier et la franchise ironique d'un soldat de fortune, qui ne sait pas ménager ce qu'il méprise. Le style est noble et ingénieux.

ARGUMENT. Romulus, qui avait fait alliance avec le roi de Capoue, est indigné de voir la mollesse et la corruption qui règnent dans l'armée de son allié. Il lui fait parcourir les rangs de ses fiers Romains, assujettis aux lois d'une discipline sévère. Puis, quand il a observé le monarque long-temps et en silence, il lui parle ainsi :

Roi de Capoue, je vous laisse juger si vos troupes et les miennes peuvent combattre sous le même étendard : les fiers lions et les agneaux timides n'ont pas coutume de s'unir. Votre armée m'affaiblirait, et mes Romains, dont l'habitude est d'attaquer toujours l'ennemi, perdraient la moitié de leurs forces à défendre

leurs alliés. D'ailleurs, un danger plus certain
me menace : l'air infecté qui règne dans votre
camp pénétrerait dans le mien, et l'indigne
mollesse, plus redoutable que tous les fléaux,
viendrait énerver mes soldats : alors nous aurions beau remporter la victoire, ce serait moi
qui resterais vaincu. Roi de Capoue, votre alliance m'est chère, mais la gloire de mon peuple me l'est davantage. Si vous voulez que nous
restions amis, séparons-nous, éloignez de
moi ce dangereux camp, et si vous ne pouvez
forcer vos sujets à devenir des hommes, empêchez du moins qu'ils ne corrompent ceux
qui le sont.

Un Sénateur spartiate à ses concitoyens.

(Mably, *Observations sur l'Histoire de la Grèce.*)

Eloquence grave et sévère, telle que doit être celle d'un sénateur plaidant la cause des lois ; mais animée en même temps par plusieurs formes vives et oratoires.

***

Argument. Lorsque Lysandre a subjugué Athènes, et lui a imposé trente tyrans, un sénateur spartiate, encore attaché aux lois de Lycurgue, et qui redoute les suites d'une telle victoire, est supposé parler en ces formes à ses concitoyens assemblés :

Défions-nous de nos triomphes. Une confiance immodérée accompagne toujours la prospérité, et c'est pour s'y être livrés aveuglément après la guerre médique, que les Athéniens ont voulu vous enlever l'empire de la Grèce. Vous voyez quel est aujourd'hui le fruit de leur ambition; craignons que la nôtre n'ait pas un succès plus heureux. Nous venons de vaincre, et nous touchons peut-être au moment de notre ruine. Que nous sommes déjà loin de la prospérité, si nous pensons que nos passions soient plus sages que les lois de Lycurgue ! Si l'ambition eût pu contribuer au bon-

heur de la république, nous aurait-il ordonné
de ne songer qu'à notre conservation?

Dans un gouvernement tel que celui de la
Grèce, où toutes les villes sont également jalouses de leur liberté, il n'y a que l'estime et
la confiance qui puissent vous les soumettre
aujourd'hui, comme elles les ont autrefois
soumises à vos pères. Qu'attendez-vous de la
ruse? avec quelque art qu'elle soit apprêtée,
elle sera bientôt démasquée. Aurez-vous recours
à la force? elle échouera nécessairement; votre
triomphe même en est la preuve. Dans quel
épuisement n'êtes-vous pas tombés pour humilier Athènes! à quels travaux, à quels revers ne vous exposez-vous pas si la conquête
de chaque ville vous coûte aussi cher que celle
d'Athènes! Pourquoi vous flattez-vous que
l'asservissement des Athéniens prépare celui
de la Grèce entière? Nous avons vu les Grecs,
alarmés de nos divisions et de nos projets, former des ligues et pourvoir à leur sûreté. S'ils
sont consternés dans ce moment, soyez sûrs
qu'à cette consternation succédera bientôt
une juste indignation : elle est déjà dans leur
cœur.

Mais je veux que les dieux, aussi injustes
que nous, favorisent nos ambitieuses entreprises; vous dominerez sur la Grèce par la

terreur; mais vous devez prévoir dès ce moment que vous ne pourrez conserver votre empire qu'en humiliant assez les esprits pour
qu'ils n'aient plus le courage nécessaire pour
oser secouer votre joug. Dans quelle faiblesse
ne jetterez-vous donc pas la Grèce, qui n'est
puissante que parce qu'elle est libre? Si le roi
de Perse tente une seconde fois de l'asservir,
s'il se présente un autre ennemi sur nos frontières, quelles forces leur opposerez-vous?
Avec vos esclaves retrouverez-vous Salamine,
Platée et Mycale (1)? Je ne vous prédis point
des malheurs imaginaires; ce que vous venez
d'éprouver dans la guerre du Péloponèse suffit
pour vous instruire de vos intérêts. Tant que
nous avons été fidèlement attachés aux lois de
Lycurgue, et que nous n'avons travaillé qu'à
tenir la Grèce unie, rien n'a été capable d'altérer notre bonheur, et malgré le petit nombre de nos citoyens et le territoire borné que
nous possédons, nos forces ont été insurmontables. Dès que vous n'avez voulu consulter
que votre jalousie, votre ambition et votre
haine, vous avez été obligés de mendier la pro-

---

(1) Xerxès avait été vaincu à Salamine par l'Athénien
Thémistocle ; à Platée par Pausanias de Lacédémone ; et à
Mycale par Leotichides, roi de Sparte, et Xantippe,
général athénien.

tection de la Perse que vous aviez vaincue ;
vous vous êtes vus réduits à rechercher la paix
en combattant pour l'empire, et vous n'avez
pu contraindre vos alliés à observer la trève
que vous avez conclue avec les Athéniens.

Ouvrons les yeux sur notre situation, hâtons-nous, Spartiates, de jurer sur les autels
des dieux que nous observerons les lois de
Lycurgue, et que, renonçant à une ambition
funeste, qui nous donnerait bientôt tous les
vices des autres peuples, nous allons respecter la liberté de la Grèce, et affermir son gouvernement ébranlé.

Hâtons-nous d'assembler les Grecs, et loin
de paraître devant eux avec la joie insultante
d'un vainqueur, n'y paraissons qu'en habit de
deuil, et honteux de l'état déplorable où la nécessité nous a forcés de réduire les Athéniens.
En avouant nos torts avec ce peuple, dont nous
n'aurions pas dû irriter l'ambition par notre
jalousie, publions qu'après les fatales divisions qui avaient éclaté, il était nécessaire de
sacrifier l'implacable Athènes au repos public.
En condamnant généreusement notre injustice
à l'égard de la Grèce entière, sur laquelle
nous n'avons aucun droit, regagnons par notre
repentir la confiance que nous avons perdue
par notre imprudente ambition. Prouvons que

nous sommes incapables de commettre une seconde fois les mêmes fautes. Que tous les Grecs soient libres, et qu'ils n'en puissent douter en nous voyant nous-mêmes travailler à réparer les ruines d'Athènes.

UN AMBASSADEUR romain au Khan des Abares.

(LEBEAU, *Histoire du Bas-Empire*, liv. LII.)

L'ancienne fierté des Romains paraît dans ce discours, et forme un contraste avec leur fortune et la démarche même des ambassadeurs. Il y a de la noblesse et de la vérité dans ce contraste.

ARGUMENT. L'empereur Maurice envoie des députés au khan des Abares ou Tartares, qui avaient déjà remporté plusieurs victoires sur les Romains. Ce chef les reçut avec une hauteur outrageante. L'un des ambassadeurs, indigné de cet accueil, lui dit avec liberté :

PRINCE, nous pensions avoir à faire à un monarque qui respectait les dieux qu'il adore, et qu'il a pris pour garans de ses sermens. Nous nous persuadions encore que vous n'oublieriez pas les bienfaits des Romains, qui

ont donné asile à vos pères errans et fugitifs (1).
Les Romains, au contraire, veulent bien oublier votre ingratitude passée; et, malgré l'in-
fraction des traités les plus solennels, ils vous
offrent encore la paix. Si vous la refusez, songez que vous aurez à combattre la nation qui
a subjugué l'univers. Ne vous croyez pas invincible pour avoir ravagé tant de pays. Notre
patience a fait seule vos succès, craignez de la
pousser à bout. Vous aurez contre vous, avec
les forces de l'Empire, et vos dieux, et vos
sermens, et nos bienfaits, et l'horreur des nations étrangères. La postérité même fera la
guerre à votre mémoire. Préférez la gloire de
la reconnaissance et de la justice à une conquête criminelle, qui va vous être arrachée si
vous vous obstinez à la retenir. Voulez-vous
de l'argent? les Romains vous en donneront;
ils ne sont avares que d'honneur. Vous tenez
de leur libéralité une habitation vaste et commode, gardez-vous de vous étendre au-delà.
L'Empire est un grand arbre enraciné depuis
plus de treize siècles, toujours nourri des
eaux du ciel, toujours plein de sève et de vigueur; vos haches et vos coignées ne l'enta-

---

(1) Justinien avait accordé des terres à ce peuple quarante ans auparavant.

meront jamais; elles se briseront dans vos
mains, et retourneront contre vous-mêmes.

~~~~~~~~~~~~~~~~~~~~~~

Romulus aux Romains.

(Florian, *Numa Pompilius*, liv. vi.)

L'auteur est fidèle à la vérité historique, dans
le caractère et le langage qu'il prête à Romulus.
On reconnaît un prince guerrier avant tout, et
aux yeux de qui l'on ne peut être injuste dès
qu'on est vainqueur.

————

Argument. Vainqueur des Marses et des Auronces,
Romulus médite des guerres nouvelles. Il assemble les
Romains dans la place publique, et leur tient ce discours:

Romains, je viens de conquérir le pays des
Auronces; mais cette augmentation de votre
territoire vous doit être peu avantageuse tant
que vous en serez séparés par les Volsques. Il
est un moyen de la rendre utile, c'est de soumettre les Volsques; et dans dix jours je marche contre eux. Romains, vous êtes nés pour la
guerre; vous ne pouvez vous agrandir, vous
soutenir même que par elle. La paix serait
pour vous le plus grand des fléaux; elle amol-

lirait vos courages, elle affaiblirait vos bras
invincibles. Jugez de l'avantage que vous aurez
toujours sur les autres nations, lorsque, ne quit-
tant jamais les armes, vous perfectionnant sans
cesse dans l'art difficile des héros, vous atta-
querez un ennemi énervé par une longue paix;
quand même, ce qui est impossible, son courage serait égal au vôtre, il ne pourra vous
opposer ni des forces ni une expérience égales.
Avant que ces faibles adversaires se soient
aguerris en combattant contre vous, avant qu'ils
aient appris de vous l'art terrible dans lequel
vous serez maîtres, ils seront défaits et soumis. Ainsi, attaquant tour-à-tour tous les peuples de l'Italie, les divisant pour mieux les
vaincre, vous alliant avec les faibles, et les
accablant après vous en être servis, vous par-
viendrez en peu de temps à la conquête du
monde promise à Rome par Jupiter. Toutes
les voies sont permises pour accomplir les
volontés des dieux, et la victoire justifie tous
les moyens qui l'ont procurée.

Romains, ne songez qu'à la guerre; qu'elle
soit votre unique science, votre seule occupation. Laissez, laissez les autres peuples cultiver un sol ingrat qu'ils arrosent de leurs
sueurs; laissez-les s'occuper du soin d'acquérir
des trésors par le commerce, par l'industrie, par

toutes ces viles inventions de la faiblesse : vous moissonnerez le blé qu'ils sèment ; vous dissiperez les richesses qu'ils amassent. Ils sont les enfans de la terre, c'est à eux de la cultiver ; vous êtes les fils du dieu Mars, votre seul métier c'est de vaincre. Romains, guerre éternelle avec tout ce qui refusera le joug. L'univers est votre héritage, tous ceux qui l'occupent sont des usurpateurs de vos biens : n'interrompez jamais la noble tâche de reprendre ce qui est à vous.

TATIUS à Romulus.

(FLORIAN, *Numa Pompilius*, liv. VI.)

Contraste frappant entre ce discours et celui de Romulus ; le bon Tatius parle en roi juste et en père. Le style, devenu plus lent et plus périodique, donne à ce contraste toute la vérité qu'il doit avoir.

ARGUMENT. Tatius et Romulus régnaient tous deux à Rome, depuis que les Sabins, dont Tatius était roi auparavant, avaient été incorporés dans la nation romaine. Pacifique et humain, Tatius ne put entendre de sang-froid son collègue faire l'apologie de la guerre et du carnage. Il se leva après lui, et, debout sur le tribunal où il siégeait vis-à-vis de Romulus, il lui adressa ces paroles :

Roi, mon égal et mon collègue, il n'est pas un seul Romain qui admire plus que moi ta valeur, tes talens guerriers, et ton amour pour la gloire. Je jouis de tes triomphes autant que toi-même, et j'aime à me rappeler que, dans le long cours de ma vie, je n'ai pas vu de héros que je puisse te comparer. Mais ce beau titre de héros ne suffit pas quand on est roi ; il en est un plus doux et encore plus glorieux, c'est celui de père. Regarde cette portion de

tes sujets couverts de cuirasses et armés de
lances; ce sont tes enfans sans doute, et tu les
traites comme tels; mais regarde cette portion
dix fois plus nombreuse, couverte de misérables lambeaux, parce qu'au lieu de se vêtir,
ils ont payé ces cuirasses brillantes; ce sont
aussi tes enfans, et tu les traites en ennemis;
tu leur enlèves leur pain, leurs époux et leurs
fils; tes lauriers sont baignés de leurs larmes,
et chacune de tes victoires est achetée de leur
substance et de leur sang. Romulus, il est
temps de les laisser respirer; il est temps que
tu permettes de vivre à ceux dont les pères
sont morts pour toi. Cesse donc de faire égorger des hommes, et cesse surtout de dire que
c'est pour accomplir les décrets des dieux. Les
dieux ne peuvent vouloir que le bonheur des
humains; leur premier don fut l'âge d'or, et
quand l'Olympe assemblé donna la victoire à
Minerve, ce fut pour avoir produit l'olivier.
Un seul de ces dieux, Saturne, a régné dans
l'Italie; souviens-toi comment il régna, et ne
calomnie plus les immortels, en disant qu'ils
ordonnent le carnage.

Tu prétends que les Romains ne peuvent
subsister que par la guerre: montre-moi donc
une seule nation qui subsiste par cet affreux
moyen, et dis-moi par où ont péri les peu-

ples qui ont disparu de la face du monde.
Est-ce par la guerre que la malheureuse Thèbes
a conservé sa grandeur ? Elle vainquit cependant les sept rois de l'Argolide, et sa victoire
causa sa ruine. Est-ce par la guerre que tes
ancêtres, les Troyens, ont maintenu leur puissance en Asie ? La guerre est la maladie des
États; ceux qui en souffrent le plus souvent
finissent par succomber. Roi, mon collègue,
je t'en conjure au nom de ce peuple qui a
tant prodigué son sang pour toi, laisse à ce
sang le temps de revenir dans ses veines épuisées. Personne ne nous attaque ; tes conquêtes
sont assez grandes ; occupons-nous de rendre
heureux les peuples que ton bras a soumis.
Hélas ! malgré ma vigilance, je ne puis suffire
à punir toutes les injustices, à soulager tous
les infortunés : aide-moi dans ce noble emploi.
Parcourons ensemble nos États déjà si grands
par ta vaillance ; et quand nous aurons séché
tous les pleurs, enrichi tous les indigens ;
quand enfin il n'y aura plus de malheureux
dans notre empire, alors je te laisserai partir
pour en reculer les frontières.

Numa refuse le Trône.

(Palissot , *Histoire des premiers siècles de Rome,*)

Point de mouvemens oratoires. Langage simple et tranquille d'un philosophe que la vue d'une couronne ne peut éblouir.

———

Argument. Après la mort de Romulus, deux envoyés de Rome, Proculus et Velesus ; l'un Romain, l'autre Sabin , se rendent à Cures, et offrent la couronne à Numa. Il leur fait cette réponse en présence de son père et de son parent Martius :

Il est peu de changemens dans la vie de l'homme qui ne présentent un avenir à craindre. Celui qui, par la modération de ses désirs , s'est mis au-dessus des besoins, et qui n'a point à se plaindre de sa fortune, commet au moins une imprudence s'il sacrifie à des vues ambitieuses l'heureuse médiocrité de son état; il abandonne un bonheur réel pour des espérances incertaines. La faute que je ferais en acceptant vos offres serait encore moins excusable, puisque je n'ai pas même devant les yeux ces espérances flatteuses dont l'illusion pourrait me séduire. Si d'un côté j'envisage la fin cruelle de Tatius, de l'autre les soupçons

injurieux qu'elle a jetés sur Romulus, son collègue; si ce même Romulus (du moins comme
le dépose la voix publique) est tombé sous les
coups des sénateurs, qui m'offrent aujourd'hui
de le remplacer, trouverais je dans cette grandeur suprême, environnée de tant d'écueils,
le prix de mes sacrifices? Si ce héros, quoique
d'une extraction divine, malgré les prodiges
de sa naissance et de sa conservation, n'en a
pas moins été la victime d'une lâche perfidie,
sur quelle apparence attendrais-je une vie
tranquille où ce grand homme n'a trouvé que
la mort? Mais quand je présumerais assez de
la fortune pour me flatter de me dérober aux
mêmes dangers, mes mœurs, mes inclinations,
et ces faibles vertus qui m'ont fait connaître,
ne sont-elles pas ce qui doit m'exclure du
rang que vous me proposez? J'ai passé ma vie
dans la retraite et dans l'étude; accoutumé à
l'innocence des travaux champêtres, mes premières occupations sont d'honorer et de servir
les dieux. Romulus vous a laissé beaucoup
d'ennemis; vous avez besoin, pour vous défendre, d'un prince actif et belliqueux : que fe-
rait parmi vous un homme pacifique, qui pourrait tout au plus vous inspirer quelques sentimens de modération et d'amour pour la
justice?

RÉPONSE de Martius et du père de Numa.

(PALISSOT , *Histoire des premiers temps de Rome.*)

Il est convenable qu'on trouve plus de mouvement dans ce discours que dans le précédent. Néanmoins, on peut y remarquer encore le calme que doit commander la présence et le caractère de Numa. La diction est élégante et pure.

———

ARGUMENT. Pour vaincre les refus généreux de Numa, son père et son parent lui remontrèrent que la vertu même lui faisait une loi de céder. Ils lui dirent :

Ou pourrez-vous servir les dieux avec plus de fruit, et leur offrir un encens plus agréable que sur ce trône où ils vous appellent? Vous leur soumettrez les cœurs de vos sujets; vous adoucirez les mœurs de cette nation guerrière; elle se modèlera sur les vôtres : l'exemple du prince a bien plus de pouvoir que les lois. Les Romains ont fait voir que le vrai mérite avait des droits sur eux, et qu'ils savaient le respecter, même dans les étrangers. Ils l'ont honoré dans Tatius; quels hommages ne lui rendront-ils pas dans un maître qu'eux-mêmes se seront choisi, eux qui l'ont déifié dans Ro-

mulus! Le pouvoir suprême est le plus beau
des droits dans les mains d'un prince juste et
bienfaisant. Il partage avec les dieux l'amour
des hommes et la gloire de les rendre heureux.
Pensez-vous d'ailleurs que les Romains, que
ce peuple naissant soit si dévoué à la guerre,
qu'il ne préférât volontiers le bonheur de jouir
tranquillement de ses conquêtes, à l'avidité
d'en faire de nouvelles ? Doutez-vous qu'il ne
vît avec joie un maître doux et paisible affermir l'État par la justice et la sainteté des lois,
appui bien plus stable que les armes, dont le
succès dépend toujours de la fortune ? Mais
quand il brûlerait encore de cette ardeur de
combattre, ne pouvez-vous pas réprimer cette
audace guerrière, et vous appliquer surtout à
réunir à jamais la nation des Sabins et cette
ville déjà si florissante ? L'empressement de
tous nos citoyens, dès qu'ils ont appris l'arrivée des députés de Rome, leur empressement
à vous solliciter d'accepter l'empire, n'est-il
pas un sûr garant du désir qu'ils ont de voir
resserrer l'alliance entre les deux peuples ?
L'amour du bien public, la voix de la patrie,
celle des dieux, tout vous prescrit de régner.
Ce n'est point par de vaines spéculations, mais
par des vertus actives, que l'on obtient la véritable gloire.

Léo à ses compatriotes.

(FLORIAN, *Numa Pompilius*, liv. XII.)

Brièveté qui est une preuve de goût. Un long
discours n'aurait pas convenu après une brusque
apparition. Vivacité et noblesse dans le style.

———

ARGUMENT. Quoique banni de sa patrie, Léo, devenu
l'ami de Numa, son vainqueur, et le voyant menacé
par une armée que conduit la fille de Romulus, ose se
présenter au milieu de ses compatriotes, les rassemble
et leur dit :

CITOYENS, vous m'avez banni ; mais le désir de vous être utile l'emporte sur le danger
de paraître ici malgré vos lois. Vous êtes amis
ou ennemis des Romains : voici l'instant de
les accabler ou de vous les attacher pour toujours. La fille de Romulus, de ce barbare
aggresseur qui vint nous attaquer dans nos
foyers, soulève tous les peuples contre Rome
et contre ce juste Numa, qui fut le premier à
solliciter pour vous une paix honorable. En
vous joignant à la fille de Romulus, vous rom-
prez un traité solennel, vous manquerez à la
reconnaissance, à l'honneur ; mais vous ferez
peut-être une guerre utile ; peut-être aussi

votre intérêt se trouve-t-il mieux encore à de-
meurer généreux, à secourir Numa. Ce monarque, sauvé par vous, vous rendra le pays
des Auronces, vous donnera le droit de citoyen romain, vous regardera comme des
frères. Celui que vous trouvâtes juste et bon
quand vous étiez ses ennemis, que sera-t-il
pour des libérateurs? Marses, dans cette occasion, comme presque toujours, le parti de
l'honneur se trouve le plus utile. Choisissez
cependant : joignez-vous à une foule de barbares conduits par la fille de votre plus cruel
ennemi, déjà noircie de plusieurs crimes, et
qui plonge le poignard dans le sein de sa patrie;
ou bien volez au secours du plus juste, du
meilleur des rois, d'un héros qui fut mon
vainqueur, et qui défendit vos droits dans le
traité de paix qui vous lie encore.

Séthos au roi du Congo.

(Terrasson, *Séthos*, liv. vii.)

Solennité imposante dans ce discours d'un vainqueur prononçant sur le sort d'un roi vaincu. Effet habilement ménagé dans cette énumération des griefs de la Phénicie contre ce roi, qu'elle rétablit cependant sur son trône. Style grave et sans ornemens ambitieux.

Argument. Séthos, général en chef des troupes phéniciennes, après avoir détruit le culte des idoles dans le Congo, soumis par ses armes, voulut rétablir le roi de ce pays sur un trône dont il pouvait le priver. Il fit assembler le peuple, ordonna qu'on amenât le monarque, et, debout sur une estrade, il lui adressa ce discours :

Vos États appartiennent aux Phéniciens par une conquête d'autant plus juste, que leur première intention n'était pas de vous les enlever. Cette nation, qui se vante d'être la fille aînée de l'Égypte, ancienne patrie de tous les dieux, première origine de tous les peuples, n'avait pas dédaigné d'envoyer une ambassade à un roi sauvage comme vous. Cette flotte, déjà victorieuse de toutes les côtes de l'Afrique qu'elle a parcourues, au lieu de commencer par vous faire la guerre, et de vous réduire à l'esclavage comme vos voisins, vous a prévenus par des recherches d'amitié et par des propositions d'alliance. Pour vous éclairer et vous conduire dans la manière dont vous deviez les recevoir, son ambassadeur a paru avec éclat devant vos ports. Les Phéniciens avaient transformé leur puissance formidable en magnificence polie, et leurs invincibles forces en riches présens. Il vous a plu de ne rien comprendre à des signes si marqués. Vous avez insulté des ambassadeurs de nations policées, auxquelles vous deviez du respect. Vous avez fait prosterner devant vous des hommes dont la société vous faisait honneur. Non content de cet outrage, vous avez chassé de votre capitale ces ambassadeurs dans le temps qu'ils la comblaient de biens, et lorsqu'ils tâchaient d'adoucir par des conseils adressés à vous-mêmes, et par des consolations à l'égard de vos peuples, la cruauté superstitieuse de votre gouvernement.

Cependant la Phénicie, quoique offensée et toute-puissante, transforme aujourd'hui sa vengeance en bienfaits. Elle vous rétablit sur votre trône et vous remet en possession de votre royaume. Sa protection, et le commerce libre et volontaire de part et d'autre qu'elle veut

bien avoir avec vos peuples, va rendre cette
possession plus sûre qu'elle ne l'était, lorsque
votre négligence et votre ignorance sur tout
ce qui se passait en dedans et en dehors de vos
États, vous livraient à l'invasion de tout autre
peuple qui n'aurait eu ni l'équité des Egyptiens
ni la sagesse des Phéniciens.

Mais, en qualité de roi vaincu, vous allez
rendre à la Phénicie l'hommage que vous lui
devez. Le capitaine phénicien que vous voyez
à côté de moi, et qui était mon second ambassadeur, est celui que je nomme, par l'autorité de la commission générale que j'ai reçue, vice-roi de la nouvelle Phénicie que nous
avons fondée et établie au-delà du fleuve
Cansa. C'est à lui, comme représentant ici le
roi de Phénicie, que vous allez adresser votre
hommage.

Périclès aux Athéniens.

(Mably, *Observations sur l'Histoire de la Grèce.*)

Eloquence fière et pressante. Les conseils de Périclès ressemblent à des ordres. On voit qu'il est sûr de son influence sur les esprits.

ARGUMENT. Les Lacédémoniens, irrités de la hauteur que les Athéniens firent paraître dans une assemblée générale, déclarèrent qu'ils prenaient sous leur protection Potidée, place assiégée par les troupes athéniennes, et les villes d'Egine et de Mégare, que les Athéniens voulaient réduire par la force des armes. Alors Périclès, s'adressant à ses concitoyens, leur dit :

IL ne s'agit point de montrer une lâche condescendance aux volontés des Lacédémoniens. S'ils ne nous enjoignaient pas de quitter Potidée, d'affranchir Égine, et de révoquer le décret que nous avons porté contre Mégare, nous pourrions peut-être, sans nous faire tort, ne consulter que notre modération ; mais puis-que Lacédémone croit encore jouir de son ancien empire et donne des ordres, Athènes doit désobéir pour ne pas se déshonorer. Si vous cédez aux menaces de la guerre, on croira que vous vous êtes rendus à la crainte ; on vous fera de nouvelles demandes, qu'il faudra rejeter pour ne pas plier sous le joug. Vous pouvez aujourd'hui écarter le péril qui vous menace, en donnant un exemple de vigueur qui intimidera vos alliés, et instruira pour toujours les Lacédémoniens du succès qu'ils doivent se promettre de leur orgueil; mais peut-être que demain il n'en sera plus temps.

Un Député de Corinthe aux Spartiates.

(Barthélemy, *Voyage d'Anacharsis*, introduction.)

Ce discours, à-peu-près traduit de Thucydide, comme les suivans, est d'une singulière énergie. l'Orateur ne dissimule pas sa doctrine, qui est de se faire une politique suivant les circonstances. Il se donne le droit de blâmer la conduite des Spartiates, par le zèle qu'il étale pour les intérêts de la confédération.

———

Argument. Les Athéniens, contre la foi jurée, avaient envoyé des secours aux Corcyréens, qui depuis plusieurs années soutenaient une guerre contre Corinthe ; et ils avaient même fait éprouver à plusieurs villes alliées de Lacédémone les plus odieuses vexations. Corinthe, qui voulait susciter une guerre générale, les engagea à demander une éclatante satisfaction. Les députés de toutes ces villes se rendent chez les Lacédémoniens, chefs de la ligue du Péloponèse. Quand ils ont exposé leurs griefs, un Corinthien se lève et dit :

Combien de fois vous avons-nous avertis des projets des Athéniens, et qu'est-il nécessaire de vous les rappeler encore ? Corcyre, dont la marine pouvait dans l'occasion si bien seconder nos efforts, est entrée dans leur al-

liance; Potidée (1), cette place qui assurait
nos possessions dans la Thrace, va tomber
entre leurs mains. Nous n'accusons que vous
de nos pertes; vous qui, après la guerre des
Mèdes, avez permis à nos ennemis de fortifier leur ville et d'étendre leurs conquêtes;
vous qui êtes les protecteurs de la liberté, et
qui, par votre silence, favorisez l'esclavage;
vous qui délibérez quand il faut agir, et qui
ne songez à votre défense que quand l'ennemi
tombe sur vous avec toutes ses forces. Nous
nous en souvenons encore: les Mèdes, sortis
du fond de l'Asie, avaient traversé la Grèce
et pénétré dans le Péloponèse, que vous
étiez tranquilles dans vos foyers.

Ce n'est pas contre une nation éloignée
que vous aurez à combattre, mais contre un
peuple qui est à votre porte, contre ces Athéniens dont vous n'avez jamais connu, dont
vous ne connaissez pas encore les ressources
et le caractère. Esprits ardens à former des
projets, habiles à les varier dans les occa-

---

(1) Potidée, comme Corcyre, était une colonie des
Corinthiens. Elle avait embrassé le parti des Athéniens;
mais, rebutée par leurs vexations, elle s'était jointe à la
ligue du Péloponèse. Elle était alors assiégée par les Athéniens.

sions, si prompts à les exécuter, que posséder et désirer est pour eux la même chose ; si
présomptueux qu'ils se croient dépouillés des
conquêtes qu'ils n'ont pu faire ; si avides
qu'ils ne se bornent jamais à celles qu'ils ont
faites ; nation courageuse et turbulente, dont
l'audace s'accroît par le danger, et l'espérance
par le malheur ; qui regarde l'oisiveté comme
un tourment, et que les dieux irrités ont
jetée sur la terre pour n'être jamais en repos,
et n'y jamais laisser les autres.

Qu'opposez-vous à tant d'avantages ? Des
projets au-dessous de vos forces, la méfiance
dans les résolutions les plus sages, la lenteur
dans les opérations, le découragement aux
moindres revers, la crainte d'étendre vos domaines, la négligence à les conserver : tout,
jusqu'à vos principes, est aussi nuisible au
repos de la Grèce qu'à votre sûreté. N'attaquer personne, se mettre en état de n'être
jamais attaqué, ces moyens ne nous paraissent pas toujours suffisans pour assurer le
bonheur d'un peuple. Vous voulez qu'on ne
repousse l'insulte que lorsqu'il n'en résulte
absolument aucun préjudice pour la patrie :
maxime funeste et qui, adoptée des nations
voisines, vous garantirait à peine de leurs
invasions.

O Lacédémoniens! votre conduite se ressent trop de la simplicité des premiers siècles : autre temps, autres mœurs, autre système. L'immobilité des principes ne conviendrait qu'à une ville qui jouirait d'une paix éternelle; mais dès que, par ses rapports avec les autres nations, ses intérêts deviennent plus compliqués, il lui faut une politique plus raffinée. Abjurez donc, à l'exemple des Athéniens, cette droiture qui ne sait pas se prêter aux évènemens. Sortez de cette indolence qui vous tient renfermés dans l'enceinte de vos murs; faites une irruption dans l'Attique; ne forcez pas des alliés, des amis fidèles, à se précipiter entre les bras de vos ennemis; et, placés à la tête des nations du Péloponèse, montrez-vous dignes de l'empire que nos pères déférèrent à vos vertus.

Archidamus aux Lacédémoniens.

(Barthélemy, *Voyage d'Anacharsis*, introduction.)

On ne s'étonnera pas de la longueur de ce discours ; il est d'un Spartiate, mais il est d'un vieillard. Les formes en sont, comme il convenait, graves et sentencieuses. C'est le langage de l'expérience.

Argument. Le roi Archidamus, plein de sagesse et d'expérience, répond en ces termes au discours du député de Corinthe, et détourne les Lacédémoniens d'entreprendre la guerre contre Athènes.

Peuple de Lacédémone, j'ai été témoin de beaucoup de guerres, ainsi que plusieurs d'entre vous, et je n'en suis que plus porté à craindre celle que vous allez entreprendre. Sans préparatifs et sans ressources, vous voulez attaquer une nation exercée dans la marine, redoutable par le nombre de ses soldats et de ses vaisseaux, riche des productions de son pays et des tributs de ses alliés.

Qui peut vous inspirer cette confiance ? Est-ce votre flotte ? mais quel temps ne faudrait-il pas pour la rétablir ? Est-ce l'état de vos finances ? mais nous n'avons point de trésor public, et les particuliers sont pauvres. Est-ce l'espérance de détacher les alliés d'Athènes ? mais, comme la plupart sont des insulaires, il faudrait être maître de la mer pour exciter et entretenir leur défection. Est-ce le projet de ravager les plaines de l'Attique et de terminer cette grande querelle dans une campagne ? Eh ! pensez-vous que la perte d'une moisson, si facile à réparer dans un pays où le commerce est florissant, engagera les Athéniens à vous demander la paix ? Ah ! que je crains plutôt que nous ne laissions cette guerre à nos enfans comme un malheureux héritage ! Les hostilités des villes et des particuliers sont passagères ; mais quand la guerre s'allume entre deux puissans États, il est aussi difficile d'en prévoir les suites que d'en sortir avec honneur.

Je ne suis pas d'avis de laisser nos alliés dans l'oppression ; je dis seulement qu'avant de prendre les armes, nous devons envoyer des ambassadeurs aux Athéniens et entamer des négociations. Ils viennent de nous proposer cette voie, et ce serait une injustice de la refuser. Dans l'intervalle, nous nous adresserons aux nations de la Grèce, et, puisque la nécessité l'exige, aux barbares eux-mêmes, pour avoir des secours en argent et en vaisseaux. Si les Athéniens rejettent nos plaintes, nous les réitérerons après deux ou trois ans de préparatifs, et peut-être les trouverons-nous alors plus dociles.

La lenteur qu'on nous attribue a toujours fait notre sûreté ; jamais les éloges ni les reproches ne nous ont portés à des entreprises téméraires. Nous ne sommes pas assez habiles pour rabaisser par des discours éloquens la puissance de nos ennemis ; mais nous savons que, pour nous mettre à portée de les vaincre, il faut les estimer, juger de leur conduite par la nôtre, nous prémunir contre leur prudence, ainsi que contre leur valeur, et moins compter sur leurs fautes que sur la sagesse de nos précautions. Nous croyons qu'un homme ne diffère pas d'un autre homme, mais que le plus redoutable est celui qui, dans les occasions critiques, se conduit avec le plus de prudence et de lumières.

Ne nous départons jamais des maximes que nous avons reçues de nos pères, et qui ont conservé cet État ; délibérez à loisir ; qu'un instant ne décide pas de vos biens, de votre gloire, du sang de tant de citoyens, de la destinée de tant de peuples. Laissez entrevoir la guerre, et ne la déclarez pas ; faites vos préparatifs comme si vous n'attendiez rien de

vos négociations, et pensez que ces mesures
sont les plus utiles à votre patrie et les plus
propres à intimider vos ennemis.

~~~~~~~~~~~~~~~~~~~~

Sthénélaïdas aux Lacédémoniens.

(BARTHÉLEMY, *Voyage d'Anacharsis*, introduction.)

Quoique nous n'ayons pas cru devoir insérer
le discours auquel celui-ci sert de réponse, on
peut retrouver un contraste entre les paroles de
Sthénélaïdas et celles d'Archidamus. C'est ici le
vrai style d'un Lacédémonien, comme c'en étaient,
dans le discours précédent, les vrais principes.

———

ARGUMENT. Après que le roi Archidamus eut appuyé
par son discours celui des députés athéniens, Sthénélaïdas, un des Ephores, pour en détourner l'effet,
s'écria :

JE ne comprends rien à l'éloquence ver-
beuse des Athéniens ; ils ne tarissent pas sur
leur éloge, et ne disent pas un mot pour leur
défense. Plus leur conduite fut irréprochable
dans la guerre des Mèdes, plus elle est honteuse aujourd'hui, et je les déclare double-
ment punissables, puisqu'ils étaient vertueux,

et qu'ils ont cessé de l'être. Pour nous, toujours les mêmes, nous ne trahirons point nos alliés, et nous les défendrons avec la même ardeur qu'on les attaque. Au reste, il ne s'agit point ici de discours et de discussions ; ce n'est point par des paroles que nos alliés ont été outragés. La vengeance la plus prompte, voilà ce qui convient à la dignité de Sparte ; et qu'on ne dise pas que nous devons délibérer après avoir reçu une insulte; c'était aux autres à délibérer long-temps avant que de nous insulter. Opinez-donc pour la guerre, ô Lacédémoniens! et pour mettre enfin des bornes aux injustices et à l'ambition des Athéniens, marchons, avec la protection des dieux, contre ces oppresseurs de la liberté.

Télémaque aux Crétois.

(Fénélon, *Télémaque*, liv. vi.)

Adresse et franchise en même temps. Style élégant et facile.

Argument. Lorsqu'après le meurtre de son fils, Idoménée se fut éloigné de l'île de Crète, les Crétois donnèrent des jeux publics, et promirent la couronne à celui qui obtiendrait tous les prix. Télémaque les remporte; il est proclamé roi de Crète; mais, effrayé du fardeau qu'on lui impose, il tient ce discours au peuple assemblé :

O illustres Crétois! je ne mérite pas de vous commander. L'oracle qu'on vient de rapporter marque bien que la race de Minos cessera de régner quand un étranger entrera dans cette île, et y fera régner les lois de ce sage roi ; mais il n'est pas dit que ce sage étranger régnera. Je veux croire que je suis cet étranger marqué par l'oracle. J'ai accompli la prédiction; je suis venu dans cette île; j'ai découvert le vrai sens des lois, et je souhaite que mon explication serve à les faire régner avec l'homme que vous choisirez. Pour moi, je préfère ma patrie, la pauvre île d'Ithaque, aux cent villes de Crète, à la gloire et à l'opulence de ce beau royaume. Souffrez que je suive ce que les destins ont marqué. Si j'ai combattu dans vos jeux, ce n'était pas dans l'espérance de régner ici, c'était pour mériter votre estime et votre compassion, c'était afin que vous me donnassiez les moyens de retourner promptement au lieu de ma naissance. J'aime mieux obéir à mon père Ulysse et consoler ma mère Pénélope, que de régner sur tous les peuples de l'univers. O Crétois! vous voyez le fond de mon cœur; il faut que je vous quitte; mais la mort seule pourra finir ma reconnaissance. Oui, jusqu'au dernier soupir, Télémaque aimera les Crétois, et s'intéressera à leur gloire comme à la sienne propre.

Séthos aux habitans du Congo.

(Terrasson, *Séthos*, liv. vii.)

Ce sont ici les paroles d'un législateur et d'un sage. La solennité et la gravité du style étaient un devoir de l'écrivain.

———

Argument. Séthos, pour venger une injure faite à ses ambassadeurs, attaqua le roi de Congo et s'empara de ses États. Saisi d'horreur à la vue des sacrifices humains dont cette nation était victime, il voulut les détruire. Les prêtres des idoles, sommés de comparaître devant lui, aimèrent mieux incendier le temple et s'ensevelir sous ses ruines, avec leurs femmes et leurs enfans. A ce spectacle, Séthos se tourna vers les habitans et leur dit :

Peuples du Congo, c'est un effet visible de la faveur des dieux à votre égard, que l'arrêt porté par ces malheureux contre eux-mêmes ait détruit jusqu'aux dernières semences de la superstition barbare qu'un mouvement de compassion m'aurait peut-être fait conserver dans leurs femmes et leurs enfans. Mais il ne suffit pas d'avoir aboli un culte faux et criminel, il en faut élever sur ses ruines un qui soit raisonnable et digne de la divinité à laquelle il sera offert. Mon dessein n'est pas de vous faire re-

cevoir par force les dieux particuliers de l'E-
gypte, de la Phénicie ou des Indes. Mais tous
les peuples du monde s'accordent dans l'idée
générale d'un premier être, auteur et conser-
vateur de la nature. Si les dieux de chaque nation ne sont autre chose que les divers symbo-
les sous lesquels elles se représentent les différentes perfections ou les différens dons de cet
être souverain, le nombre des dieux ne sera
que le nombre de ses attributs ou de ses bienfaits. Vous avez dans votre délivrance un grand
sujet de célébrer ses bontés; c'est pourquoi je
vous aiderai moi-même à jeter ici les fondemens d'un temple consacré aux dieux bienfaisans. J'amène avec moi des prêtres égyptiens
qui passent pour les plus savans de tous les
hommes dans le culte divin. Ils vous instrui-
ront de tout ce qui regarde cet article, le plus
important de tous pour un État et pour chacun
des particuliers qui le composent. Ce sont eux
qui vous diront que quoique la bonté, l'a-
mour pour les hommes, la volonté de les rendre heureux, soit le premier aspect sous lequel il faille se représenter la divinité, surtout
par opposition à l'idée affreuse et impie que
vos devins en voulaient donner, cependant,
cette même divinité si bienfaisante devient
terrible contre toutes sortes de crimes et d'in-

justices ; contre les rois ennemis et persécuteurs de leurs peuples, contre les peuples
rebelles et infidèles à leurs rois.

~~~~~~~~~~~~~~~~~~~~

Hormisdas à ses sujets révoltés.

(Lebeau, *Histoire du Bas-Empire*, liv. LIII.)

Discours remarquable surtout par la sage disposition des parties. Hormisdas n'a plus pour
dernière ressource qu'une modération affectée ;
mais elle serait suspecte s'il ne paraissait pas d'a-
bord sentir tout son malheur. C'est après avoir
protesté contre l'état où on le réduit qu'il étale sa
sollicitude pour la Perse, aux dépens de son
propre fils. On peut trouver quelque lenteur dans
le style, surtout au commencement.

———

ARGUMENT. Hormisdas avait soulevé, par ses cruautés,
la Perse, dont il était roi. Plusieurs armées se révoltèrent.
On s'empara de lui dans son palais, et on le chargea
de chaînes. Il fit dire qu'avant de mourir il voulait
donner à la Perse des avis importans. Alors les principaux
seigneurs s'assemblèrent et le firent amener devant eux.
Il leur parla ainsi :

TÉMOINS et auteurs de mes maux, votre prisonnier est votre roi. Je ne vois plus que l'in-

sulte dans ces regards où je voyais le respect et
la crainte. Adoré jusqu'à ce jour, revêtu de la
pourpre la plus éclatante, maître du plus puissant empire qu'éclaire le soleil, le dieu suprême de la Perse, me voilà chargé de fers,
couvert d'opprobres, réduit à la plus affreuse
misère. Je vous suis odieux, et votre haine
vous persuade que je mérite ces horribles traitemens. Mais qu'ont mérité mes ancêtres, ces
monarques victorieux, fondateurs de cet empire, qui ont transmis à leur postérité les
droits qu'ils ont acquis à vos respects par leurs
actions immortelles ? Les outrages dont vous
m'accablez retombent sur eux; oui, tous les
Sassanides gémissent avec moi dans un cachot ténébreux; ils sont avec moi couchés
dans la poussière. Les Artaxerxès, les Sa-
pors, les Chosroës tremblent avec moi sous
les regards d'un geôlier impitoyable, ils attendent le bourreau. Mais si les droits les plus
sacrés sont effacés de vos cœurs, si les lois
n'ont plus de pouvoir, si vous foulez aux pieds
la majesté souveraine, la justice, la reconnaissance, écoutez encore une fois votre prince,
écoutez mon amour pour la Perse; il respire
encore malgré vos outrages, et il ne s'étein-
dra qu'avec moi. Satrapes et seigneurs, vous
tenez entre vos bras les colonnes du plus noble,

du plus puissant, du plus ancien empire de
l'univers; la révolte les ébranle aujourd'hui;
c'est à vous de les affermir, c'est à vous de
soutenir ce vaste édifice dont la chute vous
écraserait.

Que deviendra votre pouvoir s'il ne reste
plus d'obéissance? Serez-vous grands si tout
se dérobe sous vos pieds? La sédition confond
les rangs; elle élève la poussière des États;
elle rompt cette chaîne politique qui descend
du prince jusqu'au dernier de ses sujets. Il faut
qu'un vaisseau périsse si chacun des matelots
s'érige en pilote et ne prend l'ordre que de
son caprice. Vous êtes maintenant agités d'une
violente tempête : Varome (1) a les armes à
la main; il débauche vos troupes; il soulève
vos provinces; il menace d'envahir, de mettre à feu et à sang la Perse entière. Quel moment choisissez-vous pour vous défaire de
votre roi? Jamais un chef ne vous fut plus nécessaire, et ce chef, sera-ce Chosroës? Je sais
que vous jetez les yeux sur lui : croyez-en celui
qui l'a vu naître, celui qui a vu croître ses
inclinations perverses que les soins paternels
n'ont pu réformer. Faut-il que j'accuse mon
fils? mais ce fils malheureux serait le fléau de

---

(1) Chef d'une armée de révoltés.

la Perse. Jamais je n'aperçus en lui aucun des caractères de la majesté royale ; sans génie, sans élévation dans l'âme, esclave de ses passions, impétueux dans ses désirs, livré sans réflexion à tous ses caprices, emporté, intraitable, inhumain, aussi avide d'argent qu'indifférent pour l'honneur et la gloire, ennemi de la paix, également incapable de se gouverner par lui-même et d'écouter un bon conseil. Jugez des qualités de son cœur par cet air sombre et farouche qu'il porte dans ses regards.

Si vous êtes obstinés à changer de prince, si vous ne pouvez souffrir Hormisdas, il vous offre un roi, c'est un frère de Chosroës, mais il ne l'est pas d'esprit et de caractère. Plus heureux qu'Hormisdas, plus digne de régner que Chosroës, il fera revivre ces monarques sages et généreux dont la mémoire vous est précieuse. Hélas ! j'ai marché sur leurs traces. N'ai-je pas étendu leurs conquêtes ? Interrogez les Turcs, qui vous paient aujourd'hui le tribut qu'ils vous avaient imposé ; interrogez les Dilimnites, que j'ai forcés dans leurs montagnes à plier sous le joug qu'ils refusaient de porter ; interrogez les Romains, qui pleurent la perte de Martyropolis ; mais oubliez tous mes triomphes ; ce n'est plus à mes yeux qu'un songe

brillant, qui ne me laisse que la misère et l'at-
tente d'une mort cruelle. Je consens à m'oublier moi-même. C'est à vous de prendre un
parti dont la Perse n'ait pas à se repentir.

LES DÉPUTÉS de Lacédémone aux Athéniens.

(BARTHÉLEMY, *Voyage d'Anacharsis*, introduction.)

Ce discours aurait pu être facilement étendu
s'il n'eût pas été d'un Lacédémonien. Aussi les
preuves, ainsi resserrées, ont-elles quelque chose
de vif qui les rend plus frappantes. Le style est
et devait être rapide.

ARGUMENT. Thémistocle avait remporté sur les Perses
la victoire de Salamine. Mardonius, lieutenant du roi
de Perse, désespérant de vaincre les Grecs, unis et ligués
pour la cause commune, songea à détacher les Athéniens
de cette ligue redoutable. Il fit partir pour Athènes Alexandre, roi de Macédoine, qui fit aux Athéniens, de la part
de Xerxès, les offres les plus séduisantes. Mais les députés
de Lacédémone, effrayés de ces propositions, s'écrièrent :

N'ÉCOUTEZ pas les perfides conseils d'Alexandre. C'est un tyran qui sert un autre tyran.
Il a, par un indigne artifice, altéré les instruc-

tions de Mardonius. Les offres qu'il vous fait
de sa part sont trop séduisantes pour n'être pas
suspectes. Vous ne pouvez les accepter sans
fouler aux pieds les lois de la justice et de
l'honneur. N'est-ce pas vous qui avez allumé
cette guerre? et faudra-t-il que ces Athéniens,
qui, dans tous les temps, ont été les plus zélés
défenseurs de la liberté, soient les premiers
auteurs de notre servitude? Lacédémone, qui
vous fait ces représentations par notre bouche,
est touchée du funeste état où vous réduisent
vos maisons détruites et vos campagnes rava-
gées : elle vous propose en son nom et au nom
de ses alliés, de garder en dépôt, pendant le
reste de la guerre, vos femmes, vos enfans et
vos esclaves.

Deux Vieillards Manduriens à Idoménée.

(Fénélon, *Télémaque*, liv. x.)

La première partie de ce discours est plus poétique, et la seconde plus philosophique. A la fin, il y a de l'énergie et de la concision. Le style est toujours celui de Fénélon, c'est-à-dire, plein de douceur, de pureté et de vérité.

———

Argument. Après un combat cruel entre des soldats d'Idoménée et une troupe de Manduriens, ceux-ci furent contraints de se retirer dans leurs montagnes. Peu de temps après, ils envoyèrent à Idoménée deux de leurs plus sages vieillards pour lui demander la paix. Ces envoyés s'exprimèrent ainsi :

O roi ! nous tenons, comme tu vois, dans une main l'épée, et dans l'autre une branche d'olivier. Voilà la paix et la guerre : choisis. Nous aimerions mieux la paix ; c'est pour l'amour d'elle que nous n'avons point eu honte de te céder le doux rivage de la mer, où le soleil rend la terre fertile, et produit tant de fruits délicieux. La paix est plus douce que tous ces fruits : c'est pour elle que nous nous sommes retirés dans ces hautes montagnes toujours couvertes de glace et de neige, où l'on

ne voit jamais ni les fleurs du printemps ni
les riches fruits de l'automne. Nous avons horreur de cette brutalité qui, sous de beaux
noms d'ambition et de gloire, va follement
ravager les provinces, et répand le sang des
hommes, qui sont tous frères. Si cette fausse
gloire te touche, nous n'avons garde de te
l'envier; nous te plaignons, et nous prions
les dieux de nous préserver d'une fureur semblable. Si les sciences que les Grecs apprennent
avec tant de soin, et si la politesse dont ils se
piquent ne leur inspirent que cette détestable
injustice, nous nous croyons trop heureux de
n'avoir point ces avantages. Nous nous ferons
toujours gloire d'être ignorans et barbares,
mais justes, humains, fidèles, désintéressés,
accoutumés à nous contenter de peu, et à mépriser la vaine délicatesse, qui fait qu'on a
besoin d'avoir beaucoup. Ce que nous estimons, c'est la santé, la frugalité, la liberté,
la vigueur de corps et d'esprit; c'est l'amour
de la vertu, la crainte des dieux, le bon naturel pour nos proches, l'attachement à nos
amis, la fidélité pour tout le monde, la modération dans la prospérité, la fermeté dans les
malheurs, le courage pour dire toujours hardiment la vérité, l'horreur de la flatterie. Voilà
quels sont les peuples que nous t'offrons pour

voisins et pour alliés. Si les dieux irrités t'aveuglent jusqu'à te faire refuser la paix, tu apprendras, mais trop tard, que les gens qui aiment par modération la paix sont les plus redoutables dans la guerre.

Mentor aux chefs de l'armée des Hespériens.

(Fénélon, *Télémaque*, liv. x.)

Eloquence adroite. Talent d'intéresser ses auditeurs par des considérations tirées d'eux-mêmes. Force des allusions historiques.

Argument. Plusieurs peuples de l'Hespérie avaient pris les armes contre Idoménée, dont ils redoutaient l'ambition Nestor même et Philoctète, qui avaient fondé dans cette contrée, l'un Métaponte, et l'autre Pétilie, s'étaient réunis à eux. Mentor se rend à leur camp, une branche d'olivier à la main, et quand les chefs sont assemblés, il leur tient ce discours :

O hommes généreux assemblés de tant de nations qui fleurissent dans la riche Hespérie ! je sais que vous n'êtes venus ici que pour l'intérêt commun de la liberté. Je loue votre zèle ; mais souffrez que je vous représente un moyen facile de conserver la liberté et la gloire de tous vos peuples sans répandre le sang humain. O Nestor! sage Nestor, que j'aperçois dans cette assemblée, vous n'ignorez pas combien la guerre est funeste à ceux même qui l'entreprennent avec justice et sous la protection des dieux. La guerre est le plus grand des maux dont les dieux affligent les hommes. Vous n'oublierez jamais ce que les Grecs ont souffert pendant dix ans devant la malheureuse Troie. Quelles divisions entre les chefs! quels caprices de la fortune! quel carnage des Grecs par la main d'Hector! quels malheurs dans toutes les villes les plus puissantes, causés par la guerre, pendant la longue absence de leurs rois! Au retour, les uns (1) ont fait naufrage au promontoire de Capharée, les autres (2) ont trouvé une mort funeste dans le sein même de leurs épouses. O dieux! c'est dans votre colère que vous armâtes les Grecs pour cette éclatante expédition. O peuples Hespériens! je prie les dieux de ne vous donner jamais une victoire si funeste. Troie est en cendre, il est

---

(1) Au sud de l'île d'Eubée (Négrepont). Nauplius, pour venger la mort de son fils Palamède, y alluma des feux. Attirés par ce signal perfide, plusieurs vaisseaux des Grecs se brisèrent contre des écueils.

(2) Agamemnon assassiné par Clytemnestre.

vrai : mais il vaudrait mieux pour les Grecs
qu'elle fût encore dans toute sa gloire, et que
le lâche Pâris jouît de ses infâmes amours avec
Hélène. Philoctète, si long-temps malheureux
et abandonné dans l'île de Lemnos, ne craignez - vous pas de retrouver de semblables
malheurs dans une semblable guerre? Je sais
que les peuples de Laconie (1) ont senti aussi
les troubles causés par la longue absence des
princes, des capitaines et des soldats qui al-
lèrent contre les Troyens. O Grecs qui avez
passé dans l'Hespérie! vous n'y avez tous passé
que par une suite de malheurs que causa la
guerre de Troie.

---

(1) Ici Mentor s'adresse aux Laconiens ou Lacédémoniens qui, sous la conduite de Phalante, étaient venus
fonder Tarente dans l'Hespérie, et étaient entrés dans la
ligue contre Idoménée.

RÉPONSE du chef des Manduriens à Mentor, qui engageait les alliés à faire la paix.

(FÉNÉLON, *Télémaque*, liv. XI.)

Ton de conviction. Force et naturel dans le style.

QUE n'avons-nous pas fait pour éviter cette guerre! Les dieux nous sont témoins que nous n'avons renoncé à la paix que quand la paix nous a échappé sans ressource par l'ambition inquiète des Crétois, et par l'impossibilité où ils nous ont mis de nous fier à leurs sermens. Nation insensée! qui nous a réduits malgré nous à l'affreuse nécessité de prendre un parti de désespoir contre elle, et de ne pouvoir plus chercher notre salut que dans sa perte! Tandis qu'ils conserveront ces passages, nous croirons toujours qu'ils veulent usurper nos terres et nous mettre en servitude. S'il était vrai qu'ils ne songeassent plus qu'à vivre en paix avec leurs voisins, ils se contenteraient de ce que nous leur avons cédé sans peine, et ils ne s'attacheraient pas à conserver des entrées dans un pays contre la liberté duquel ils ne formeraient aucun dessein ambitieux. Mais vous ne les connaissez pas, ô sage vieillard ! C'est par un grand malheur que nous avons appris à les connaître. Cessez, ô homme aimé des dieux ! de retarder une guerre juste et nécessaire, sans laquelle l'Hespérie ne pourrait jamais espérer une paix constante. O nation ingrate, trompeuse et cruelle, que les dieux irrités ont envoyée auprès de nous pour troubler notre paix, et pour nous punir de nos fautes ! Mais après nous avoir punis, ô dieux ! vous nous vengerez : vous ne serez pas moins justes contre nos ennemis que contre nous.

Mentor aux troupes hespériennes.

(FÉNÉLON, *Télémaque*, liv. xi.)

Habileté merveilleuse à conserver intacte la dignité du prince qui peut paraître se défier de ses armes, puisqu'il offre la paix. Force de raisonnement, clarté et simplicité de style.

ARGUMENT. Le discours du chef des Manduriens avait rallumé dans tous les cœurs la fureur des combats ; Mentor reprit ainsi la parole :

Si je n'avais que des promesses à vous faire, vous pourriez refuser de vous y fier ; mais je vous offre des choses certaines et présentes.

Si vous n'êtes pas contens d'avoir pour otages
Télémaque et moi, je vous ferai donner douze
des plus nobles et des plus vaillans Crétois.
Mais il est juste aussi que vous donniez de votre côté des otages, car Idoménée, qui désire
sincèrement la paix, la désire sans crainte et
sans bassesse : il désire la paix, comme vous
dites vous-mêmes que vous l'avez désirée, par
sagesse et par modération, mais non par l'a-
mour d'une vie molle, ou par faiblesse, à la
vue des dangers dont la guerre menace les
hommes. Il est prêt à périr ou à vaincre ; mais
il aime mieux la paix que la victoire la plus
éclatante. Il aurait honte de craindre d'être
vaincu ; mais il craint d'être injuste, et il n'a
point de honte de vouloir réparer ses fautes.
Les armes à la main il vous offre la paix : il
ne veut point en imposer les conditions avec
hauteur, car il ne fait aucun cas d'une paix
forcée. Il veut une paix dont tous les partis
soient contens, qui finisse toutes les jalousies,
qui apaise tous les ressentimens et qui gué-
risse toutes les défiances. En un mot, Idoménée
est dans les sentimens où je suis sûr que vous
voudriez qu'il fût. Il n'est question que de vous
en persuader. La persuasion ne sera pas difficile, si vous voulez m'écouter avec un esprit
dégagé et tranquille.

Ecoutez donc, ô peuples remplis de valeur!
et vous, ô chefs si sages et si unis! écoutez ce
que je vous offre de la part d'Idoménée. Il n'est
pas juste qu'il puisse entrer dans les terres de
ses voisins; il n'est pas juste aussi que ses voisins puissent entrer dans les siennes. Il consent
que les passages que l'on a fortifiés par de
hautes tours soient gardés par des troupes neu-
tres. Vous, Nestor, et vous, Philoctète, vous
êtes Grecs d'origine; mais en cette occasion
vous vous êtes déclarés contre Idoménée :
ainsi vous ne pouvez y être suspects d'être trop
favorables à ses intérêts. Ce qui vous touche,
c'est l'intérêt commun de la paix et de la liberté de l'Hespérie. Soyez vous-mêmes les dépositaires et les gardiens de ces passages qui
causent la guerre. Vous n'avez pas moins d'intérêt à empêcher que les anciens peuples
d'Hespérie ne détruisent Salente, nouvelle
colonie des Grecs, semblable à celles que vous
avez fondées, qu'à empêcher qu'Idoménée
n'usurpe les terres de ses voisins. Tenez l'é-
quilibre entre les uns et les autres. Au lieu
de porter le fer et le feu chez un peuple que
vous devez aimer, réservez-vous la gloire d'ê-
tre les juges et les médiateurs. Vous me direz
que ces conditions vous paraîtraient merveil-
leuses si vous pouviez vous assurer qu'Idomé-

née les accomplirait de bonne foi; mais je vais vous satisfaire.

Il y aura pour sûreté réciproque les otages dont je vous ai parlé, jusqu'à ce que tous les passages soient mis en dépôt dans vos mains. Quand le salut de l'Hespérie entière, quand celui de Salente même et d'Idoménée sera à votre discrétion, serez-vous contens? De qui pourrez-vous désormais vous défier? sera-ce de vous-mêmes? Vous n'osez vous fier à Idoménée; et Idoménée est si incapable de vous tromper, qu'il veut se fier à vous. Oui, il veut vous confier le repos, la vie, la liberté de tout son peuple et de lui-même. S'il est vrai que vous ne désiriez qu'une bonne paix, la voilà qui se présente à vous, et qui vous ôte tout prétexte de reculer. Encore une fois, ne vous imaginez pas que la crainte réduise Idoménée à vous faire ces offres; c'est la justice et la sagesse qui l'engagent à prendre ce parti, sans se mettre en peine si vous imputerez à faiblesse ce qu'il fait par vertu. Dans les commencemens il a fait des fautes, et il met sa gloire à les reconnaître par les offres dont il vous prévient. C'est faiblesse, c'est vanité, c'est ignorance grossière de son propre intérêt que d'espérer de pouvoir cacher ses fautes en affectant de les soutenir avec fierté et avec hauteur. Celui qui avoue ses fautes à son ennemi, et qui offre de les réparer, montre par là qu'il est devenu incapable d'en commettre, et que l'ennemi a tout à craindre d'une conduite si sage et si ferme, à moins qu'il ne fasse la paix. Gardez-vous bien de souffrir qu'il vous mette à son tour dans le tort. Si vous refusez la paix et la justice qui viennent à vous, la paix et la justice seront vengées. Idoménée, qui devait craindre de trouver les dieux irrités contre lui, les tournera pour lui contre vous : Télémaque et moi nous combattrons pour la bonne cause. Je prends tous les dieux du ciel et des enfers à témoin des justes propositions que je viens de vous faire.

Théodore aux Syracusains.

(Rollin , *Histoire Ancienne* , Denys le tyran.)

Pensées bien présentées ; style clair et animé. Les interrogations fréquentes sont placées à propos dans un discours qu'on suppose brusquement improvisé.

Argument. Dans une guerre des Syracusains contre les Carthaginois , les premiers remportèrent une victoire éclatante. Denys, qui n'avait point participé à ce succès, convoque une assemblée , félicite les Syracusains, leur promet de terminer bientôt la guerre, de leur rendre la paix , de les délivrer de leurs ennemis. Il allait congédier l'assemblée, quand l'un des premiers citoyens , nommé Théodore , monte à la tribune aux harangues , et dit :

On nous parle de nous rendre la paix , de terminer la guerre, de nous délivrer de nos ennemis. Que signifie ce langage dans la bouche de Denys ? Est-ce donc une paix que l'état de servitude où l'on nous réduit ? Y a-t-il pour nous un ennemi plus à craindre que le tyran qui opprime notre liberté, ou une guerre plus cruelle que celle qu'il nous fait depuis plusieurs années ? Qu'Imilcon (1) remporte sur nous

---

(1) Le général carthaginois.

la victoire, content de nous imposer quelque tribut, il nous laissera vivre selon nos lois; mais le tyran qui nous asservit n'en reconnaît point d'autres que son avarice, sa cruauté, son ambition. Les temples des dieux pillés par ses mains sacrilèges, nos biens livrés en proie et nos terres abandonnées à ses satellites, nos personnes exposées tous les jours aux plus durs et aux plus honteux traitemens, le sang de tant de citoyens répandu au milieu de la ville même et sous nos yeux; voilà le fruit de son règne et la paix qu'il nous procure. Est-ce pour maintenir notre liberté qu'il a construit cette citadelle? qu'il l'a environnée de si fortes murailles et de si hautes tours? qu'il a appelé à sa garde cette troupe d'étrangers et de barbares qui nous insultent impunément? Jusqu'à quand, Syracusains, souffrirons-nous ces indignités, plus insupportables à des gens de cœur que la mort même? Hardis et intrépides contre les ennemis du dehors, serons-nous toujours lâches et tremblans en présence du tyran? La Providence, qui nous a remis nos armes entre les mains, nous montre l'usage que nous en devons faire. Sparte et les autres villes alliées, qui se font gloire d'être libres et indépendantes, nous regarderaient comme indignes de porter le nom grec si nous avions d'autres sentimens qu'elles. Faisons voir que nous n'avons point dégénéré de nos ancêtres. Si Denys consent à se retirer, ouvrons-lui les portes, et qu'il emporte d'ici tout ce qu'il lui plaira ; mais s'il persiste dans la tyrannie, qu'il sente ce que peut dans des hommes de courage l'amour de la liberté.

TÉLÉMAQUE aux Princes alliés.

(FÉNÉLON, *Télémaque*, liv. xx.)

Tout est admirable dans ce magnifique discours. C'est la raison la plus sublime jointe à l'éloquence la plus riche et la plus variée. C'est un modèle de composition savante. C'est encore un modèle de style véhément, fort et profondément approprié aux pensées.

———

ARGUMENT. Adraste avait usurpé Venuse sur les Apuliens. Pour se venger, ces peuples entrèrent dans la ligue formée contre lui. Il les apaisa en remettant Venuse entre les mains des Lucaniens; mais la garnison et celui qui la commandait lui étaient vendus. Un citoyen de la ville vient offrir aux princes ligués de leur livrer une des portes. Philoctète, Nestor et tous les chefs étaient d'avis qu'on profitât de cette occasion. Télémaque parla ainsi :

JE n'ignore pas que si jamais un homme a mérité d'être surpris et trompé, c'est Adraste, lui qui a si souvent trompé tout le monde. Je vois bien qu'en surprenant Venuse vous ne feriez que vous mettre en possession d'une ville qui vous appartient, puisqu'elle est aux Apuliens, qui sont un des peuples de

votre ligue. J'avoue que vous pourriez le faire
avec d'autant plus d'apparence de raison,
qu'Adraste, qui a mis cette ville en dépôt, a
corrompu le commandant et la garnison, pour
y entrer quand il le jugera à propos. Enfin,
je comprends comme vous que, si vous preniez Venuse, vous seriez dès le lendemain
maîtres du château, où sont tous les préparatifs
de guerre qu'Adraste y a assemblés, et qu'ainsi
vous finiriez en deux jours cette guerre si
formidable. Mais ne vaut-il pas mieux périr
que vaincre par de tels moyens ? Faut-il repousser la fraude par la fraude ? Sera-t-il dit
que tant de rois ligués pour punir l'impie
Adraste de ses tromperies seront trompeurs
comme lui ? S'il nous est permis de faire comme
Adraste, il n'est pas coupable, et nous avons
tort de vouloir le punir. Quoi ! l'Hespérie entière, soutenue de tant de colonies grecques,
et des héros revenus du siége de Troie, n'a-
t-elle point d'autres armes contre la perfidie
et les parjures d'Adraste, que la perfidie et le
parjure ?

Vous avez juré par les choses les plus sacrées que vous laisseriez Venuse en dépôt dans
les mains des Lucaniens. La garnison luca-
nienne, dites-vous, est corrompue par l'argent d'Adraste ; je le crois comme vous : mais

cette garnison est toujours à la solde des Lucaniens ; elle n'a point refusé de leur obéir ;
elle a gardé, du moins en apparence, la neu-
tralité ; Adraste ni les siens ne sont jamais entrés dans Venuse : le traité subsiste ; votre serment n'est pas oublié des dieux. Ne gardera-
t-on les paroles données que quand on manquera de prétextes plausibles pour les violer ?
Ne sera-t-on fidèle et religieux pour les sermens que quand on n'aura rien à gagner en
violant sa foi ? Si l'amour de la vertu et la
crainte des dieux ne vous touchent plus, au
moins soyez touchés de votre réputation et de
votre intérêt. Si vous montrez aux hommes
cet exemple pernicieux de manquer de parole et de violer votre serment pour terminer
une guerre, quelles guerres n'exciterez-vous
point par cette conduite impie ! Quel voisin
ne sera pas contraint de craindre tout de vous
et de vous détester ? Qui pourra désormais,
dans les nécessités les plus pressantes, se fier
à vous ? Quelle sûreté pourrez-vous donner
quand vous voudrez être sincères, et qu'il
vous importera de persuader à vos voisins
votre sincérité ? Sera-ce un traité solennel ?
vous en aurez foulé un aux pieds. Sera-ce un
serment ? Eh ! ne saura-t-on pas que vous
comptez les dieux pour rien quand vous es-

pérez tirer du parjure quelque avantage? La paix n'aura donc pas plus de sûreté que la guerre à votre égard. Tout ce qui viendra de vous sera reçu comme une guerre, ou feinte, ou déclarée. Vous serez les ennemis perpétuels de tous ceux qui auront le malheur d'être vos voisins. Toutes les affaires qui demandent de la réputation de probité et de la confiance vous deviendront impossibles ; vous n'aurez plus de ressource pour faire croire ce que vous promettrez.

Voici un motif encore plus pressant qui doit vous frapper, s'il vous reste quelque sentiment de probité et quelque prévoyance sur vos intérêts : c'est qu'une conduite si trompeuse attaque par le dedans toute votre ligue, et va la ruiner ; votre parjure va faire triompher Adraste.

Comment pourrez-vous vous confier les uns aux autres, si une fois vous rompez l'unique lien de la société et de la confiance, qui est la bonne foi ? Après que vous aurez posé pour maxime qu'on peut violer les règles de la probité et de la fidélité pour un grand intérêt, qui d'entre vous pourra se fier à un autre, quand cet autre pourra trouver un grand avantage à lui manquer de parole et à le tromper ? Où en serez-vous ? Quel est celui d'entre vous qui

ne voudra point prévenir les artifices de son
voisin par les siens ? Que devient une ligue
de tant de peuples, lorsqu'ils sont convenus
entre eux, par une délibération commune,
qu'il est permis de surprendre son voisin et
de violer la foi donnée ? Quelle sera votre
défiance mutuelle, votre division, votre ardeur à vous détruire les uns les autres ? Adraste
n'aura plus besoin de vous attaquer; vous vous
déchirerez assez vous-mêmes ; vous justifierez
ses perfidies.

O rois sages et magnanimes ! ô vous qui
commandez avec tant d'expérience sur des peuples innombrables ! ne dédaignez pas d'écouter les conseils d'un jeune homme. Si vous
tombiez dans les plus affreuses extrémités où
la guerre précipite quelquefois les hommes,
il faudrait vous relever par votre vigilance et
par les efforts de votre vertu ; car le vrai courage ne se laisse jamais abattre. Mais si vous
aviez une fois rompu la barrière de l'honneur
et de la bonne foi, cette perte est irréparable :
vous ne pourriez plus ni rétablir la confiance
nécessaire au succès de toutes les affaires importantes, ni ramener les hommes aux principes de la vertu, après que vous leur auriez
appris à les mépriser. Que craignez-vous ?
N'avez-vous pas assez de courage pour vaincre

sans tromper ? Votre vertu , jointe aux forces de tant de peuples , ne vous suffit-elle pas ? Combattons, mourons, s'il le faut, plutôt que de vaincre si indignement. Adraste, l'impie Adraste, est dans nos mains, pourvu que nous ayons horreur d'imiter sa lâcheté et sa mauvaise foi.

Lucius Junius aux Romains retirés sur le Mont-Sacré.

(Vertot, *Révolutions romaines*, liv. 1)

La véhémence fait le caractère de ce discours. Les raisonnemens sont revêtus de formes vives et animées, et le mouvement du style répond à ce qu'il y a de dramatique dans la situation.

——————

Argument. Le dictateur Valérius avait promis au peuple l'abolition des dettes. Mais le sénat refusa de dégager, par un sénatus-consulte, la parole du dictateur. Alors une grande partie du peuple, transportée de fureur, se retira sur le Mont-Sacré. Après bien des instances et même des menaces, les consuls obtinrent du sénat qu'on enverrait une députation aux mécontens. Quand les députés eurent annoncé leur mission, Sicinius, chef des mutins, exhorta ceux de ses soldats qui voudraient se présenter à exposer les griefs et les prétentions du peuple. Après un long silence, L. Junius se leva et dit :

Il semble, mes compagnons, à voir ce morne silence, que vous soyez encore obsédés par cette crainte servile dans laquelle les patriciens et vos créanciers vous ont retenus si long-temps. Chacun cherche dans les yeux des autres s'il y démêlera plus de résolution qu'il ne s'en trouve lui-même, et aucun de

vous n'est assez hardi pour oser dire en public ce qui fait le sujet ordinaire de vos entretiens particuliers. Ignorez-vous que vous êtes
libres? Ce camp, ces armes, ne vous assurent-
ils pas que vous n'avez plus de tyrans, et si
vous en pouviez encore douter, la démarche
que vient de faire le sénat ne suffirait-elle pas
pour vous en convaincre? Ces hommes si impérieux et si superbes viennent vous rechercher; ils ne se servent plus ni de commandemens sévères ni de menaces cruelles; ils nous
invitent, comme leurs concitoyens, à rentrer
dans notre commune patrie, et nos souverains
ont la bonté de venir jusque dans notre camp
nous offrir une amnistie générale. D'où vient
donc ce silence obstiné après des grâces si
singulières? Si vous doutez de la sincérité
de leurs promesses, si vous craignez que,
sous l'appât de quelques discours flatteurs,
on ne cache vos anciennes chaînes, que ne
parlez-vous? et si vous n'osez ouvrir la
bouche, écoutez du moins un Romain assez
courageux pour ne rien craindre que de ne
pas dire la vérité.

(*Puis se tournant vers* Valérius *:*)

Vous nous invitez à rentrer dans Rome,
mais vous ne dites point à quelles conditions.

Des plébéiens pauvres, mais libres, peuvent-
ils se réunir à des nobles si riches et si ambitieux ? Et quand même nous serions convenus de ces conditions, quelle sûreté don-
neraient-ils de leur parole, ces fiers patriciens,
qui se font un mérite dans leur corps d'avoir
trompé le peuple ? On ne nous parle que de
pardon et d'amnistie, comme si nous étions
vos sujets et des sujets rebelles : c'est ce qu'il
faut approfondir. Il est question de savoir qui
a tort du peuple ou du sénat ; lequel de ces
deux ordres a violé le premier cette société
commune qui doit être entre les citoyens d'une
même république. Pour en juger sans préoc-
cupation, souffrez que je rapporte simplement
un certain nombre de faits dont je ne veux
pour témoins que vous-mêmes et vos col-
lègues.

Notre État a été fondé par des rois, et jamais le peuple romain n'a été plus libre ni
plus heureux que sous leur gouvernement.
Tarquin lui-même, le dernier de ces princes,
Tarquin si odieux au sénat et à la noblesse,
nous était aussi favorable qu'il vous était
contraire. Il aimait les soldats ; il faisait cas
de la valeur ; il voulait qu'elle fût toujours ré-
compensée ; et on sait qu'ayant trouvé des
richesses immenses dans Suesse, ville des

Volsques, dont il s'était rendu maître, il aima
mieux abandonner le butin à son armée que
de se l'approprier : en sorte qu'outre les esclaves, les chevaux, les grains et les meubles,
il en revint encore à chaque soldat cinq mines
d'argent. Cependant, pour venger vos propres
injures, nous avons chassé ce prince de Rome ;
nous avons pris les armes contre un souverain
qui ne se défendait que par les prières qu'il
nous faisait de nous séparer de vos intérêts et
de rentrer sous sa domination. Nous avons depuis taillé en pièces les armées des Véiens et
de Tarquinie, qui voulaient le rétablir sur le
trône. La puissance formidable de Porsenna, la
famine qu'il a fallu endurer pendant un long
siége, des assauts, des combats continuels,
rien enfin a-t-il pu ébranler la foi que nous
vous avions donnée ? Trente villes des Latins
s'unissent pour rétablir les Tarquins : qu'auriez-vous fait alors si nous vous avions abandonnés, et si nous nous étions joints à vos ennemis ? quelles récompenses n'aurions-nous
pas obtenues de Tarquin, pendant que le sénat et les nobles auraient été les victimes de
son ressentiment ! Qui est-ce qui a dissipé
cette ligue si redoutable ? à qui êtes-vous re-
devables de la défaite des Latins ? N'est-ce pas
à ce même peuple, l'auteur d'une puissance

que vous avez depuis tournée contre lui ? Car quelle récompense avons-nous retirée du secours si utile de nos armes ? La condition du peuple romain en est-elle devenue plus heureuse ? l'avez-vous associé à vos charges et a vos dignités ? Nos pauvres citoyens ont-ils seulement trouvé quelque soulagement dans leur misère ? N'a-t-on pas vu, au contraire, nos plus braves soldats accablés sous le poids des usures, gémir dans les fers d'impitoyables créanciers ? Que sont devenues tant de vaines promesses d'abolir à la paix toutes les dettes que la dureté des grands leur a fait contracter ? A peine la guerre a-t-elle été finie que vous avez également oublié nos services et vos sermens. Que venez-vous donc faire ici ? pourquoi vouloir encore séduire ce peuple par l'enchantement de vos paroles ? Y a-t-il des sermens assez solennels pour fixer votre foi ? Que gagnerez-vous, après tout, dans une réunion formée par l'artifice, entretenue avec une défiance réciproque, et qui ne se terminera à la fin que par une guerre civile ? Evitons de part et d'autre de si grands malheurs ; profitons du bonheur de notre séparation ; souffrez que nous nous éloignions d'un pays où l'on nous enchaîne comme des esclaves, et où, devenus fermiers de nos propres héri-

tages, nous sommes réduits à les cultiver pour
le profit de nos tyrans. Nous trouverons notre
patrie par-tout où il nous sera permis de vivre
en liberté ; et, tant que nous aurons les armes
à la main, nous saurons bien nous ouvrir une
route à des climats plus fortunés.

~~~~~~~~~~~~~~~~~~~~~~

Télémaque aux Princes alliés.

(Fénélon, *Télémaque*, liv. xxi.)

Dans ce discours règne la généreuse hardiesse
d'un homme vertueux qui plaide la cause de la
justice. Tout y est bien ménagé, et le milieu
surtout est remarquable par une éloquence vive
et animée.

Argument. Après la défaite et la mort du tyran Adraste,
les Dauniens prièrent les princes alliés de leur choisir un
roi. Voici comment s'exprima Télémaque dans le conseil :

Écoutez, ô princes assemblés ici ! ce que
je crois vous devoir dire pour votre intérêt.
Si vous donnez aux Dauniens un roi juste, il
les conduira avec justice, il leur apprendra
combien il est utile de conserver la bonne foi,
et de n'usurper jamais le bien de ses voisins :
c'est ce qu'ils n'ont jamais pu comprendre

sous l'impie Adraste. Tandis qu'ils seront conduits par un roi sage et modéré, vous n'aurez rien à craindre d'eux ; ils vous devront ce bon roi que vous leur aurez donné ; ils vous devront la paix et la prospérité dont ils jouiront ; ces peuples, loin de vous attaquer, vous béniront sans cesse ; et le roi et le peuple, tout sera l'ouvrage de vos mains. Si, au contraire, vous voulez partager leur pays entre vous, voici les malheurs que je vous prédis : ce peuple, poussé au désespoir, recommencera la guerre ; il combattra justement pour sa liberté ; et les dieux, ennemis de la tyrannie, combattront avec lui. Si les dieux s'en mêlent, tôt ou tard vous serez confondus, et vos prospérités se dissiperont comme la fumée ; le conseil et la sagesse seront ôtés à vos chefs, le courage à vos armées, et l'abondance à vos terres. Vous vous flatterez, vous serez téméraires dans vos entreprises, vous ferez taire les gens de bien qui voudront dire la vérité, vous tomberez tout-à-coup ; et l'on dira de vous : sont-ce donc là ces peuples florissans qui devaient faire la loi à toute la terre ? et maintenant ils fuient devant leurs ennemis, ils sont le jouet des nations qui les foulent aux pieds : voilà ce que les dieux ont fait ; voilà ce que méritent les peuples injustes, superbes et inhumains.

De plus, considérez que si vous entreprenez de
partager entre vous cette conquête, vous réunis-
sez contre vous tous les peuples voisins ; votre
ligue formée pour défendre la liberté commune
de l'Hespérie contre l'usurpateur Adraste,
deviendra odieuse, et c'est vous-mêmes que
tous les peuples accuseront avec raison de vouloir usurper la tyrannie universelle.

Mais je suppose que vous soyez victorieux
et des Dauniens et de tous les autres peuples,
cette victoire vous détruira : voici comment.
Considérez que cette entreprise vous désunira
tous : comme elle n'est point fondée sur la justice, vous n'aurez point de règle pour borner
entre vous les prétentions de chacun. Chacun
voudra que sa part de la conquête soit pro-
portionnée à sa puissance ; nul d'entre vous
n'aura assez d'autorité sur les autres pour faire
paisiblement ce partage : voilà la source d'une
guerre dont vos petits-enfans ne verront pas
la fin. Ne vaut-il pas mieux être juste et modéré que de suivre son ambition avec tant de
périls, et au travers de tant de malheurs inévi-
tables ? La paix profonde, les plaisirs doux et
innocens qui l'accompagnent, l'heureuse abondance, l'amitié de ses voisins, la gloire qui
est inséparable de la justice, l'autorité qu'on
acquiert en se rendant, par la bonne foi, l'arbi-

tre de tous les peuples étrangers, ne sont-ce
pas là des biens plus désirables que la folle
vanité d'une conquête injuste ? O princes,
ô rois ! vous voyez que je vous parle sans intérêt : écoutez donc celui qui vous aime assez
pour vous contredire et pour vous déplaire en
vous représentant la vérité.

CORIOLAN à Tullus.

(VERTOT, *Révolutions romaines*, liv. II.)

Ces paroles de Coriolan ont la noblesse franche
et un peu rude qui convenait au personnage et
à l'occasion.

ARGUMENT. Banni de Rome, et roulant dans sa tête
mille projets de vengeance, Coriolan se décide enfin à
offrir ses services contre sa patrie aux Volsques, les
ennemis les plus acharnés des Romains Il se rend donc
chez Tullus Attius, leur chef, et s'assied en silence auprès
du foyer domestique. Tullus vient, lui demande qui il
est et ce qu'il exige de lui. Coriolan répond :

Si tu ne me reconnais pas encore, je suis
Caius Marcius ; mon surnom est Coriolan (1),

_____

(1) Ce surnom lui avait été donné après la prise de
Corioles, une des premières villes du pays des Volsques.

seule récompense qui me reste de tous mes services. Je suis banni de Rome par la haine du peuple et la faiblesse des grands ; je dois me venger ; il ne tiendra qu'à toi d'employer mon épée contre mes ennemis et ceux de ton pays. Si ta république ne veut pas se servir de moi, je t'abandonne ma vie ; fais périr un ancien ennemi, qui pourrait peut-être un jour causer de nouvelles pertes à ta patrie.

CORIOLAN aux Volsques.

(VERTOT, *Révolutions romaines*, liv. II.)

Le ressentiment de Coriolan contre Rome éclate dans l'anathème qu'il lance contre ces mêmes conquêtes auxquelles il a contribué. Il y a de l'adresse à donner déjà d'utiles conseils aux Volsques dans le discours où il leur propose ses services. Noblesse et pureté dans le style.

ARGUMENT. Comme les Volsques se préparaient à faire la guerre aux Romains, Tullus leur apprit que Coriolan s'offrait à les servir. Aussitôt ce Romain fut appelé et introduit dans l'assemblée des Volsques, et là il prononça ce discours :

PERSONNE de vous n'ignore que j'ai été condamné à un exil perpétuel, par la malice ou

par la faiblesse de ceux qui en sont les auteurs
ou les complices. Si je n'avais cherché qu'un
asile , je pouvais me retirer chez les Latins, nos alliés, ou dans quelque colonie romaine. Mais une vie si obscure m'eût été insupportable; et j'ai toujours cru qu'il valait mieux
y renoncer que de se voir réduit à ne pouvoir
ni servir ses amis ni se venger de ses ennemis.
Telle est ma position ; je cherche à mériter par
mon épée l'asile que je vous demande. Joignons nos ressentimens communs. Vous n'i-
gnorez pas que ces citoyens ingrats, qui m'ont
banni si injustement , sont vos plus cruels ennemis. Rome, cette ville superbe, vous menace de ses fers. Il est de votre intérêt d'affaiblir
des voisins si redoutables. Je vois avec plaisir
que vous vous disposez à renouveler la guerre,
et j'avoue que c'est l'unique moyen d'arrêter
les progrès de cette ambitieuse nation ; mais,
pour rendre cette guerre heureuse , il faut
qu'elle soit juste devant les dieux, ou , du
moins, qu'elle le paraisse devant les hommes.
Il faut que le motif ou le prétexte qui vous
fera prendre les armes intéresse vos voisins
et vous procure de nouveaux alliés. Feignez
que vous aspirez à convertir la trève qui est
entre les deux nations en une paix solide ;
que les ambassadeurs que vous enverrez à Rome

ne demandent, pour toute condition, que la
restitution des terres qui vous ont été enlevées,
ou par le malheur de la guerre ou dans des
traités forcés. Vous n'ignorez pas que le territoire de Rome, dans l'origine de cette ville,
n'avait au plus que cinq ou six milles d'étendue. Ce petit canton est devenu insensiblement un grand pays par les conquêtes, ou,
pour mieux dire, les usurpations des Romains. Volsques, Sabins, Èques, Albains,
Toscans, Latins, il n'y a point de peuples
dans leur voisinage dont ils n'aient envahi
des villes et une partie du territoire; ce seront autant d'alliés qui se joindront à vous
dans une affaire qui vous est commune, et qui
vous intéresse tous également.

Si les Romains, intimidés par la crainte de
vos armes, se disposent à vous rendre les villes,
les bourgs et les terres qu'ils vous ont enlevés,
pour lors, à votre exemple, les autres peuples
d'Italie redemanderont chacun les biens dont on
les a dépouillés; ce qui réduira tout d'un coup
cette fière nation à la même faiblesse où elle
était dans l'origine; ou si elle entreprend,
comme je n'en doute pas, de retenir ses usurpations par la force des armes, alors vous
aurez dans une guerre si juste, et les dieux
et les hommes favorables; vos alliés s'uni-

ront plus étroitement avec vous ; il se formera une ligue redoutable et capable de détruire, ou du moins d'humilier une république si superbe. Je ne vous parle point du peu de capacité que j'ai acquise dans les armées ; soldat ou capitaine, dans quelque rang que vous me placiez, je sacrifierai volontiers ma vie pour vous venger de nos ennemis communs.

DIOMÈDE à l'assemblée des princes ligués.

(FÉNÉLON, *Télémaque*, liv. XXI.)

Beaucoup de charme et de douceur dans le style ; détails pleins d'une sensibilité touchante. On reconnaît le langage d'un proscrit fatigué de ses longs malheurs, qui cherche une retraite et des amis.

ARGUMENT. Tandis que les princes alliés sont réunis pour donner un roi aux Dauniens après la mort d'Adraste, on annonce qu'un inconnu, portant à la main un rameau d'olivier, demande à être écouté. Introduit dans l'assemblée, cet inconnu commence à parler ainsi :

O vous, pasteurs des peuples ! qui êtes sans doute assemblés ici ou pour défendre la patrie contre ses ennemis, ou pour faire fleurir les

plus justes lois, écoutez un homme que la
fortune a persécuté. Fassent les dieux que vous
n'éprouviez jamais de semblables malheurs !
Je suis Diomède, roi d'Étolie, qui blessai
Vénus au siége de Troie. La vengeance de cette
déesse me poursuit dans tout l'univers. Nep-
tune, qui ne peut rien refuser à la divine fille
de la mer, m'a livré à la rage des vents et des
flots, qui ont brisé plusieurs fois mes vaisseaux contre les écueils. L'inexorable Vénus
m'a ôté toute espérance de revoir mon royaume,
ma famille, et cette douce lumière d'un pays
où j'ai commencé de voir le jour en naissant.
Non, je ne reverrai jamais tout ce qui m'a été
le plus cher au monde. Je viens, après tant de
naufrages, chercher sur ces rives inconnues un
peu de repos et une retraite assurée. Si vous
craignez les dieux, et surtout Jupiter, qui a
soin des étrangers ; si vous êtes sensibles à la
compassion, ne me refusez pas dans ces vastes
pays quelque coin de terre infertile, quelques
déserts, quelques sables ou quelques rochers
escarpés, pour y fonder, avec mes compagnons, une ville qui soit du moins une triste
image de notre patrie perdue. Nous ne demandons qu'un peu d'espace qui vous soit inutile.
Nous vivrons en paix avec vous dans une
étroite alliance ; vos ennemis seront les nôtres ;

nous entrerons dans tous vos intérêts ; nous ne demandons que la liberté de vivre selon nos lois.

Télémaque à Diomède.

(Fénélon, *Télémaque*, liv. xxi.)

Couleur antique dans les pensées et les expressions. Consolations délicates données à un héros, par la bouche d'un héros et d'un sage.

———

Argument. Lorsque Télémaque eut entendu le discours de Diomède, il se jeta dans ses bras et lui dit :

Je suis le fils d'Ulysse que vous avez connu, et qui ne vous fut pas inutile quand vous prîtes les chevaux fameux de Rhésus. Les Dieux l'ont traité sans pitié comme vous. Si les oracles de l'Érèbe ne sont pas trompeurs, il est encore; mais, hélas ! il ne vit point pour moi. J'ai abandonné Ithaque pour le chercher ; je ne puis revoir maintenant ni Ithaque ni lui ; jugez par mes malheurs de la compassion que j'ai pour les vôtres. C'est l'avantage qu'il y a à être malheureux, qu'on sait compatir aux peines d'autrui. Quoique je ne sois ici qu'étranger, je puis, grand Diomède (car, malgré les misères qui ont accablé ma patrie dans mon enfance, je n'ai pas été assez mal élevé pour ignorer quelle est votre gloire dans les combats), je puis, ô le plus invincible de tous les Grecs après Achille ! vous procurer quelques secours. Ces princes que vous voyez sont humains ; ils savent qu'il n'y a ni vertu, ni vrai courage, ni gloire solide, sans l'humanité. Le malheur ajoute un nouveau lustre à la gloire des grands hommes : il leur manque quelque chose quand ils n'ont jamais été malheureux ; il manque dans leur vie des exemples de patience et de fermeté : la vertu souffrante attendrit tous les cœurs qui ont quelque goût pour la vertu. Laissez-nous donc le soin de vous consoler : puisque les dieux vous mènent à nous, c'est un présent qu'ils nous font ; et nous devons nous croire heureux de pouvoir adoucir vos peines.

Sicinius Dentatus au peuple romain.

(Vertot, *Révolutions romaines*, liv. iv.)

Tout le mérite de ce discours gît dans le contraste énergiquement tracé des exploits de Sicinius, et de la cupidité injuste des patriciens, qu'il accuse de ravir aux plébéiens les récompenses qui leur sont dues. Il y a de l'éclat dans l'énumération qui remplit la première partie, et on reconnaît dans la seconde le langage violent d'un factieux.

———

Argument. Après des troubles sanglans, occasionés par les divisions entre les patriciens et les plébéiens, les tribuns proposèrent le partage des terres, et exhortèrent ceux des plébéiens qui s'intéressaient à cette affaire d'en dire leur avis à l'assemblée. Un plébéien, appelé *Sicinius Dentatus*, se présente à la tribune :

Il représenta d'abord qu'il y avait quarante ans qu'il portait les armes ; qu'il s'était trouvé dans six-vingts combats ; qu'il y avait reçu quarante-cinq blessures, et toutes par devant ; que dans une seule bataille il avait été blessé en cinq endroits différens ; qu'il avait obtenu quatorze couronnes civiques pour avoir sauvé la vie dans les combats à autant de citoyens ; qu'il avait reçu trois couronnes mu-

rales pour être monté le premier sur la brèche
dans des places qu'on avait emportées d'assaut;
que ses généraux lui avaient donné huit autres
couronnes pour avoir retiré des mains des
ennemis les étendards des légions; qu'il conser-
vait dans sa maison quatre-vingts colliers d'or,
plus de soixante bracelets, des javelots dorés,
des armes magnifiques et des harnais de che-
val, comme le témoignage et la récompense
des victoires qu'il avait remportées dans des
combats singuliers, et qui s'étaient passés à la
tête des armées; que cependant on n'avait eu
aucun égard à toutes ces marques honorables
de ses services, et que ni lui ni tant de braves
soldats qui, aux dépens de leur sang, avaient
acquis à la république la meilleure partie de
son territoire, n'en possédaient pas la moindre
portion; que leurs propres conquêtes étaient
devenues la proie de quelques patriciens qui
n'avaient pour mérite que la noblesse de leur
origine et la recommandation de leurs noms;
qu'il n'y en avait aucun qui pût justifier par
titres la possession légitime de ces terres, à
moins qu'ils ne regardassent les biens de l'État
comme leur patrimoine, et les plébéiens
comme de vils esclaves indignes d'avoir part
à la fortune de la république. Mais qu'il était
temps que ce peuple généreux se fît justice à

lui-même, et qu'il devait faire voir sur la place et en autorisant sur-le-champ la loi du partage des terres, qu'il n'avait pas moins de fermeté pour soutenir les propositions des tribuns qu'il n'avait montré de courage en campagne contre les ennemis de l'État.

Henri IV à l'assemblée des Notables.

(Péréfixe, *Histoire de Henri-le-Grand.*)

Ce discours de Henri IV, auquel Péréfixe n'a fait que de très-légers changemens, respire toute la franchise et la loyauté de ce bon roi. Le style a de la naïveté et de la force tout ensemble.

ARGUMENT. Henri, vainqueur de la Ligue, convoque à Rouen une assemblée des Notables, afin d'obtenir des subsides pour achever la défaite de ses ennemis. Là, du haut de son trône, il prononce ce mémorable discours :

Si je faisais gloire de passer pour excellent orateur, j'aurais apporté ici plus de belles paroles que de bonnes volontés. Mais mon ambition tend à quelque chose de plus haut que de bien parler; j'aspire au glorieux titre de libérateur et de restaurateur de la France.

Déjà, par la faveur du ciel, par les conseils de mes fidèles serviteurs, et par l'épée de ma brave et généreuse noblesse (de laquelle je ne distingue point mes princes, la qualité de gentilhomme étant le plus beau titre que nous possédions), je l'ai tirée de la servitude et de la ruine. Je désire maintenant la remettre en sa première force et en son ancienne splendeur. Participez, mes sujets, à cette seconde gloire, comme vous avez participé à la première. Je ne vous ai point appelés ici, comme faisaient mes prédécesseurs, pour vous obliger d'approuver aveuglément mes volontés ; je vous ai fait assembler pour recevoir vos conseils, pour les croire, pour les suivre ; en un mot, pour me mettre en tutelle entre vos mains : c'est une envie qui ne prend guère aux rois, aux barbes grises et aux victorieux comme moi. Mais l'amour que je porte à mes sujets, et l'extrême désir que j'ai de conserver mon État, me font trouver tout facile et tout honorable.

Renault aux Espagnols conjurés.

(SAINT-RÉAL, *Conjuration contre Venise.*)

Ce morceau ne me semble inférieur ni pour l'enchaînement des idées, ni pour la vivacité des mouvemens, ni pour la vigueur et la concision du style, au discours de Catilina dans Salluste. L'orateur place dans le jour le plus frappant les avantages qui doivent rendre la conspiration infaillible, et tout ce qui doit rassurer les conspirateurs.

ARGUMENT. Le marquis de Bedmar, ambassadeur d'Espagne à Venise, avait organisé une conjuration contre cette république. Le moment d'agir était arrivé. Renault, vieux gentilhomme français, qui avait surtout contribué à tout disposer pour le succès, réunit secrètement les vingt principaux conjurés, et prit la parole :

(Il commença par une narration simple et étendue de l'état présent des affaires, des forces de la république et des leurs, de la disposition de la ville et de la flotte, des préparatifs de don Pèdre (1) et du duc d'Ossone (2), des armes et autres provisions de guerre qui

---

(1) Gouverneur de Milan, dévoué au marquis de Bedmar.
(2) Vice-roi de Sicile, attaché à la même cause.

étaient chez l'ambassadeur d'Espagne, des
intelligences qu'il avait dans le Sénat et parmi
les nobles, enfin de la connaissance exacte
qu'on avait prise de tout ce qu'il pouvait être
nécessaire de savoir. Après s'être attiré l'ap-
probation de ses auditeurs par le récit de ces
choses, dont ils savaient la vérité comme lui,
et qui étaient presque toutes les effets de leurs
soins aussi-bien que des siens, il continua en
ces termes :)

Voilà, mes compagnons, quels sont les
moyens destinés pour vous conduire à la gloire
que vous cherchez. Chacun de vous peut juger
s'ils sont suffisans et assurés. Nous avons des
voies infaillibles pour introduire dix mille
hommes de guerre dans une ville qui n'en a
pas deux cents à nous opposer, dont le pillage joindra avec nous tous les étrangers que
la curiosité ou le commerce y a attirés, et dont
le peuple même nous aidera à dépouiller les
grands, qui l'ont dépouillé tant de fois, aussitôt qu'il verra sûreté à le faire. Les meilleurs vaisseaux de la flotte sont à nous, et
les autres portent dès à présent avec eux ce qui
les doit réduire en cendres (1). L'arsenal, ce

_____

(1) Le capitaine de la flotte, l'un des principaux conjurés,
avait envoyé aux officiers qui commandaient en son absence

fameux arsenal, la merveille de l'Europe et la
terreur de l'Asie, est presque déjà en notre
pouvoir. Les neuf vaillans hommes qui sont
ici présens, et qui sont en état de s'en emparer depuis près de six mois, ont si bien pris
leurs mesures pendant ce retardement qu'ils
ne croient rien hasarder en répondant sur
leurs têtes de s'en rendre maîtres. Quand nous
n'aurions ni la troupe du Lazaret, ni celles
de terre ferme, ni la petite flotte de Haillot (1),
pour nous soutenir, ni les cinq cents hommes
de don Pèdre, ni les vingt navires vénitiens de
notre camarade, ni les grands vaisseaux du duc
d'Ossone, ni l'armée espagnole de Lombardie,
nous serions assez forts avec les intelligences
et les mille soldats que nous avons. Néanmoins
tous ces différens secours que je viens de
nommer sont disposés de telle sorte que chacun d'eux pourrait manquer sans porter le
moindre préjudice aux autres. Ils peuvent
bien s'entr'aider, mais ils ne pourraient s'en-
tre-nuire; il est presque impossible qu'ils ne
réussissent pas tous, et un seul nous suffit.

---

des feux d'artifice des plus violens, avec ordre de mettre
le feu à tous les vaisseaux en même temps, et de se rendre
ensuite à Venise.

(1) Haillot était le nom d'un Anglais chargé de commander six mille hommes envoyés par le duc d'Ossone.

Que si, après avoir pris toutes les précautions que la prudence humaine peut suggérer,
on peut juger du succès que la fortune nous
destine, quelle marque peut-on avoir de sa
faveur qui ne soit au-dessous de celles que
nous avons ? Oui, mes amis, elles tiennent
manifestement du prodige. Il est inouï, dans
toutes les histoires, qu'une entreprise de cette
nature ait été découverte en partie sans être
entièrement ruinée, et la nôtre a essuyé cinq
accidens, dont le moindre, selon toutes les apparences humaines, devait la renverser. Qui
n'eût cru que la perte de Spinosa, qui tra-
mait la même chose que nous, serait l'occasion de la nôtre ; que le licenciement des troupes du Lievestien, qui nous étaient toutes dé-
vouées, divulguerait ce que nous tenions caché ; que la dispersion de la petite flotte (1)
romprait toutes nos mesures, et serait une
source féconde de nouveaux inconvéniens ;
que la découverte de (2) Crême, que celle de
Maran, attireraient nécessairement après elles
la découverte de tout le parti ? Cependant toutes

---

(1) La flotte de Haillot avait été attaquée et dispersée
par des corsaires de Barbarie.

(2) Crême et Maran étaient deux places fortes qu'on
avait promis de livrer aux conjurés. Des imprudences firent
échouer ce projet.

ces choses n'ont point eu de suite ; on n'en a point suivi la trace , qui aurait mené jusqu'à nous ; on n'a point profité des lumières qu'elles donnaient ; jamais repos si profond ne précéda un trouble si grand. Le sénat, nous en sommes fidèlement instruits , le sénat est dans une sécurité parfaite. Notre bonne destinée a aveuglé les plus clairvoyans de tous les hommes, rassuré les plus timides, endormi les plus soupçonneux, confondu les plus subtils. Nous vivons encore, mes chers amis ; nous sommes plus puissans que nous n'étions avant ces désastres ; ils n'ont servi qu'à éprouver notre constance ; nous vivons, et notre vie sera bientôt mortelle aux tyrans de ces lieux.

Un bonheur si extraordinaire, si obstiné, peut-il être naturel, et n'avons-nous pas sujet de présumer qu'il est l'ouvrage de quelque puissance au-dessus des choses humaines ? En vérité, mes compagnons, qu'est-ce qu'il y a sur la terre qui soit digne de la protection du Ciel, si ce que nous faisons ne l'est pas ? Nous détruisons le plus horrible de tous les gouvernemens ; nous rendons le bien à tous les pauvres sujets de cet État, à qui l'avarice des nobles le ravirait éternellement sans nous ; nous sauvons l'honneur de toutes les femmes qui naîtraient quelque jour sous leur domi-

nation avec assez d'agrémens pour leur plaire ;
nous rappelons à la vie un nombre infini de
malheureux que leur cruauté est en possession
de sacrifier à leurs moindres ressentimens pour
les sujets les plus légers ; en un mot, nous punis-
sons les plus punissables de tous les hommes,
également noircis des vices que la nature abhor-
re, et de ceux qu'elle ne souffre qu'avec pudeur.

Ne craignons donc point de prendre l'épée
d'une main et le flambeau de l'autre pour exterminer ces misérables ; et quand nous verrons ce palais, où l'impiété est sur le tône,
brûlant d'un feu plutôt feu du ciel que le
nôtre ; ces tribunaux souillés tant de fois des
larmes et de la substance des innocens, con-
sumés par les flammes dévorantes ; le soldat
furieux, retirant ses mains fumantes du sein
des méchans ; la mort errant de toutes parts,
et tout ce que la nuit et la licence militaire
pourront produire de spectacle plus affreux ;
souvenons-nous alors, mes chers amis, qu'il
n'y a rien de pur parmi les hommes ; que les
plus louables actions sont sujettes aux plus
grands inconvéniens ; et qu'enfin, au lieu des
diverses fureurs qui désolaient cette malheureuse terre, les désordres de la nuit prochaine
sont les seuls moyens d'y faire régner à jamais
la paix, l'innocence et la liberté.

DUGUAY-TROUIN aux Français.

(THOMAS, *Eloge de Duguay-Trouin.*)

Style rapide et énergique, sans traces du mauvais goût ordinaire à cet auteur.

———

ARGUMENT. L'auteur suppose qu'à la vue de l'état déplorable où la marine française se trouvait réduite sous Louis XV, Duguay-Trouin, s'il revenait à la lumière, adresserait à ses compatriotes ce discours :

FRANÇAIS, que sont devenus ces vaisseaux que j'ai commandés, ces flottes victorieuses qui dominaient sur l'Océan? Mes yeux cherchent en vain : je n'aperçois que des ruines. Un triste silence règne dans vos ports. Eh quoi! n'êtes-vous plus le même peuple? n'avez-vous plus les mêmes ennemis à combattre? Allez tarir la source de leurs trésors. Ignorez-vous que toutes les guerres de l'Europe ne sont plus que des guerres de commerce, qu'on achète des armées et des victoires, et que le sang est à prix d'argent? Les vaisseaux sont aujourd'hui les appuis des trônes.

Portez vos regards au-delà des mers : les habitans de vos colonies vous tendent les bras; les abandonnerez-vous aux premiers ennemis qui voudront descendre sur leurs côtes? les

ferez-vous repentir de leur fidélité? En vain la
nature leur a donné la valeur et le zèle. Leur
vie, leur sûreté, leur existence sont dans vos
ports; vos vaisseaux sont leurs remparts; ils
n'en ont point d'autres. Êtes-vous citoyens,
ce sont vos frères; êtes-vous avides de richesses, vous les trouverez dans le Nouveau-Monde;
vous y trouverez un bien plus précieux, la
gloire.

Vous avez versé tant de sang pour maintenir la balance de l'Europe : l'ambition a
changé d'objet. Portez, portez cette balance
sur les mers, c'est là qu'il faut établir l'équi-
libre du pouvoir; si un seul peuple y domine,
il sera tyran, et vous serez esclaves. Il faudra
que vous achetiez de lui les alimens de votre
luxe, dont vos malheurs ne vous guériront
pas. Français, considérez ces mers, qui, de
trois côtés, baignent votre patrie; voyez vos
riches provinces qui vous offrent à l'envi tout
ce qui sert à la construction ; voyez ces ports
creusés pour recevoir vos vaisseaux. Là gloire,
l'intérêt, la nécessité, la nature, tout vous
appelle. Français, soyez grands comme vos
ancêtres; régnez sur la mer, et mon ombre,
en apprenant vos triomphes sur les peuples
que j'ai vaincus, s'en réjouira encore dans
le tombeau.

L'Archevêque de Mayence à la Diète de Francfort.

(Gaillard, *Histoire de François I*", liv. II.)

Ce discours est bien composé et purement écrit. Les développemens sont justes et habilement proportionnés, et il y a dans la diction la gravité qui convient au discours d'un prélat et d'un sénateur.

———

Argument. Après la mort de l'empereur Maximilien, la couronne impériale fut briguée à la fois par Charles-Quint, roi d'Espagne, et par François Ier, roi de France. Tous deux trouvèrent parmi les électeurs de nombreux partisans. L'archevêque de Mayence, qui tenait pour le premier, au jour marqué pour les conférences, exposa en ces mots l'objet de la délibération.

Les deux plus grands monarques aspirent à la plus éminente dignité. Les rois de France et d'Espagne briguent notre suffrage. Tous deux peuvent être dangereux à la liberté germanique; tous deux peuvent être utiles à la défense de l'Allemagne. Nous devrions peut-être leur préférer quelque prince qui tirât toute sa grandeur et toute sa puissance de la seule qualité de membre de l'Empire. Eh! plût à Dieu que le collége électoral nous offrît

dans quelqu'un de ses membres autant de puissance pour procurer la sûreté de l'Empire, que
tous ont de zèle pour défendre ses droits!
Mais ces conquérans féroces de l'Asie et de
l'Afrique, les Turcs, ont aussi changé la destinée de l'Europe, ils nous ont imposé des
devoirs onéreux autant que sacrés; c'est au
saint Empire romain (1) à servir de barrière
aux efforts de ces brigands, à préserver de leur
joug non-seulement l'Allemagne, mais encore
tous ses vassaux, soit soumis, soit rebelles.
La chrétienté entière attend de nous son
salut. Que ne puis-je être démenti de chacun
de vous lorsque je me crois obligé d'avouer
que cet honorable fardeau surpasse les forces
actuelles de l'Empire, et demande un accrois-
sement de forces étrangères! Je pense donc
que la nécessité des conjonctures nous oblige
de choisir entre les deux illustres concurrens
qui se présentent. Des exploits immortels semblent parler d'abord en faveur du roi de France;
la bataille de Marignan, la conquête du Milanèz l'annoncent à la chrétienté comme un digne
vengeur de sa querelle, et nous ne devrions
peut-être point balancer à le nommer, si l'Em-

---

(1) On sait que les empereurs d'Allemagne se regardent
comme les successeurs des Césars.

pire n'avait d'autre intérêt que celui de sa défense contre un oppresseur étranger. Mais,
vous le savez, un oppresseur domestique est
encore plus redoutable. La liberté que tant
d'efforts généreux nous ont procurée est un
trésor trop cher pour que nous osions le commettre. Ce que peut François et ce qu'il veut
m'alarment également ; je crains et son caractère et sa puissance. Je crains son caractère, j'y vois éclater toutes les qualités d'un
conquérant, il ne respire que la guerre et la
victoire ; je le vois, à peine monté sur le trône,
voler à la conquête du Milanèz, d'où bientôt
l'insatiabilité ordinaire de l'ambition l'entraî-
nait à la conquête du royaume de Naples, si la
prudence de Léon X n'avait suspendu sa
course ; je vois cette ardeur martiale saisir avec
avidité toutes les occasions de gloire, et chercher des lauriers stériles jusque dans les gla-
ces du Nord (1) ; je vois enfin l'ambition de
ce jeune prince briguer aujourd'hui l'Empire,
auquel on n'a vu aspirer aucun de ses prédécesseurs depuis l'abaissement de la race Car-
lovingienne. Quelle indocile fierté, quels mou-

---

(1) François avait envoyé contre les Suédois une armée,
qui fut d'abord victorieuse ; mais bientôt, vaincus par la
rigueur du climat, et engagés dans une position désavan-
tageuse, ils furent taillés en pièces.

vemens d'ambition et d'orgueil, quel goût
pour le despotisme ne devons-nous point attendre d'un vainqueur de vingt ans, enivré de
ses triomphes, jaloux de les accumuler, avide
de toutes sortes de gloire et de grandeur! Combien le despotisme militaire conduit aisément
au despotisme civil!

Mais je ne crains pas moins la puissance de
François que son caractère; cette puissance,
accrue par ses triomphes même, s'annonce à
nous avec le faste le plus imprudent. François
nous demande aujourd'hui l'Empire comme
le prix de ses exploits; il ne tarderait pas à
l'envisager comme une conquête nouvelle. La
France, dont le gouvernement, si favorable à
l'autorité monarchique, est si opposé à la constitution germanique, affectera de se ressou-
venir que l'Allemagne a été autrefois soumise
par les armes d'un de ses rois (1), et possédée
par les descendans de ce roi à titre héréditaire;
tous ces vieux droits éteints par les temps,
proscrits par les lois, renaîtront à la faveur
de la violence qui les avait établis; la France
ne cessera d'imprimer à tout l'Empire le caractère de son administration monarchique et absolue; les lois affaiblies se tairont devant les

_____

(1) Charlemagne.

armes, et la liberté accablée tombera sous l'oppresseur en l'admirant.

L'élévation du roi d'Espagne ne nous menace point de cet avenir sinistre. Ce prince ne
développe point comme son rival une ambition effrayante; la douceur, la prudence, l'application aux affaires sont les seuls traits connus de son caractère. Plus jeune que François,
moins illustre dans l'Europe, il n'en sera que
plus docile à nos avis, que plus soumis aux
décisions de nos diètes. Il est puissant, peut-
être l'est-il plus qu'il ne voudrait le paraître;
mais cette puissance ne me semble avoir que
le degré qui nous est nécessaire; je doute
qu'elle ait celui qui peut nous être funeste.
Il est sûr au moins que le roi de France pouvant d'un seul mot rassembler toutes ses forces, et les porter où son ambition les appellera,
est bien plus formidable à l'Empire que le roi
d'Espagne, dont les États, dispersés, éloignés
les uns des autres, et pour la plupart peu
soumis, seconderaient mal les vues d'ambition
qu'il pourrait avoir. Tous ces États, séparés ou
par des mers ou par des puissances ennemies,
perdent une partie de l'avantage que leur nombre et leur étendue semblent devoir leur procurer. L'autorité de Charles est chancelante
et timide dans la plupart de ses États; à peine

ose-t-il parler en maître aux Pays-Bas ; il craint leur rebellion trop souvent éprouvée ; il craint leur amour opiniâtre pour la liberté. En Espagne, le peuple murmure, les grands cabalent, l'archiduc Ferdinand a un parti, l'autorité ne peut agir qu'avec précaution. Le royaume de Naples, toujours menacé par la France, a beaucoup de partisans de cette dernière puissance, et craint à tout moment une révolution ; les États héréditaires d'Autriche sont trop exposés aux regards de l'Empire, et trop dirigés par ses mouvemens, pour qu'il ait rien à craindre d'eux ; ce n'est qu'aux Turcs qu'ils seraient redoutables par le grand intérêt qu'aurait Charles d'employer toutes leurs forces contre cet ennemi du nom chrétien.

Or, cet intérêt personnel, toujours si puissant, et sur lequel seul comptent ceux qui connaissent les hommes, manquera toujours à François Ier. Il n'a point parmi nous d'États à sauver de l'incursion des Turcs. Si la prudence de ces barbares choisit pour nous attaquer un moment où des vues de conquête occupent ailleurs l'ambition de François, pensons-nous que nos cris et son devoir puissent l'attirer jusqu'à nous, qu'il sacrifie des projets utiles à une expédition stérile, et que le soin de nous défendre l'emporte sur celui de s'agrandir ?

Enfin, chacun de nous voudrait trouver dans le sein de l'Empire le chef qu'il s'agit de lui donner. Que cherchons-nous donc encore, et pourquoi nos yeux se tournent-ils vers un prince, non-seulement étranger à l'Empire, mais encore son ennemi; tandis que Charles est membre de l'Empire (1), que sa maison est allemande, que ses États héréditaires sont en Allemagne, qu'elle vient de donner à l'Empire tant de chefs qui l'ont gouverné avec gloire et avec sagesse? Nous devons à l'honneur du corps germanique, à nos intérêts, à la mémoire de Maximilien, de Frédéric, des deux Albert et de Rodolphe, de leur donner pour successeur celui qui les représente tous aujourd'hui. Par quel crime Charles a-t-il mérité que nous nous écartions pour lui seul de l'usage presque invariable qui conserve la couronne dans la maison impériale, tant qu'elle a des rejetons dignes de la porter? Faut-il que nous soyons injustes parce que François est puissant et ambitieux?

---

(1) Comme prince d'Autriche.

L'Archevêque de Trèves à la Diète de Francfort.

(Gaillard, *Histoire de François Ier*, liv. ii.)

Cette réfutation a plus d'éclat que le discours précédent. La cause en est d'abord, que c'est une réfutation ; et en second lieu que le sujet prêtait plus aux mouvemens oratoires. François Ier devait être loué avec plus d'enthousiasme que Charles-Quint. Les raisonnemens, tantôt forts, tantôt ingénieux, sont présentés sous une forme vive et agréable.

ARGUMENT. L'archevêque de Trèves, qui favorisait le parti du roi de France, se leva après l'archevêque de Mayence, et parla ainsi :

J'AVOUE que nous ne sommes plus dans ces temps heureux où l'Empire, se suffisant à lui même, trouvait dans son sein les chefs dont il avait besoin, et cet aveu m'est aussi douloureux qu'à personne. Heureusement l'éclat de la couronne impériale a de quoi tenter l'ambition des plus puissans monarques de l'Europe, nous en faisons aujourd'hui une expérience flatteuse. Le plus brillant, le plus généreux des guerriers s'empresse à nous offrir ses armes victorieuses, tandis que l'héritier des puissantes maisons d'Espagne et d'Autriche nous offre la ressource de ses nombreuses et riches provinces. Je n'ai point déguisé ma prédilection pour le premier, parce qu'elle est un effet de mon zèle pour les vrais intérêts de l'Empire. D'ailleurs, l'héroïsme dirigé par la vertu, embelli par des qualités aimables, a des droits sur tous les cœurs.

On craint le caractère ambitieux, l'esprit conquérant de François ; on craint que l'habitude de commander despotiquement à des héros ne le rende indocile aux lois sacrées de l'Empire. Vaines alarmes ! Jamais l'Empire, entouré de vassaux rebelles et de voisins usurpateurs, privé par la force de ses droits les plus légitimes, menacé enfin d'un déluge de barbares plus redoutable que celui sous lequel a péri le premier empire romain, n'eut tant besoin d'un conquérant pour chef. Puisse-t-il remettre l'Empire en possession de tous ses domaines ! il aura beaucoup à conquérir sans être usurpateur. Nous saurons toujours empêcher ce chef de devenir maître, et fixer à son ambition les bornes qu'il faudra qu'elle respecte ; mais cette inquiétude est trop injurieuse au généreux prince que je propose de choisir ; il n'aspire qu'à l'honneur de nous

défendre, et non au crime de nous opprimer ;
il aime la gloire, mais il la veut pure et légitime ; son équité, sa modération égalent sa
valeur et ses talens. J'en atteste toute sa conduite. Ne l'a-t-on pas forcé de vaincre à Marignan ? Ne le voyait-on pas aussi avare du
sang de ses sujets et de ses ennemis qu'il s'est
montré prodigue du sien, épuiser ses finances
par un traité onéreux pour acheter la paix ?
Ne l'a-t-on pas vu, modeste après la victoire,
offrir aux Suisses écrasés les mêmes conditions qu'ils avaient acceptées et violées avant
la bataille ? N'a-t-il pas refusé, dans l'entrevue
de Bologne, ce titre fastueux d'empereur de
Constantinople, dont le Pape crut flatter son
courage ? Sont-ce là les procédés d'un conquérant ambitieux, ennemi du repos des nations, jaloux d'accumuler les titres pour pouvoir les réaliser ensuite, ardent à chercher
des prétextes à sa turbulence ? S'il a cru pouvoir exercer sur le Milanez des droits mécon-
nus par l'Empire, c'est l'effet d'une erreur
commune à toutes les nations qui nous entou-
rent, et le roi d'Espagne n'a pas plus l'aveu de
l'Empire pour la possession des royaumes de
Naples et de Sicile. Espérons que François Ier,
assis sur le trône impérial, mieux instruit de
nos maximes et des droits éminens de ce trône,

n'emploiera plus ses armes qu'à les soutenir ;
espérons de sa noble et généreuse franchise
qu'il préférera toujours son devoir à son intérêt personnel.

Personne ne connaît encore le caractère de
Charles : est-ce une raison pour le préférer ?
On voit les couronnes s'accumuler insensiblement sur sa tête par des dispositions où la politique a présidé. Ces dispositions sont-elles
dues à ses intrigues ? En ce cas, son ambition, pour avoir agi sourdement et dans les ténèbres, n'en est que plus dangereuse. Sont-
elles l'ouvrage de Ferdinand et de Maximilien
seuls, sans aucune coopération du conseil de
Charles ? Qui pourra nous dire en ce cas si
cette inaction de la part du roi d'Espagne
est l'effet de sa modération ou de son inca-
pacité ?

Encore un coup, nous ne connaissons point
le roi d'Espagne ; nous connaissons le roi de
France ; nous admirons sa valeur, l'Europe
en est éblouie ; nous avons vu sa modération,
il l'a signalée dans des conjonctures délicates ;
il réunit donc les qualités dont nous avons
besoin, la valeur nécessaire pour nous défendre, la modération nécessaire pour respecter
notre liberté.

On craint la puissance de François Ier : la

puissance réglée par la modération et par la
justice est-elle à craindre ? D'ailleurs, il faut à
l'Empire un chef puissant, et c'est ce qui nous
oblige à le chercher hors du collége électoral,
hors du sein de l'Allemagne. Il s'agira d'empêcher l'abus de cette puissance, et la vigilance du corps germanique ne s'endormira pas
sur cet objet important. La puissance du roi
d'Espagne que tantôt on exagère, et que tantôt
on dégrade à l'excès, est ou insuffisante si son
autorité est par-tout aussi bornée, aussi trem-
blante, aussi bravée qu'on nous la représente,
ou plus formidable encore que celle de Fran-
çois Ier si cette autorité est par-tout affermie.
Ses États regagnent par le nombre et par l'é-
tendue ce qu'ils perdent par leur dispersion.
Si le roi d'Espagne, devenu empereur, veut
opprimer l'Allemagne, il pourra la presser à la
fois, et du côté des Pays-Bas, et du côté des États
d'Autriche; l'Allemagne servira elle-même de
chaîne à ces États éloignés pour se rapprocher; la mer Adriatique portera dans le sein
de cette même Allemagne les forces du royaume
de Naples et de Sicile, et peut-être celles de
l'Espagne. Si tous ces États étaient réunis,
nulle puissance en Europe ne pourrait leur
résister; dispersés, ils forment encore une
puissance supérieure à celle des Français, qui

n'ont sur elle que l'avantage qu'ils ont sur nous, celle de la célérité des mouvemens; mais cet avantage, qui n'en est un qu'au commencement d'une guerre, cède à celui de la fécondité des ressources continuelles qu'offrent des États si vastes et si nombreux.

Les Français, dit-on encore, se souviendront qu'un de leurs rois a autrefois conquis l'Allemagne; ils s'en souviendront comme d'un songe qu'un long réveil a effacé, ou si leur imagination aime à s'égarer dans ces époques lointaines et oubliées, ils se souviendront de leur ancienne fraternité avec les Allemands. La sympathie qu'une origine commune a établie entre les caractères des deux nations, affaiblie par le temps et par la rivalité, mais entretenue par le voisinage, serrera étroitement les nœuds qui les uniront; les mêmes raisons d'union ne se trouvent point entre les Allemands et les Espagnols; la fierté taciturne de ceux-ci contrastera toujours plus que la gaîté française avec la franchise allemande; qui sait même si les jaloux Espagnols se résoudront à laisser sortir leur roi de chez eux, et si l'Empire, au mépris de l'éminence de sa couronne, ne se verra pas négligé, oublié, presque toujours privé de son chef? Le voisinage de la France et de l'Allemagne nous met à l'abri de cet inconvénient si le roi de France est élu.

Mais le gouvernement est trop contraire à la constitution germanique : l'est-il plus que le gouvernement espagnol ou napolitain ? Quel étranger pouvons-nous choisir qui ne nous apporte des maximes de gouvernement différentes des nôtres ? La sagesse de nos lois nous est particulière ; mais nous la ferons respecter à l'étranger que nous sommes obligés d'appeler.

Le roi de France, dit-on, n'est pas seulement étranger à l'Allemagne, il en est encore l'ennemi.

C'est une raison de plus pour le nommer. L'Empire ne peut trop diminuer le nombre de ses ennemis; n'en a-t-il pas assez des Turcs ? n'en a-t-il pas souvent trop de ses propres membres ? Mais, à parler exactement, la France n'est jusqu'à présent ennemie que de la maison d'Autriche, dont les intérêts se distinguent encore de ceux de l'Empire.

On demande par où le roi d'Espagne a mérité l'affront que nous lui ferions en le privant d'une couronne que ses pères ont portée ? Quoi donc ? la couronne impériale n'est-elle plus élective ? Avons-nous jamais prétendu la rendre héréditaire dans aucune maison ? Que

deviendrait la liberté germanique, que deviendrait la dignité électorale ? Est-il vrai qu'on
ait eu l'imprudence de s'assujettir constam-
ment à choisir dans la maison de chaque empereur le successeur qu'on voulait lui donner ?
Combien de fois la couronne n'a-t-elle point
passé de la maison de Franconie à celle de Saxe,
et de celle de Saxe à celle de Franconie ! La
dynastie de Souabe, trop continuée sans doute,
a cependant été interrompue par un duc de
Saxe. Les maisons de Luxembourg et de Bavière se sont interrompues réciproquement.
Mais, pour ne pas sortir de la maison d'Autriche, ne lui avons nous pas déjà deux fois
ôté la couronne ? N'avons - nous pas placé
Adolphe de Nassau entre Rodolphe Ier et Albert Ier, tous deux de la maison d'Autriche ?
Enfin, cette maison ne s'est elle pas vue éloignée du trône impérial pendant cent vingt-
neuf ans, depuis la mort d'Albert Ier jusqu'à l'a-
vènement d'Albert II ? Si c'est un affront de
ne point obtenir un trône où l'on n'a point
de droit, n'est-ce pas un affront beaucoup plus
grand de voir borner après coup une autorité
dont on abusait ? et cet affront, le corps germanique n'a-t-il pas été obligé de le faire à ses
empereurs, lorsqu'une possession trop long-
temps continuée dans leurs maisons les avait

accoutumés à se regarder comme maîtres d'une couronne dont ils n'étaient que dépositaires? Rien en effet ne serait plus funeste à la liberté qu'un usage qui, d'élection en élection, perpétuerait la succession au trône dans une maison puissante. Il serait surtout aujourd'hui fort imprudent de déférer la couronne impériale au petit-fils d'un prince qui a tenté plusieurs fois de porter atteinte à notre constitution, quoiqu'il fût beaucoup moins puissant que ce petit-fils.

Enfin, j'envisage l'honneur de l'Empire, il demande qu'on préfère un prince dont la gloire et les vertus sont célèbres dans toute l'Europe, à un prince dont on ne connaît pas même encore le caractère. Si je consulte l'intérêt de l'Allemagne, elle sympathisera plus avec le génie français qu'avec le génie espagnol; elle sera mieux défendue par un chef d'une valeur éprouvée, qui a déjà de l'expérience dans l'art de la guerre. La cavalerie française, jointe à l'infanterie allemande, composera des armées invincibles qui contiendront le Turc, qui rendront à l'Empire ses premiers droits et son ancienne splendeur.

Paroles de Valstein.

(Sarrazin, *Conspiration de Valstein.*)

Discours d'un politique habile et rusé. La diction est forte et concise.

___

Argument. Albert Valstein, après avoir élevé l'empire d'Allemagne à un très-haut point de prospérité par ses victoires, s'était vu privé du commandement par les intrigues de ses ennemis. Il était naturellement ambitieux et avide de vengeance : aussi vit-il avec plaisir Gustave, roi de Suède, conquérir une partie de l'Allemagne, et tailler en pièces des armées dont il n'était plus le chef. L'Empereur, forcé par les circonstances, envoya supplier ce grand capitaine de reprendre le généralat. Valstein résista long-temps, comme si cette proposition lui eût été désagréable ; enfin il se rendit, et adressa ces paroles aux envoyés de l'Empereur :

Beaucoup de raisons l'eussent détourné du commandement où il s'engageait, si l'amour de sa patrie et le désir de servir son prince ne les avaient toutes surmontées ; il avait déjà employé son bien ; il était prêt de hasarder encore sa vie ; on voulait qu'il ajoutât son honneur, qu'il estimait au-delà des richesses et de la vie. Il était sur le point de commencer une guerre en laquelle il y avait de la témérité d'espérer un bon succès contre un roi belliqueux et habile, arbitre jusqu'alors de la victoire et de la fortune, auquel il n'opposait que des soldats nouveaux ou vaincus. Il ne pouvait rien attendre de la faiblesse de l'Empire, de la division de son conseil, de l'infidélité de ses alliés; il se trouvait lui-même en butte à la haine et à l'envie. Cependant, en cet état, où tout lui était contraire, et où il n'avait que sa vertu pour le soutenir, on attendait avec impatience comment réussirait son emploi. Si les bons lui en souhaitaient l'issue heureuse, parce qu'il allait travailler au bien public, ses ennemis en espéraient sa ruine, qu'ils préféraient à leur patrie, préparés à l'accuser comme coupable s'il manquait à être heureux, et à lui imputer pour des crimes des fautes de la fortune. Pour ces raisons, il fallait qu'il s'efforçât à faire que les gens de bien ne se trompassent point, que son honneur se conservât tout entier, et que la malice demeurât vaine, et il était juste que ceux qui, malgré lui, l'appelaient à de si grandes difficultés lui accordassent les choses qu'ils jugeraient, aussi bien que lui, nécessaires à l'état présent, et sans lesquelles il ruinerait les affaires de l'Empire et sa réputation.

Paroles de Valstein.

(Sarrazin, *Conspiration de Valstein.*)

Raisonnemens adroits et subtils. L'orateur affecte d'alléguer des principes généraux pour éloigner tout soupçon d'intérêt personnel. Style très-analogue à celui de Salluste.

Argument. Valstein ne consentit à reprendre le commandement des armées qu'à certaines conditions. Il voulait qu'on le fît généralissime des armées d'Autriche, et arbitre de la paix, avec un pouvoir entièrement absolu et indépendant; que le roi de Hongrie (1) ne se trouvât jamais à l'armée; qu'il pût de son autorité privée disposer des confiscations des rebelles, des permissions et des grâces, et que les *pays héréditaires* fussent destinés à ses troupes pour y prendre leurs quartiers d'hiver. Comme de telles conditions paraissaient dures, il ajouta ces raisons :

Les grandes entreprises n'avaient presque jamais réussi que sous la conduite d'un homme; souvent la fin en avait été malheureuse lorsque plusieurs s'en étaient mêlés; les Romains, qui avaient chassé leurs rois, s'étaient vus contraints,

---

(1) Les ennemis de Valstein avaient proposé qu'on mît le roi de Hongrie à la tête des troupes.

dans les dangers de leur république, de créer des dictateurs. Gustave, agissant seul après de faibles commencemens, se trouvait victorieux au-delà de ses espérances ; au contraire la multitude des maîtres venait de perdre les meilleurs soldats du monde, et de mettre l'Empire près de sa ruine. Cet exemple touchait assez pour persuader combien l'autorité devient faible aussitôt qu'elle est partagée. La crainte de la honte et le désir de la gloire nous faisaient agir vigoureusement lorsqu'elles ne regardaient que nous ; quand ces choses étaient communes, on négligeait la réputation et le blâme où l'on prenait peu de part.

De même, au sujet des négociations de la paix, le nombre nuisait au secret, les différens intérêts et la conduite diverse aveuglaient la prudence, retardaient ou détournaient les occasions de traiter.

En outre, il ne semblait pas avantageux que le roi de Hongrie commandât dans l'armée, ni bienséant qu'il obéît ; il n'était point utile que les gens de guerre abandonnassent le service pour aller chercher la récompense de leurs travaux à la cour, où leurs visages étaient peu connus, et où d'ordinaire la brigue et les flatteries falsifiaient la vérité, décriaient les bonnes actions, prenaient la place du mérite. Il fallait que les bienfaits et les châtimens fussent présens dans les armées si on voulait y conserver l'ordre et y gagner l'affection. On ne trouvait point de soldats qui combattissent pour la gloire infructueuse; l'envie du gain et de la grandeur les attirait à la guerre; leur sang était le prix de leur fortune. L'emportement des passions causant nos fautes, le plaisir de se satisfaire tournait ces crimes en habitude lorsqu'on ne les châtiait pas sévèrement. Sous l'espérance de l'impunité, les mauvais s'endurcissaient, les bons se corrompaient, la discipline était ruinée. Il ne voulait la permission d'établir les quartiers d'hiver dans les pays héréditaires que pour s'en servir à l'extrémité, et pour maintenir l'armée réduite à cette retraite, pendant que les autres terres de la Germanie se trouvaient désolées et occupées par les ennemis. Il tâcherait bien par tous moyens d'hiverner ailleurs; mais si le sort des armes, demeurant douteux, tirait la guerre en longueur, comme il y avait apparence, ou même que la fortune continuât à favoriser rapidement le mauvais parti, il se faudrait résoudre à souffrir cette incommodité modérée, si l'on ne voulait plutôt voir les troupes suédoises piller les provinces, et l'héritage des Césars devenir la proie des barbares.

DIEUDONNÉ DE GOZON aux Chevaliers
électeurs.

(VERTOT, *Histoire de Malte*, liv. v.)

Ce discours est très-curieux. Il fait exception au précepte de rhétorique qui veut que l'orateur parle modestement de lui-même. Au reste, la circonstance critique justifie cette noble confiance.

———

ARGUMENT. Après la mort du grand-maître de Villeneuve, les chevaliers s'assemblèrent pour lui donner un successeur. Il fallait un homme qui pût maintenir à la fois la discipline de l'Ordre et la gloire de ses armes. Le commandeur de Gozon, l'un des électeurs, célèbre par sa victoire sur un serpent monstrueux qui désolait l'île de Rhodes, et déjà éprouvé dans l'administration, donna son suffrage en ces termes :

EN entrant dans ce conclave, j'ai fait un serment solennel de ne proposer que celui des chevaliers que je croirais le plus digne de cette grande place, et le mieux intentionné pour le bien général de tout l'Ordre; et, après avoir mûrement considéré l'état où se trouve la Chrétienté, les guerres que nous sommes obligés de soutenir continuellement contre les Infidèles, la fermeté et la vigueur nécessaires

pour empêcher le relâchement dans la discipline, je déclare que je ne trouve personne
plus capable de bien gouverner notre religion
que moi-même. (*Il parla ensuite magnifi-*
quement de ses propres vertus. Le combat
contre le serpent ne fut pas oublié ; mais il
s'étendit principalement sur la conduite qu'il
avait tenue depuis que le grand-maître de
Villeneuve l'avait fait son lieutenant.) Vous
avez déjà essayé de mon gouvernement ; vous
savez ce que vous devez en espérer, et je ne
crois pas que, sans injustice, vous puissiez
me refuser vos suffrages.

Le Sultan Salech à ses ministres.

(Vertot, *Histoire de Malte*, liv. iii.)

Fierté dédaigneuse, fondée sur la conscience des forces dont le Sultan est environné. La fin du discours est surtout vive et énergique.

Argument. Les Hospitaliers et les Templiers étaient près de se croiser de nouveau contre les Infidèles. Alors les grands-maîtres de ces deux ordres voulurent faire une tentative pour retirer des mains des Sarrasins un assez grand nombre de chevaliers pris à la dernière bataille, et dont ils espéraient un nouveau secours. Ils firent demander au sultan d'Egypte, et obtinrent de lui un sauf-conduit pour des députés chargés de cette négociation. Ceux-ci répandirent différentes sommes parmi les ministres et les favoris du Sultan afin de les gagner, et firent offrir au Sultan lui-même de traiter pour la rançon de leurs frères. Mais il répondit :

A Dieu ne plaise que je traite avec des perfides qui, autrefois, ont voulu livrer leur empereur (1), et qui, se disant entre eux frères et compagnons d'armes, ne laissent pas, de-

---

(1) L'empereur Frédéric II, qui voulait quitter la Palestine, et sans se déshonorer, fit semer le bruit que les Templiers et les Hospitaliers, à l'instigation du Pape, avaient voulu le livrer au sultan d'Egypte.

puis cinq ans, quand ils se rencontrent, de
se charger les uns les autres, avec encore plus
de fureur et d'animosité qu'ils n'en font paraître contre les ennemis de leur loi. Ne sait-
on pas le peu de sûreté qu'il y a dans la parole des Templiers, et que ce furent ces religieux qui, en haine des Hospitaliers, vio-
lèrent la trève que j'avais faite avec le frère
du roi d'Angleterre (1)? Cependant, dans la
dernière bataille (2), nous avons vu ces Templiers si fiers et si superbes s'abandonner
à une honteuse fuite; et, ce qui n'était jamais
arrivé dans leur ordre, celui qui portait l'é-
tendard de la croix, contre son devoir et les
règles de son institut, s'enfuit le premier.
Mais ce n'est pas en cela seul que depuis
long-temps les Templiers et les Hospitaliers
ne font point scrupule de violer les statuts de
leur profession. D'où vient, par exemple,
que ces chevaliers, qui, par leurs lois, ne doivent au plus abandonner pour leur rançon que
leur capuce ou leur ceinture, nous offrent
aujourd'hui de si grosses sommes, si ce n'est

---

(1) Richard, comte de Cornouailles.

(2) Cette bataille avait été livrée contre les *Corasmins*,
peuple descendu des anciens Parthes. Vingt-six Hospitaliers
et trente-trois Templiers seulement avaient échappé au massacre.

pour se fortifier par le nombre contre notre puissance ? Mais allez leur dire que , puisque la justice de Dieu les a livrés entre mes mains, ils n'en sortiront jamais tant que je vivrai , et qu'à l'exemple de leurs prédécesseurs (1) , je ne sais point distinguer un chevalier prison- nier d'un chevalier mort sur le champ de bataille.

---

(1) Jusque là , dans les deux ordres , on avait regardé comme morts ceux qui se rendaient prisonniers de guerre.

LE DUC D'YORCK au Parlement.

(LE P. D'ORLÉANS , *Révolutions d'Angleterre* , liv. vi.)

L'orateur tient le langage d'un vainqueur tout-puissant. Il croit n'avoir besoin que d'indiquer ce qui fait la justice de sa cause. Cette brièveté était nécessaire. Un style rapide n'était pas moins dans les convenances, et l'auteur l'a bien senti.

———

ARGUMENT. Pendant les sanglans démêlés de la Rose rouge et de la Rose blanche, Henri IV, comte de Lancastre, avait usurpé la couronne sur Richard second. Henri V, son fils, avait maintenu cette usurpation avec succès. Mais sous Henri VI , qui lui succéda , le duc d'Yorck, neveu de Richard second, chercha à ressaisir le diadème, aidé par la valeur du fameux comte de Warvick. Après avoir obtenu d'éclatans succès, il entra dans le Parlement assemblé, et s'asseyant sur le trône, il s'exprima en ces termes :

Vous savez assez qu'on a usurpé sur mes ancêtres le trône où je viens de m'asseoir , et vous n'ignorez pas par quels crimes ceux qui l'occupaient depuis soixante ans s'en sont mis en possession. Henri IV trempa ses mains dans le sang de Richard II. Henri V fit mourir mon père. Épargnons-nous des souvenirs qui pourraient rallumer dans un cœur sen-

sible des désirs mal éteints d'une vengeance
que j'ai sacrifiée au bien public. Pendant que
la maison de Lancastre n'a fait tort qu'à moi
et aux miens , je m'en suis cru dédommagé
par l'honneur qu'elle a fait à la nation, et par
les belles et grandes provinces qu'elle a soumises au sceptre anglais (1). J'ai peu regretté
de n'être pas roi tandis que vous en avez eu
un qui, au droit près, méritait de l'être. Mais
aujourd'hui qu'un faible héritier de cet heureux usurpateur me retient une couronne, et
perd des conquêtes qui vous ont coûté tant
de sang , je serais indigne de celui de tant de
rois qui coule dans mes veines si, pour recouvrer leurs conquêtes, je ne prenais enfin
la couronne. Aidez-moi à en soutenir le poids ,
j'en partagerai avec vous les douceurs.

---

(1) Henri V avait fait de nombreuses conquêtes sur la
France : c'est lui qui gagna la désastreuse bataille d'Azin-
court.

CITATION du Grand-Maître Pierre d'Aubusson aux Grands-Prieurs de l'Ordre (1).

(VERTOT, *Histoire de Malte*, liv. VII.)

Simplicité dans l'exposition des motifs, noblesse et véhémence dans l'appel fait aux chevaliers.

————

ARGUMENT. Pierre d'Aubusson, prévoyant que Mahomet II attaquerait bientôt l'île de Rhodes, qui ne pouvait être suffisamment défendue par le petit nombre de chevaliers qu'elle renfermait alors, convoque le chapitre général, par cette citation adressée aux grands-prieurs de l'Ordre :

Au milieu des plus grands périls dont Rhodes est menacée, nous n'avons pas trouvé de secours plus assuré que la convocation générale, et une prompte assemblée de tous nos frères. L'ennemi est aux portes ; le superbe Mahomet ne met plus de bornes à ses projets ambitieux ; sa puissance devient de jour en jour plus formidable ; il a une multitude de

————

(1) Les *grands-prieurs* avaient dans leur juridiction plusieurs *commanderies*, ou maisons spécialement réservées aux chevaliers de Rhodes, dans chaque pays de l'Europe.

soldats, d'excellens capitaines, et des trésors immenses : tout cela est destiné contre nous. Il a juré notre perte ; j'en ai des avis bien sûrs. Ses troupes sont déjà en mouvement ; les provinces voisines en sont remplies ; tout file du côté de la Carie et de la Lycie ; un nombre prodigieux de vaisseaux et de galères n'attendent plus que le printemps et le retour de la belle saison pour passer dans notre île. Qu'attendons-nous nous-mêmes ? Ignorez-vous que les secours étrangers sont éloignés, ordinairement très-faibles, et toujours incertains ? Nulle ressource que dans notre propre valeur ; et nous sommes perdus si nous ne nous sauvons nous-mêmes. Les vœux solennels que vous avez faits, mes frères, vous obligent à tout quitter pour vous rendre à nos ordres. C'est en vertu de ces saintes promesses faites au Dieu du ciel et aux pieds de ses autels, que je vous cite. Revenez incessamment dans nos Etats, ou plutôt dans les vôtres ; accourez avec autant de zèle que de courage au secours de la religion : c'est votre mère qui vous appelle ; c'est une mère tendre qui vous a nourris et élevés dans son sein, qui se trouve en péril. Y aurait-il un seul chevalier assez dur pour l'abandonner à la fureur des barbares ? Non, mes frères, je ne l'appréhende pas : des sen-

timens si lâches et si impies ne s'accordent
pas avec la noblesse de votre origine, et encore moins avec la piété et la valeur dont vous
faites profession.

~~~~~~~~~~~~~~~~~

Les Emissaires des Sénateurs génois aux habitans de Gènes.

(Voltaire, *Siècle de Louis XV*, chap. xxi.)

Choix heureux et accumulation vigoureuse des
détails les plus propres à frapper les esprits.

———————

Argument. Ecrasés par le despotisme des Autrichiens,
les Génois semblaient tous prêts à prendre des résolutions désespérées. Quelques sénateurs fomentaient sourdement et avec habileté ces dispositions. Ils disaient
aux plus accrédités du peuple :

Jusqu'a quand attendrez-vous que les Autrichiens viennent vous égorger entre les bras
de vos femmes et de vos enfans, pour vous arracher le peu de nourriture qui vous reste ?
Leurs troupes sont dispersées hors de l'encein-
ceinte de vos murs ; il n'y a dans la ville que
ceux qui veillent à la garde de vos portes ; vous
êtes ici plus de trente mille hommes capables

d'un coup de main : ne vaut-il pas mieux mourir que d'être spectateurs des ruines de votre patrie ?

~~~~~~~~~~~~~~~~~~~~~

Paroles du comte de La Marche.

(Mézerai, *Histoire de France*, Saint-Louis.)

Dans ce morceau, comme dans la plupart de ses discours, Mézerai a mis une brusque franchise, une éloquence sans affectation et sans apprêt. Le style a de la force et de la vérité.

———

Argument. En mourant, Louis VIII avait laissé la régence du royaume à Blanche de Castille, sa femme, qui fut la mère de Saint-Louis. Cette princesse vertueuse et habile sut réprimer l'ambition de plusieurs princes conjurés contre son autorité. L'un d'eux, le comte de La Marche, plus violent que les autres, laissait échapper des paroles séditieuses. Il disait à ses complices :

En quoi ! n'y a-t-il plus d'hommes, n'y a-t-il plus de Français en France ? Faut-il que nous recevions la loi d'une femme, et sommes-nous serviteurs d'une étrangère ? tant de lances obéissent-elles à une quenouille ? Nous autres, que ne filons-nous, si nous sommes incapables de manier les armes et de maintenir le

rang qu'elles nous ont acquis. Ce serait peu
que la régente nous eût fermé le palais pour
y résoudre et arrêter tout à sa fantaisie, ce
que nous n'avons jamais souffert de nos rois;
ce serait peu qu'elle disposât des trésors, des
finances et des charges, si elle nous laissait
ce qui nous appartient. Mais ce sexe avare et
insupportable dans l'autorité, ne mettant point
de bornes à sa convoitise, nos terres ni nos
personnes ne sont plus en sûreté. Pensez-
vous que, comme elle a dépossédé le comte
de Toulouse, elle n'ait pas déjà résolu de nous
réduire les uns après les autres, et de nous
resserrer avec lui dans les tours du Louvre ?
La victoire qu'elle vient de remporter lui enfle
le courage (1); rien ne lui semble plus impossible; et que savons-nous si elle n'a pas envie
de soumettre notre empire aux Espagnols,
puisqu'elle traite si mal les Français ? Mais
empêchons ces mauvaises entreprises; détour-
nons ce déshonneur de dessus nos têtes, ren-
fermons cette femme impérieuse dans un cloître, et lui apprenons qu'elle est plus propre
aux ouvrages de l'aiguille qu'au maniement
de l'État.

___

(1) Elle venait de vaincre le comte de Toulouse, qui lui
avait fait la guerre plusieurs années.

Tékéli aux Turcs.

(Mably.)

Il y a peu de mouvement oratoire dans ce discours. Mais les raisonnemens sont bien développés et bien suivis, et le style a de la gravité et de la force.

Argument. Le comte de Tékéli, chef des Hongrois mécontens, voyant qu'il ne pouvait résister aux forces de la maison d'Autriche, avait traité avec la Porte. Les Turcs entrèrent en Hongrie; mais le grand-visir, plein de projets de grandeur et de conquétes, eut dessein d'ouvrir la campagne par le siége de Vienne. Tékéli, persuadé que ce siége nuirait à sa cause, adressa aux Turcs des représentations. Il leur dit :

Vienne est regardé comme le boulevard de la Chrétienté; la foi chrétienne est à deux doigts du naufrage si vous en êtes les maîtres. Il me semble voir déjà tous les princes chrétiens s'unir au premier bruit du siége de cette ville; ils sacrifieront leurs ressentimens particuliers au devoir de leur religion; ils feront une ligue contre vous. Je n'excepte pas même le roi de France : il est votre allié; mais croyez-vous qu'il voulût que son alliance fût un acheminement à la destruction du Christianisme? Non, sans doute : s'il est bien aise de l'humiliation de l'empereur d'Allemagne, c'est uniquement pour le mettre hors d'état de traverser ses vastes projets, et afin d'agrandir ses États sans opposition de sa part ; mais rien n'est plus éloigné de sa pensée que de vous avoir pour voisins ; il sait trop bien quelle distance il y a entre votre puissance et la sienne. D'un autre côté, considérons les électeurs de l'Empire : nous savons que souvent ils refusent d'assister l'Empereur, ou du moins ils ne l'aident pas selon l'étendue de leur pouvoir : pourquoi ? c'est qu'ils sont jaloux de ce prince, qui est leur chef ; ils craignent de le mettre par leurs propres forces en état d'attenter à leur liberté ; mais dès qu'ils verront que sa ruine peut entraîner la leur, ils hasarderont tout pour sauver ses domaines, et conserver cette barrière qui seule peut assurer le repos de leurs États. Je dis plus, si jamais cette ressource leur est enlevée, et que leur pays soit en proie aux Othomans par le renversement de ce rempart, ils aimeront mieux encore se jeter entre les bras du roi de France ; ils le feront empereur ; et si ce titre lui est une fois offert, j'ai peur qu'unissant à ses propres forces les faibles débris de l'Allemagne abattue, ce monarque ne vous paraisse trop formidable. C'est ici que la prudence doit vous servir de guide; prenez garde que l'ardeur que vous avez de perdre tout-à-fait un prince qui vous est bien inférieur ne vous aveugle jusqu'à vous empêcher de voir sous ses ruines un autre ennemi plus puissant prêt à se montrer; vous lui mettrez dans les mains, sans y penser, des armes dont il ne saura que trop bien se servir à votre préjudice.

La Hongrie vous appelle, et fait gloire de recevoir la loi de vous, après avoir, pendant deux siècles, résisté à toute votre puissance. Ce royaume, le seul de tous ceux qui vous confinent qui ait pu arrêter le cours de vos victoires, vous pouvez aujourd'hui y trouver, par la soumission volontaire des États, ce que les sultans n'ont pu obtenir par les armes. La plus grande partie me reconnaît; ceux qui tiennent encore pour l'empereur d'Allemagne n'attendent que le moment favorable pour secouer le joug. Aidez-la à se soustraire à la tyrannie, et bientôt vous aurez lieu de vous applaudir de cette démarche, car la Hongrie ne sera pas plutôt d'intelligence avec vous, que vos projets ultérieurs deviendront d'une exécution plus facile; elle vous fournira en abondance des vivres pour vos armées; les convois marcheront en sûreté par l'expulsion des garnisons ennemies, et vous y établirez des magasins que vous trouverez à portée pour quelque expédition que ce soit.

Au reste, il me semble qu'on peut se dispenser de faire marcher à la fois toute cette armée que je vois ici assemblée ; ce serait la fatiguer sans raison de la mener à chaque siége. Le grand visir, s'il le juge à propos, se tiendrait aux environs de Belgrade ou de Bude avec le gros de l'armée ; sa présence tiendrait les rebelles en respect, et préviendrait de nouvelles désertions. En cas que l'ennemi se montre, il irait le combattre et le vaincre, s'il se tient renfermé dans les villes et les forteresses. Vous avez les Tartares et les autres troupes armées à la légère, qui feront le dégât dans les provinces d'Autriche, d'Allemagne, de Moravie, de Bohême et de Silésie. Ils ruineront les moissons, emporteront les grains, ou brûleront les magasins, afin d'empêcher l'ennemi de former aucun corps d'armée considérable, ni cette année, ni la suivante, ou de l'obliger à se débander faute de provisions.

Le Duc de Bourgogne au roi Edouard IV.

(Mézerai, *Histoire de France*, Louis XI.)

Indignation qui s'exhale par les plus sanglantes
ironies. L'amour-propre blessé paraît surtout dans
la seconde partie, tandis que, dans la première,
les reproches semblent désintéressés. Cette marche est vraie et naturelle. Vigueur dans les tournures et les expressions.

Argument. Charles, duc de Bourgogne, s'était ligué
avec les Anglais contre le roi de France. Cependant
Louis XI parvint à se défaire d'Edouard, qui consentit
à retourner en Angleterre, après avoir reçu une somme
d'argent. Furieux de se voir abandonné par ses alliés,
Charles va trouver le roi d'Angleterre, et s'écrie :

Est-ce là comme vous regagnez votre héritage ? Est-ce là comme vous marchez sur
les traces de vos ancêtres ? Ce n'était donc pas
de la gloire ni des couronnes que vous cher-
chiez ; votre ambition ne souhaitait que de
l'argent. Oh ! l'illustre commerce à quoi s'emploie un grand roi, de couvrir la mer de vaisseaux et la terre de troupes pour trafiquer
avec ses ennemis, et leur faire acheter la terreur de ses armes ! Oh ! le beau marché que vous

avez fait au préjudice de votre parole, de votre
honneur, et de la grandeur de votre État!
Ah! que la réputation des Anglais aurait grand
besoin de ce Cœur-de-Lion qui est enterré à
Rouen! Les Edouard n'avaient pas coutume
de s'en retourner ainsi de France. L'un gagna
la bataille de Crécy et prit Calais; l'autre gagna celle de Poitiers et prit le roi Jean. Mais
vous, avec la plus puissante armée qui pas-
sât jamais d'Angleterre, sans avoir attaqué une
seule place, sans avoir tiré l'épée, vous avez
conclu la paix avant que de faire la guerre.
Il ne tenait qu'à vous d'entrer dans le cœur
du royaume, de présenter bataille sous les
murailles de Paris. Votre ennemi avait l'é-
pouvante et point de forces capables de vous
résister. Je vous avais ménagé des intelligences,
je vous eusse donné dix places de retraites;
j'avais cinquante mille hommes prêts à vous
joindre: que vous restait-il plus qu'à vous
mettre en possession et à recevoir les hommages? Vos ancêtres eussent acheté une telle
occasion de tout leur sang, et vous l'avez vendue pour une petite somme de deniers. Vous
l'avez vendue, et sans m'y appeler, moi qui
vous l'avais procurée avec tant de soin, de
risques et de dépense; moi qui vous ai reçu
deux fois dans mon palais, fugitif, dépouillé,

destitué de toute aide ; persécuté par les Anglais (1) et par les Français; qui vous y ai maintenu avec la force. Vous deviez vous souvenir
de toutes ces choses; et vous étiez obligé, si
j'en eusse eu besoin, de soutenir au moins
une querelle pour moi, qui ai si hautement
porté toutes les vôtres. Mais non, ce n'était
pas mon intérêt, c'était celui de votre honneur ; je ne le faisais que pour vous agrandir,
comme je vous ai relevé. Vous avez dû assez
reconnaître que vos forces ne se soutiennent
que par mon moyen, et que les miennes n'ont
pas besoin d'un si faible appui que le vôtre.
Sachez donc que je n'ai que faire de votre
trève ; et certes, si j'ai à en faire quelqu'une
avec le roi de France, ce ne sera que trois mois
après que vous serez de retour en Angleterre.

_____

(1) Il avait été détrôné par le célèbre Warwick.

Le Comte d'Avaux à l'assemblée des Etats de Hollande.

(Le P. Bougeant, *Traité de Westphalie*, liv. viii.)

Discours dont toutes les parties sont graduées avec art. L'orateur appuie adroitement sur son moyen le plus puissant : les services rendus à la république par le roi son maître ; et il a soin de tempérer par des éloges flatteurs ce qu'il peut y avoir d'impérieux dans ce souvenir. La diction est noble, saine, mais peut-être un peu trop fleurie.

Argument. La Hollande s'était soustraite à l'obéissance de la maison d'Autriche ; et trois rois de France, Henri IV, Louis XIII et Louis XIV, avaient contribué successivement à assurer son indépendance. Après une guerre longue et sanglante que la France soutint contre l'empereur Ferdinand III, il fut question de paix, et un traité devait se conclure à Munster. Pour assurer à la France les avantages de cette négociation, le cardinal Mazarin chargea le comte d'Avaux, plénipotentiaire de France, de passer par La Haye avant de se rendre à Munster, et de confirmer l'alliance qui unissait la Hollande à la France. Cet habile négociateur y réussit ; mais comme il était plein de zèle pour les intérêts des Catholiques, alors persécutés en Hollande, il ne perdit pas cette occasion de parler en leur faveur. Voici son discours aux Etats :

Messieurs, il est temps de mettre la dernière main aux affaires que nous avons été

chargés de traiter avec vous. Comme c'est ici
que nous avons commencé notre négociation,
c'est ici que nous voulons aussi la terminer,
et y mettre le sceau par votre consentement.
Oui, Messieurs, en présence de cette assemblée qui représente la majesté de l'Etat des
Provinces-Unies ; en présence de ces augustes
portraits des fondateurs de la république, qui
semblent présider encore à vos délibérations,
nous confirmons tous les traités par lesquels
cet Etat a été soutenu pendant la guerre, et
nommément celui que nous venons de faire,
par lequel nous espérons qu'elle prendra enfin
une consistance tranquille et assurée. Quoique
tous les traités précédens aient été dirigés à la
même fin, on pourrait s'imaginer qu'ils ont
été faits beaucoup moins pour parvenir au
repos qu'à la victoire, et que le nom agréable
de la paix qui en ornait toutes les préfaces, et
dont on donnait des espérances aux peuples
dans les délibérations mêmes de la guerre,
n'était qu'un voile spécieux qui servait à couvrir des résolutions entièrement contraires que
la nécessité des temps nous obligeait de suivre.
Nous ne la regardons plus en idée, Messieurs,
cette paix tant desirée ; nous touchons au moment qui doit la donner aux peuples, et nous
allons faire ouvrir son temple. Le traité que

nous venons de conclure nous en fraye déjà
le chemin. Tous les peuples louent le zèle
avec lequel vous conspirez à ce grand ouvrage ; et nous espérons que Dieu favorisant
vos travaux et les nôtres, vous jouirez bientôt d'un repos aussi utile à la République que
ses armes ont été glorieuses jusqu'à présent,
au grand étonnement de toute l'Europe. C'est
sans doute, Messieurs, un effet bien étonnant
du soin de la Providence, que ce petit coin
de terre ait pu résister à toutes les forces d'un
prince (1) dont la puissance accablait toute
l'Europe, et qui ne voyait rien au-dessus de sa
grandeur que sa seule ambition. N'est-ce pas
une espèce de prodige, qu'après soixante-dix
ans de guerre, après tant de vaines entreprises
et d'efforts impuissans, ce prince soit enfin
réduit à rechercher la paix et votre amitié ?
Mais vous n'ignorez pas, Messieurs, que nos
rois ont beaucoup contribué à votre établissement, et qu'ils ont favorisé vos progrès. Encore aujourd'hui qu'avec les marques de la
souveraineté vous en avez la puissance, et que
vous trouvez dans vos propres forces de quoi
repousser tous les efforts de l'Espagne, le Roi (2)

_____

(1) Philippe IV, roi d'Espagne.
(2) Louis XIV.

et la Reine régente n'en ont pas moins de zéle pour l'affermissement de votre Etat. La France, comme une mère tendre, après avoir conduit pour ainsi dire par la main et soutenu l'enfance de la République, la voit avec plaisir parvenue à une forte jeunesse, et en état de lutter avec cet ennemi redoutable qui paraissait invincible. Mais quelles que soient aujourd'hui vos forces, nous ne doutons pas que vous ne regardiez toujours comme un grand avantage que la même main qui vous a conduits au point de grandeur où vous êtes, continue à vous y maintenir, et nous espérons que rien ne sera capable de vous faire oublier vos promesses et ce que vous devez à un prince dont l'alliance vous est si honorable, et fera toujours la principale sûreté de vos provinces. Nous espérons aussi, Messieurs, que la considération de cette alliance, que celle que vous avez pour le Roi et la Reine régente, et enfin la bonté naturelle de ceux qui composent cette assemblée, les porteront à recevoir favorablement les instances que nous sommes chargés de leur faire en faveur des Catholiques. Agréez, Messieurs, que le Roi, imitant la piété de ses pères comme il les imite dans l'affection qu'ils ont eue pour votre Etat, vous exhorte par notre ministère à modérer

vos édits contre des gens qui professent la
même religion que lui, qui sont nés parmi
vous et qui sont de votre sang. Le Roi s'intéresse trop à votre conservation pour vous
faire une demande qui pût préjudicier à l'Etat.
Il souhaite que vous permettiez aux Catholiques, ou du moins que vous ne les empê-
chiez pas, de s'assembler dans leurs maisons
pour satisfaire leur piété. Et pourquoi leur re-
fuseriez-vous cette grâce ? Ils sont, dites-vous,
ennemis du Gouvernement. Je veux bien le
supposer avec vous; mais examinez d'où pro-
cède leur mécontentement. Ils ont contribué
par leurs biens, par leurs armes et aux dépens de leur sang, à la liberté publique, et ils
n'en jouissent pas. Ils vous ont aidés à secouer le joug de l'Inquisition, qui leur était
aussi odieux qu'à vous, et vous la rétablissez
contre eux-mêmes. En un mot, la rigueur
avec laquelle vous les traitez, la défense que
vous leur faites de recevoir dans leurs cha-
pelles ceux qui n'ont pas le moyen d'entretenir un prêtre, le mépris que quelques-uns
de vos commissaires ont fait des choses que
nous estimons les plus saintes, a sans doute
aliéné leurs esprits. Voulez-vous les ramener
au devoir ? Voulez-vous, de ces hommes mal-
intentionnés, en faire de bons citoyens ? re-

15

lâchez un peu de la sévérité de vos édits. Vous
les obligerez à une éternelle reconnaissance,
et vous les empêcherez de tourner ailleurs les
yeux pour chercher une consolation qu'ils re-
cevront de vous. Vous savez que les recherches
que vous faites ne diminuent ni leur nombre
ni leurs assemblées ; vous leur devez encore
la justice d'avouer qu'ils n'ont jamais rien
entrepris contre l'État. Pourquoi donc les traiter en ennemis ? Sont-ce deux qualités in-
compatibles d'être bon Catholique et bon Hol-
landais ? Ne peut-on être ennemi du roi d'Espagne sans être Protestant : demandez-le,
Messieurs, aux Catalans et aux Portugais. Mais
ne cherchons pas des exemples si loin. Les
Catholiques de vos provinces ont déclaré les
Espagnols ennemis de leur patrie ; ils ont
les premiers de tous signé cette heureuse confédération qui a donné commencement à votre
souveraineté. Assurez-vous, Messieurs, et je
vous le promets de leur part, que si vous leur
êtes plus favorables, cette portion qui semble
se détacher du corps de la République s'y rejoin-
dra avec ardeur pour conspirer avec vous à la
conservation de la liberté commune. C'est le
sentiment du Roi et de la Reine régente. Ç'a été
celui du feu Roi, père de notre jeune monarque, et celui de son bisaïeul. Puisque vous

suivez leurs conseils dans tout le reste, ne les rejetez pas dans ce seul point. Si vous vous souvenez avec reconnaissance de la faveur que vous fit Henri-le-Grand lorsqu'il reconnut votre indépendance, et qu'il l'orna de toutes les prérogatives qui distinguent les souverains, rappelez-vous aussi, Messieurs, le conseil qu'il vous donna par son ministre, pour l'utilité même de votre État, de tolérer l'exercice de la religion catholique. Ainsi puissiez-vous transmettre à votre postérité la République, non pas telle que vous l'avez reçue de vos ancêtres, mais telle que vous l'avez rendue par votre sagesse et votre vertu, riche, florissante et redoutable à ses ennemis!

FERNAND DE LUQUES aux Espagnols.

(Marmontel, *les Incas*, chap. XII.)

Une violence qui abuse des choses les plus saintes, et qui les plie à des sophismes barbares, respire dans ce discours. La diction, brusque, rapide, est d'accord avec les pensées.

———

ARGUMENT. Au moment où les Espagnols vont commencer la conquête du Pérou, le vertueux Las-Casas élève la voix dans le conseil de Pizarre, et veut que tous promettent et jurent d'avance de traiter les Indiens avec douceur et justice. Un fanatique, nommé *Fernand de Luques*, s'écrie :

QUOI! jurer à Dieu de ménager des barbares qui le blasphèment et qui brûlent devant des idoles un encens qui n'appartient qu'à lui! Jurons plutôt de les exterminer s'ils osent défendre leurs temples et refuser le Dieu que nous leur annonçons. L'Amérique nous appartient au même titre que *Canaan* appartenait aux Hébreux ; le droit du glaive qu'ils avaient sur l'idolâtre Amalécite, nous l'avons sur des infidèles plus aveuglés, plus abrutis dans leurs détestables erreurs. Ils se plaignent qu'on leur impose un trop rigoureux esclavage ; mais eux-mêmes sont-ils plus doux, plus humains envers leurs captifs ? Sur des autels rougis de sang ils leur déchirent les entrailles ; ils se partagent par lambeaux leurs membres encore palpitans ; ils les dévorent, les barbares, ils en sont les vivans tombeaux. Et c'est pour cette race impie qu'on parle avec tant de chaleur ! Si les châtimens les effraient, qu'ils cessent de nous dérober cet or stérile dans leurs mains, et qui nous a déjà coûté tant de périls et de fatigues. Quoi ! n'avez-vous franchi les mers, n'avez-vous bravé les tempêtes et cherché ce malheureux monde à travers tant d'écueils, que pour abandonner l'unique fruit de vos travaux, vous en retourner les mains vides, et ne rapporter en Espagne que la honte et la pauvreté ? L'or est un don de la nature ; inutile à ces peuples, il nous est nécessaire : c'est donc à nous qu'il appartient, et leur malice opiniâtre à le cacher, à l'enfouir, les rendrait seule assez coupables pour justifier nos rigueurs. Quant à leur esclavage, il est la pénitence des crimes dont les a souillés un culte impie et sanguinaire. Ce ne sont pas les creux des mines où ils sont enfermés vivans que l'on doit redouter pour eux ; ils méritent d'autres ténèbres que celles de ces noirs cachots ; et pourvu qu'ils y meurent résignés et contrits, ils béniront un jour les mains qui les auront chargés de chaînes.

Barthélemy de Las-Casas à Fernand de Luques.

(Marmontel, *les Incas*, chap. xii.)

Las-Casas tient le langage de la religion et de la raison. Sa réponse est vive et pathétique. Le style a les mêmes qualités.

Argument. Indigné du discours de Fernand, Las-Casas se leva aussitôt, et lui répondit :

Prêtre d'un Dieu de paix, vos lèvres, où ce Dieu reposait tout-à-l'heure (1), ont-elles proféré ce que je viens d'entendre ? Est-ce du haut du bois arrosé de son sang, où, s'immolant pour tous les hommes, sa bouche expirante implorait la grâce de ses ennemis, est-ce du haut de cette croix qu'il vous a dicté ce langage ? Vous, Chrétien, vous parlez d'exterminer un peuple qui ne vous a fait aucun

---

(1) Fernand venait d'accomplir le saint sacrifice.

mal ! S'il vous en avait fait, votre religion
vous dirait encore de l'aimer. Vous vous comparez aux Hébreux, et ce peuple aux Ama-
lécites ! Laissez, laissez là ces exemples dont
on n'a que trop abusé. Si Dieu, dans ses conseils, a jamais dérogé aux saintes lois de la
nature, il a parlé, il a donné un décret formel, authentique, dans toute la solennité que
sa volonté doit avoir pour forcer l'homme à
lui obéir plutôt qu'à la voix de son cœur, et
ce décret n'a pu s'étendre au-delà des termes
précis où lui-même il l'a renfermé : l'ordre
accompli, la loi qu'il avait suspendue a repris
son cours éternel. Dieu parlait aux Israélites ;
mais Dieu ne vous a point parlé. Tenez-vous
donc à la loi qu'il a donnée à tous les hommes :
Aimez-moi, aimez vos semblables; voilà sa loi.
Sont-ce là vos tortures, vos chaînes et vos bû-
chers ?

Les Indiens sans doute ont exercé entre eux
des cruautés bien condamnables ; mais, fussent-
ils plus inhumains, est-ce à vous de les imiter ?
Leur malheur, hélas ! est de croire à des dieux
sanguinaires. Si, au lieu du tigre, ils voyaient
sur leurs autels l'agneau sans tache, ils seraient
doux comme l'agneau.. Et qui de nous peut
dire qu'élevé dès l'enfance dans le sein des
mêmes erreurs, l'exemple de ses pères, les

lois de son pays, n'auraient pas tenu sa raison
captive sous le même joug ? Plaignez donc,
sans les condamner, ces esclaves de l'habitude,
ces victimes du préjugé. Cependant, dites-moi
s'ils sont par-tout les mêmes, et quel mal avaient
fait les peuples de l'Amérique espagnole et de
Cuba ? Rien de plus doux, de plus tranquille,
de plus innocent que ces peuples. Toute leur
vie était une paisible enfance ; ils n'avaient
pas même de flèches pour blesser les oiseaux
de l'air. Les en a-t-on plus épargnés ? C'est
là que j'ai vu des brigands, sans motifs, sans
remords, massacrer les enfans, égorger les
vieillards, se saisir des femmes enceintes, leur
déchirer le sein, en arracher le fruit..... O religion sainte ! voilà donc tes ministres ! O
Dieu de la nature ! voilà donc tes vengeurs !
Enfermer un peuple vivant dans les rochers
où germe l'or, l'y faire périr de misère, de
fatigue et d'épuisement pour accumuler vos
richesses et pour engendrer sur la terre tous
les vices, enfans du luxe, de l'orgueil, de
l'oisiveté ! O Fernand ! c'est la pénitence que
vous imposez à ces peuples ! Écartez ce masque
hypocrite qui vous gêne sans nous tromper.
Vous servez un dieu ; mais ce dieu, c'est
l'impitoyable avarice. C'est elle qui, par votre
bouche, outrage ici l'humanité, et veut ren-

dre le ciel complice des fureurs qu'elle inspire et des maux qu'elle fait.

~~~~~~~~~~~~~~~~~~

L'Evêque de Darien dans le Conseil d'Espagne.

(LETTRES ÉDIFIANTES , *Mémoires d'Amérique.*)

Raisonnemens sophistiques et insensibilité réfléchie. Cependant, l'orateur met une certaine
adresse à justifier son sentiment ou à le rendre
moins odieux. Naturel et vivacité dans le style.

———

ARGUMENT. Une fausse politique avait poussé le gouvernement espagnol à ordonner que les Indiens fussent
réduits en esclavage , et obligés de travailler aux mines
sous les ordres des Espagnols établis en Amérique. Le
vertueux Barthélemy de Las-Casas s'était opposé à cette
barbarie de tout son pouvoir. Comme ses efforts étaient
infructueux, il fit le voyage d'Europe , et vint se présenter devant le prince Charles , petit-fils de Ferdinand.
Un conseil est convoqué, et l'évêque de Darien, opposé à
Las-Casas , reçoit l'ordre de s'expliquer le premier sur
cette affaire. Voici son discours :

IL est bien extraordinaire qu'on délibère
encore sur un point qui a déjà été tant de fois
décidé dans les conseils des rois catholiques,

vos augustes aïeux : ce n'est sans doute que
sur une connaissance réfléchie du naturel et
des mœurs des Indiens qu'on s'est déterminé
à les traiter avec sévérité. Est-il nécessaire de
retracer ici les révoltes et les perfidies de cette
indigne nation ? A - t - on jamais pu venir à
bout de les réduire que par la violence ? N'ont-
ils pas tenté toutes les voies d'exterminer leurs
maîtres et d'anéantir leur nouvelle domination ? Ne nous flattons point, il faut renoncer
sans retour à la conquête des Indes et aux
avantages du Nouveau-Monde, si on laisse à
ces barbares une liberté qui nous serait fatale.

Mais que trouve-t-on à redire à l'esclavage
où on les a réduits ? N'est-ce pas le privilége
des nations victorieuses et la destinée des
barbares vaincus ? Les Grecs et les Romains
en usaient-ils autrement avec les nations indociles qu'ils avaient subjuguées par la force
de leurs armes ? Si jamais peuples méritèrent
d'être traités avec dureté, ce sont nos Indiens,
plus semblables à des bêtes féroces qu'à des
créatures raisonnables. Que dirai-je de leurs
crimes et de leurs débauches, qui font rougir
la nature ? Remarque-t-on en eux quelque
teinture de raison ? Suivent-ils d'autres lois
que celles de leurs plus brutales passions ?
Mais cette dureté les empêche, dit-on, d'em-

brasser la religion. Eh ! que perd-elle avec de
pareils sujets ? On veut en faire des Chrétiens,
à peine sont-ils des hommes. Que nos mis-
sionnaires nous disent quel a été le fruit de
leurs travaux, et combien ils ont fait de sincères prosélytes.

Mais ce sont des âmes pour lesquelles Jésus-Christ est mort : j'en conviens. A Dieu ne
plaise que je prétende les abandonner ; soit à
jamais loué le zèle de nos pieux monarques
pour attirer ces infidèles à Jésus-Christ ; mais
je soutiens que l'asservissement est le moyen
le plus efficace ; j'ajoute que c'est le seul que
l'on puisse employer. Ignorans, stupides,
vicieux comme ils sont, viendra-t-on jamais
à bout de leur imprimer les connaissances
nécessaires, à moins que de les tenir dans
une contrainte utile, eux aussi légers et in-
différens à renoncer au Christianisme qu'à
l'embrasser, et qu'on voit souvent, au sortir
du baptême, se livrer à leurs anciennes su-
perstitions ?

Barthélemy de Las-Casas dans le Conseil d'Espagne.

(Lettres édifiantes , *Mémoires d'Amérique.*)

La réponse de Las-Casas est pleine d'une véritable éloquence, de cette éloquence née d'une profonde conviction. Elle s'anime par degrés, et devient plus véhémente à mesure que l'orateur avance dans la peinture des maux et des crimes qu'il déplore. Des antithèses énergiques donnent au style de l'éclat et de la vigueur.

———

Argument. Quand l'évêque de Darien eut fini de parler, le chancelier s'adressa à Las-Casas, et lui ordonna de la part du Roi de répondre. C'est ce qu'il fit en ces termes :

Je suis un des premiers qui passèrent aux Indes lorsqu'elles furent découvertes sous le règne des invincibles monarques Ferdinand et Isabelle, prédécesseurs de votre majesté. Ce ne fut ni la curiosité ni l'intérêt qui me firent entreprendre un si long et si périlleux voyage. Le salut des Infidèles fut mon unique objet. Que ne m'a-t-il été permis de m'y employer avec tout le succès que demandait une si ample moisson ! Que n'ai-je pu, au prix de

tout mon sang, racheter la perte de tant de
milliers d'hommes qui ont été malheureusement sacrifiés à l'avarice ou à l'impudicité !

On veut vous persuader que ces exécutions
barbares étaient nécessaires pour empêcher la
révolte des Indiens. Qu'on nous dise donc
par où elle a commencé. Ces peuples ne re-
çurent-ils pas nos Castillans avec humanité
et avec douceur ? N'avaient-ils pas plus de
joie à leur prodiguer leurs trésors que ceux-
ci n'avaient d'avidité à les recevoir ? Mais
notre cupidité n'était pas satisfaite : ils nous
abandonnaient leurs terres, leurs habitations,
leurs richesses : nous avons voulu encore leur
ravir leurs enfans, leurs femmes et leur liberté. Prétendions-nous qu'ils se laissassent
outrager d'une manière si sensible, qu'ils se
laissassent égorger, pendre, brûler, sans témoigner le moindre ressentiment ?

A force de décrier ces malheureux, on voudrait nous insinuer qu'à peine ce sont des
hommes. Rougissons d'avoir été moins hommes
et plus barbares qu'eux. Qu'ont-ils fait autre
chose que de se défendre quand on les atta-
quait, que de repousser les injures et la violence par les armes ? le désespoir en fournit
toujours à ceux qu'on pousse aux dernières
extrémités. Mais on nous cite l'exemple des

Romains pour nous autoriser à réduire ces
peuples en servitude. C'est un Chrétien, c'est
un évêque qui parle ainsi : est-ce là son évangile ? Quel droit en effet avons-nous de rendre
esclaves des peuples nés libres, que nous
avons inquiétés sans qu'ils nous aient jamais of-
fensés ? Qu'ils soient nos vassaux, à la bonne
heure ; la loi du plus fort nous y autorise
peut-être ; mais par où ont-ils mérité l'esclavage ?

Ce sont des brutaux, ajoute-t-on, des stupides, des peuples adonnés à tous les vices.
Doit-on en être surpris ? Peut-on attendre
d'autres mœurs d'une nation privée des lumières de l'Évangile ? Plaignons-les, mais ne
les accablons pas ; tâchons de les instruire, de
les redresser ; réduisons-les sous la règle,
mais ne les jettons pas dans le désespoir.

Que dirai-je du prétexte de la religion dont
on veut couvrir une injustice si criante ? Quoi !
les chaînes et les fers seront-ils les premiers
fruits que ces peuples tireront de l'Évangile ?
Quel moyen de faire goûter la sainteté de
notre loi à des cœurs envenimés par la haine
et irrités par l'enlèvement de ce qui leur est
le plus cher, savoir leur liberté ? Sont-ce là
les moyens dont les apôtres se sont servis
pour convertir les nations ? Ils ont souffert les

chaînes, mais ils n'en ont pas fait porter.
Jésus-Christ est venu pour nous affranchir de
la servitude, et non pas pour nous réduire à
l'esclavage. La soumission à la Foi doit être
un acte libre ; c'est par la persuasion, par la
douceur et par la raison qu'on doit la faire
connaître. La violence ne peut faire que des
hypocrites, et ne fera jamais de véritables ado-
rateurs.

Qu'il me soit permis de demander à mon
tour au seigneur évêque si, depuis l'esclavage des Indiens, on a remarqué dans ce
peuple plus d'empressement à embrasser la
religion ? si les maîtres entre les mains de qui
ils sont tombés ont beaucoup travaillé à instruire leur ignorance ? Le grand service que
les partages (1) ont rendu à l'État et à la Religion ! Lorsque j'abordai pour la première
fois dans l'île, elle était habitée par un million
d'hommes : à peine aujourd'hui en reste-t-il
la centième partie. La misère, les travaux, les
châtimens impitoyables, la cruauté et la barbarie en ont fait périr des milliers. On s'y fait
un jeu de la mort des hommes ; on les ense-
velit tout vivans sous d'affreux souterrains,

---

(1) La répartition des Indiens entre les Espagnols d'A-
mérique.

où ils ne reçoivent ni la lumière du jour ni celle de l'Évangile. Si le sang d'un homme, injustement répandu, crie vengeance, quelles clameurs doit pousser celui de tant de misérables qu'on répand inhumainement chaque jour !

Le Comte de Pannin à Catherine.

(Castéra, *Vie de Catherine II.*)

On voit éclater, dans ce morceau, la hardiesse d'un complice qui croit n'avoir pas besoin des ménagemens d'un courtisan. Mouvement et rapidité dans le style.

Argument. Catherine, ayant formé une conspiration contre Pierre III, son époux, prince faible et imprudent, avec qui elle vivait en très-mauvaise intelligence, se proposait de s'emparer seule de l'autorité souveraine. Cependant quelques-uns des conjurés, et entre autres le comte de Pannin, voulaient qu'elle se fît seulement régente, et que le jeune grand-duc, Paul Petrowitz, fût empereur. Pannin osa lui dire, dans une conférence où se trouvaient les principaux conjurés :

Je sais, Madame, tout ce que vous voulez, tout ce que vous pouvez; mais je sais aussi où doit s'arrêter votre ambition. Vous avez dit

cent fois, n'étant encore que grande-duchesse,
que vous ne souhaitiez que le titre de mère
de l'Empereur. Eh quoi ! ce titre n'est-il pas
assez beau pour vous ? Vous aspirez aujour-
d'hui à écarter votre fils du trône de Russie ;
mais quel droit avez-vous pour vous y asseoir
seule ? Êtes-vous du sang des Czars ? êtes-vous
même née dans leur empire ? Croyez-vous
que l'antique et belliqueuse nation moscovite
puisse reconnaître pour souveraine une com-
tesse d'Anhalt ? croyez-vous qu'elle ne con-
spirera pas sans cesse pour les descendans de
Pierre-le-Grand, dont elle verra l'un languir
au pied du trône, tandis que les autres conti-
nueront à gémir dans de ténébreux cachots (1)?
Ah ! Madame ! cessez de demander plus que
vous ne pouvez obtenir. Songez que votre plus
grand bonheur doit être d'échapper au danger
pressant qui vous menace, et que le seul
moyen de justifier votre téméraire entreprise,
c'est de paraître vous être occupée moins de
vous-même que de votre fils.

---

(1) Ils avaient été jetés dans les cachots sous le règne
d'Elisabeth.

Paroles des Conseillers de Charles VII, Dauphin.

(Mézerai, *Histoire de France*, Charles VI.)

Le style est ici parfaitement en harmonie avec les pensées ; il est franc et libre comme elles ; et on y peut remarquer de temps en temps une énergique familiarité.

Argument. Le malheureux Charles VI était en démence. Le duc de Bourgogne et la Reine, femme de Charles VI, s'étaient déclarés régens. Le Dauphin, depuis Charles VII, retiré en Anjou, luttait contre leur tyrannie. Cependant, fatigué de voir le royaume en proie à la désolation et au pillage, il souhaita un accommodement. Déjà il allait conclure un traité d'après lequel il aurait partagé la régence avec le duc de Bourgogne, lorsque ses conseillers l'en détournèrent en lui disant :

Eh quoi! Monseigneur! l'autorité sera égale entre le souverain et le vassal ; votre ennemi marchera insolemment à vos côtés ; il y aura deux régens en France, et vous le souffrirez ? Ne voyez-vous pas que celui qui veut y partager avec vous la régence y partagera la royauté ? Il ne se chargerait pas des soins du

gouvernement s'il n'avait dessein d'usurper
la couronne. Faites-en ce qu'il vous plaira,
mais nous n'y consentirons jamais. Vous êtes
né pour régner; ce n'est pas votre intérêt
seul, c'est celui de tous vos sujets; vous n'y
pouvez donner atteinte, et bien que vous
soyez au-dessus de tout dans ce royaume,
vous êtes soumis à la loi, qui veut que vous
gardiez la couronne de vos ancêtres. Quel est
donc votre dessein ? Vous pensez peut-être dissimuler en une chose où votre ennemi ne s'est
pas caché. Il a procédé à découvert; il a levé
le masque; il a perdu vos plus fidèles serviteurs; il a attenté sur votre personne; et
maintenant que, par un bonheur inconceva-
ble, vous vous êtes sauvé de ses mains, il
veut vous surprendre par un accord. S'il avait
une véritable envie de se réconcilier, il se
soumettrait à vous, qui êtes son souverain, et
ne vous offenserait pas par des articles aussi
insolens que ceux qu'il propose. Après tout,
quand vous lui aurez accordé ce qu'il demande, serez-vous en sûreté pour cela ? Non,
certes, vous n'y serez pas. Il ne faut point
vous fier à ses sermens et à ses traités; c'est
là où le Bourguignon dresse ses mortelles em-
bûches: il est beaucoup plus à craindre durant la paix que dans la guerre. Feu monsei-

gneur le duc d'Orléans (1) en est, hélas! un trop funeste exemple, et l'on doit nécessairement être mal avec un si méchant homme, parce qu'il y a trop de danger d'y être bien. Nous avons véritablement des armes pour vous servir et pour vous défendre dans le combat; mais nous n'en avons point pour vous préserver de ses assassinats et de ses poisons.

---

(1) Le duc d'Orléans avait péri par les menées du duc de Bourgogne.

JUSTINIANI, Ambassadeur de Venise, à l'Empereur Maximilien.

(DUBOS, *Histoire de la Ligue de Cambrai.*)

Flatteries adroites, et soumission qui cherche à se déguiser sous le nom d'un juste hommage. Les Vénitiens ne s'abaissent qu'une fois, et cette fois, c'est devant l'Empereur. Sans cesse l'orateur rappelle la gloire de sa patrie pour donner plus de valeur aux humbles prières des Vénitiens.

———

ARGUMENT. le pape Jules II, l'empereur Maximilien, Louis XII, roi de France, le roi d'Aragon et tous les princes d'Italie, animés chacun par des motifs particuliers contre la république de Venise, avaient conclu à Cambrai une ligue dont le but était de se partager les dépouilles des Vénitiens après les avoir vaincus. Ceux-ci, découragés par la perte d'une bataille, envoyèrent demander la paix au Pape et au roi d'Aragon, et Antoine Justiniani fut député pour le même sujet vers l'Empereur. Voici le discours qu'on lui attribue :

« L'ANTIQUITÉ soutenait avec raison (1) que la plus grande et la plus glorieuse de toutes

———

(1) Ce que j'ai enfermé entre deux guillemets me paraît un peu déclamatoire, et pourrait, je crois, être supprimé sans que le discours en fût moins complet. Cependant, comme le morceau est court, je l'ai laissé pour qu'on en juge.

les victoires était celle qu'on remportait su

soi-même. Les lauriers d'une telle victoire n

se flétrissent jamais, et ils ornent les fron

qui en sont ceints mieux que les diadêmes

les couronnes triomphales. Scipion l'Africai

est plus vanté pour s'être vaincu lui - mêm

que pour avoir soumis Carthage et domp

l'Afrique. C'est par de semblables actio

qu'un petit roi de Macédoine s'est rendu

plus illustre des rois. Alexandre ne doit qu

sa modération les vœux que Darius, son e

nemi, fit pour lui : vœux qui font plus d'h

neur à Alexandre que ses victoires les pl

brillantes. L'infortuné roi des Perses, instr

de la modération dont Alexandre, jeune

victorieux, avait usé envers sa femme et

famille, que la victoire avait mises à la d

crétion du Macédonien, leva les mains au c

pour lui demander que, s'il ne voulait pas co

server la couronne sur sa tête, du moins il

fît passer sur celle d'un ennemi si débonna

et d'un vainqueur si modéré. Le premier

vos prédécesseurs, le grand César, dont vo

avez hérité les vertus et la fortune, mérita

sa facilité à pardonner et même à oublier

injures, d'être mis au nombre des dieux. »

peuple romain, dont vous êtes aujourd'h

l'unique successeur, et dont la majesté rési

en votre personne, n'a eu d'autres bornes de
son empire que celles de la terre qui était
connue alors; mais sa clémence, sa modération et son équité lui ont fait plus de sujets
que la valeur de ses soldats et tout le mérite
militaire de ses officiers.

Le sort des Vénitiens est aujourd'hui entre
vos mains; si vous faites réflexion à la fragilité de la grandeur humaine; si vous usez de
votre supériorité avec indulgence; si vous
préférez la gloire solide de nous donner la
paix au brillant fragile des victoires, qui doute
que le nom de Maximilien ne soit consacré
dans l'avenir entre ces noms fameux que les
hommes n'entendent jamais prononcer sans
respect? Il n'est pas besoin d'aller chercher
les exemples bien loin pour mettre en évi-
dence l'inconstance de la fortune et pour faire
voir l'incertitude des évènemens; enfin à combien de changemens, de dangers imprévus et
de périls cachés est sujet tout ce qui s'appelle
établissement humain? Assez et plus que suffisamment nous le montre la république de
Venise désolée. Il n'y a que peu de jours que
cette république, riche, puissante, illustre,
respectée de ses voisins et vantée par les peuples les plus éloignés, était un spectacle d'admiration à l'univers étonné. Aujourd'hui cette

même république, pour avoir perdu une bataille, pour avoir reçu un léger échec, es
tombée dans un état qui la rend méconnais-
sable aux yeux de ses ennemis et aux sien
propres. Sa splendeur est ternie ; son état es
en lambeaux ; elle manque de tout, même d
projets. Il semble qu'elle - même ne se sou-
vienne plus d'avoir été si long-temps guerrièr
et victorieuse. Mais les Français se trompen
bien s'ils attribuent notre ruine à leurs armes. On a vu nos ancêtres, dans le cours d
plusieurs guerres, surtout dans celles qu'il
ont soutenues durant un grand nombre d'années contre le puissant ennemi du nom chrétien, frappés par des disgrâces plus grande
que la déroute de Vaila (1), sans en être abat-
tus, et soutenir, sans plier, des malheur
plus pesans. Nous nous serions relevés de no
chutes comme nos ancêtres se sont relevés de
leurs : comme eux, nous eussions terrass
ceux qui nous avaient fait trébucher ; mai
nous nous trouvons accablés sous la grandeu
immense de votre majesté. La réputation de l
nation à la tête de laquelle vous marchez con
tre nous achève de nous abattre. Il n'y a plu

---

(1) La bataille de Vaila ou d'Agnadel fut gagnée pa
Louis XII. Les Vénitiens y furent battus complètement

pour nous d'espérance de victoire. Nous ne
nous flattons pas même de pouvoir disputer
le combat. Nous mettons bas des armes désormais trop pesantes pour nos mains, afin de
chercher notre salut dans votre clémence impériale, dans la bonté d'une des images vi-
vantes du Dieu des miséricordes. Au nom du
doge, du grand conseil et du peuple de Venise, je prie humblement votre majesté, je la
supplie, je la conjure de regarder notre affliction d'un œil de compassion, et de nous tendre une main charitable. Quelques conditions
de paix que vous nous prescriviez, nous y
souscrirons; nous ferons plus : nous les tien-
drons justes, nous les réputerons honorables,
et nous les observerons comme telles.

Peut-être sommes-nous dignes de prononc-
cer nous-mêmes notre sentence. Nous vous
abandonnons tout ce que nos ancêtres ont occupé dans l'Empire et dans vos pays héréditaires. Pour rendre encore ces offres plus con-
venables à notre condition présente, nous y
joignons tout ce que la République a possédé
en Terre-ferme; et, quels que soient nos droits
sur ces domaines, nous vous les résignons
comme à notre véritable seigneur et à notre
souverain. Nous paierons toutes les années à
votre majesté et aux empereurs ses succes-

seurs, un tribut de cinquante mille écus d'or.
Enfin nous sommes résolus d'obéir à tous
vos commandemens, lois, décrets et ordonnances. Nous ne demandons qu'une chose :
défendez-nous de l'insolence de ceux qui
étaient, il y a peu de temps, nos compagnons
d'armes, et qui sont aujourd'hui nos plus
cruels ennemis : leurs projets ne vont pas à
moins qu'à ensevelir le nom vénitien. Que
votre protection nous mette à l'abri de leur
fureur, et vous serez notre père; vous serez
le fondateur de notre ville, et nous nous
avouerons votre peuple. Nos annales se rem-
pliront de vos louanges : elles seront la première chose dont nous instruirons nos enfans.

Ce n'est pas la moindre des louanges qu'on
puisse vous donner, que de dire que vous
êtes le premier dont la république de Venise
suppliante ait embrassé les genoux. Sa fierté
s'abaisse pour la première fois, et c'est devant
vous : nous vous prenons pour notre ange tutélaire. Si le Tout-Puissant eût ôté à nos ancêtres l'envie de se mêler des affaires des princes, notre république obscurcirait encore aujourd'hui par sa splendeur l'éclat de toutes les
autres, au lieu qu'elle est présentement char-
gée de blâme et d'ignominie. Les trésors de

gloire qu'elle avait amassés par tant de victoires se sont dissipés en un moment : elle est
devenue l'objet du mépris des nations.

Mais, pour finir par où j'ai commencé,
vous pouvez, grand prince, en excusant vos
Vénitiens et en leur pardonnant, vous couronner d'un laurier plus vert et plus durable
que tous ceux dont aucun conquérant ait jamais orné sa tête. La gloire dont vous pouvez
vous couvrir passera toute entière à la postérité la plus reculée. Une telle gloire est indé-
pendante des évènemens. Les siècles à venir
vous célébreront donc comme le plus débon-
naire des princes, et, comme tel, ils vous
placeront au-dessus des autres. Pour nous,
nous publierons éternellement : Nous tenons
de la grandeur d'âme de Maximilien l'air que
nous respirons, et nous lui devons d'être encore au nombre des vivans.

TANNEGUY DU CHATEL à Charles VII.

(MÉZERAI, *Histoire de France*, Charles VII.)

Ce discours est l'expression d'un généreux désintéressement. On sent qu'il n'y a rien de forcé, rien d'hypocrite dans un tel langage. Le style est d'une noble simplicité.

ARGUMENT. Charles VII, pressé par les Anglais, sentit la nécessité de faire la paix avec les ducs de Bretagne et de Bourgogne, qui depuis long-temps étaient ses ennemis. Mais le duc de Bretagne exigea que le Roi renvoyât plusieurs seigneurs qui avaient conseillé sa ruine et celle du duc de Bourgogne; entre autres le connétable Tanneguy du Châtel. Comme Charles affectionnait beaucoup ce seigneur, il persistait à le retenir; mais Tanneguy l'aborda et lui dit :

SIRE, après avoir été plus de trente ans au service du Roi votre père (1), je n'ai point souhaité d'autre récompense que de me donner entièrement à votre Majesté. Il vous a plu me recevoir et m'employer dans les occasions les plus difficiles, et quant au conseil, et quant à l'exécution; et même de me témoigner souvent que mes actions et mes avis vous

---

(1) Charles VI.

étaient agréables. Mais cela ne m'a pas fait croire que je fusse capable d'aucune chose dont mille autres ne le fussent plus que moi; et plusieurs fois m'étant considéré moi-même, je n'ai rien trouvé en ma personne digne d'être considéré de votre Majesté. Cette pensée m'eût obligé, il y a long-temps, à vous demander la permission de me retirer si je n'eusse craint qu'à cause des malheureuses factions qui règnent, ma retraite n'eût été soupçonnée d'infidélité, ou du moins attribuée à une oisiveté hors de saison. Mais puisque mes ennemis mêmes demandent ce que je souhaite, je joins mes très-humbles prières avec leur requête, et vous supplie, Sire, d'accorder à mes services ce qu'ils croient devoir être accordé à leur vengeance. Mes actions leur ont toujours été fort mal connues, et ils ne connaissent point encore mon inclination; jamais elle n'a été attachée qu'à la gloire de mon prince et au bien de son État. Mes ennemis ont cru la contraindre en m'éloignant de la cour, n'ayant pu m'éloigner de vos bonnes grâces; mais il en est bien autrement. Les faveurs que j'ai reçues de votre main, et cette affection que vous témoignez à me retenir m'obligent d'en sortir avec bien plus de satisfaction que je n'y suis entré. Car ç'a toujours été ma pensée, que ceux qui

ne la peuvent quitter quand l'intérêt du public le demande, sont bien esclaves de l'ambition et de la vanité, mais non pas serviteurs
de leur prince, gens qui ne voudraient pas
s'exposer pour lui, mais qui le voudraient exposer pour eux-mêmes, et qui ne se tiennent
pas tant attachés à sa personne qu'à la pour-
suite du profit et des honneurs. Si vous avez
reconnu, Sire, comme j'ai toujours essayé de
vous le montrer, que mon sentiment était tel,
je vous supplie de ne vouloir pas qu'il paraisse
maintenant aux yeux du monde autrement
qu'il n'est. Votre sûreté et le bien de la France
désirent que je m'éloigne; ne considérez plus,
s'il vous plaît, la bienveillance dont vous m'ho-
norez, mais l'obligation que vous avez à votre
État, et l'amour que vous devez à vos peuples,
et pensez que, par l'absence d'un seul homme
fort inutile, vous acquerrez un puissant duc
et une riche province, dans laquelle il y a
plusieurs milliers d'hommes plus considérables que je ne suis; en un mot, que c'est le
seul moyen qui vous reste de rétablir cette
monarchie, pour le salut de laquelle un faible
vieillard comme moi ne peut contribuer que
de ses désirs. Donc à tant de faveurs que vous
m'avez faites, desquelles vous n'avez tiré aucun fruit, ajoutez-en une, s'il vous plaît, qui

vous soit aussi utile qu'à moi glorieuse, afin
que tout ensemble, la France voie un témoignage et de votre bonté et de ma reconnaissance. Distribuez, s'il vous plaît, vos autres
bienfaits à tant de braves gentilshommes qui les
ont si bien gagnés aux dépens de leur sang, et
dont le secours ne vous étant pas moins fidèle
vous sera plus avantageux que tout le service
que je vous puis rendre. Pour moi, Sire, j'estime que la seule grâce que je vous demande
étant nécessaire pour le temps est aussi plus
séante à ma vieillesse, et que ma vigueur étant
presque toute usée, et n'ayant plus tantôt que
la seule volonté de bien faire, il ne me reste,
pour être tout-à-fait heureux, que d'avoir la
gloire de vous servir, même en ne vous servant plus.

Gustave aux Dalécarliens.

(Vertot , *Révolutions de Suède.*)

Esquisse rapide et vigoureuse. L'orateur intéresse adroitement ceux à qui il parle , en insis-
tant sur ce qui peut les toucher personnellement.

Argument. Christiern II , surnommé le *Néron du
Nord*, après s'être emparé du royaume de Suède , y
exerçait les plus horribles cruautés. Gustave Ericson ,
descendu des anciens rois de Suède , combattit contre
le tyran, qui mit sa tête à prix. Réfugié enfin dans la Da-
lécarlie , dont les habitans avaient toujours su résister
à l'oppression étrangère ,

Il leur représenta d'une manière vive et
touchante les derniers malheurs de leur patrie ;
que tous les sénateurs et que les principaux
seigneurs du royaume venaient d'être massacrés par les ordres barbares de Christiern ;
que ce prince cruel avait fait égorger les magistrats et la plupart des bourgeois de Stockolm ;
que ses troupes, répandues ensuite dans les provinces, y commettaient tous les jours mille violences ; qu'il avait résolu, pour assurer sa domination , d'exterminer indifféremment tous
ceux qui étaient capables de défendre la liberté

de leur patrie; qu'on n'ignorait pas combien
ce prince haïssait les Dalécarliens, dont il
avait éprouvé la valeur et le courage pendant
le règne du dernier administrateur (1); qu'ils
lui étaient trop redoutables pour n'avoir pas
tout à craindre d'un prince si perfide et si cruel;
qu'on avait appris que, sous prétexte de quartiers d'hiver, il devait faire passer des troupes
dans leur province pour les désarmer, et
qu'ils verraient au premier jour leurs ennemis, maîtres de leurs villages, disposer insolemment de leur vie et de leur liberté, s'ils ne
les prévenaient par une généreuse résolution;
que leurs pères et leurs ancêtres avaient toujours préféré la liberté à la vie; que toute la
Suède jetait les yeux sur eux pour voir s'ils
marcheraient sur leurs traces, et s'ils en avaient
hérité la haine qu'ils avaient toujours fait paraître contre la domination étrangère; qu'il
était venu leur offrir sa vie et son bien pour
la défense de leur liberté; que ses amis et tous
les véritables Suédois se joindraient à eux au
premier mouvement qu'ils feraient paraître;
qu'il était assuré d'ailleurs d'un secours con-

---

(1) Titre que prenaient les souverains de Suède, du
consentement des Etats, pour ne pas exciter la jalousie
des seigneurs.

sidérable des anciens alliés de la Suède; mais que quand même ils n'auraient pas des troupes égales en nombre à celles des Danois, ils étaient encore trop forts, ayant la mort de leurs compatriotes à venger, et leur propre vie à défendre; et que pour lui il aimait mieux la perdre l'épée à la main que de l'abandonner lâchement à la discrétion d'un ennemi perfide et cruel.

Pizarre à Ataliba.

(Marmontel, *les Incas*, chap. xlix.)

Noblesse dans les pensées, et habile disposition des argumens. Pizarre devait détruire d'abord l'odieux attaché au nom espagnol, puis exposer ses droits à une conquête pacifique, et enfin instruire l'Inca des fruits que lui-même en pourrait retirer.

Argument. Ataliba se décide à entrer en conférence avec Pizarre. Il s'avance, élevé sur son trône d'or, que soutiennent douze caciques. Pizarre s'avance aussi à sa rencontre, et du haut d'un coursier qui l'élève au niveau du trône, il parle au Roi en ces mots :

Grand Prince, tu sais qui nous sommes, et plût au Ciel que le nom espagnol fût moins

fameux dans ce nouveau monde, puisqu'il ne
doit sa renommée qu'à d'horribles calamités.
Mais le reproche et la honte du crime ne doivent
tomber que sur le criminel, et si la renommée
l'a étendu sur l'innocent, elle est injuste, et
tu ne dois pas l'être. Si j'en croyais tes ennemis, je te regarderais comme le plus barbare
des tyrans ; mais tes amis m'ont répondu de
ton équité : je le crois ; traite-nous de même,
ou du moins, avant de nous juger, commence
à nous connaître, et ne fais pas retomber sur
nous les maux que nous n'avons pas faits.

Lorsque les Incas tes aïeux ont fondé cet
empire, et rangé sous leurs lois les peuples
de ce continent, ils leur ont dit : nous vous
apportons un culte, des arts et des lois qui
vous rendront meilleurs et plus heureux. Voilà
le titre de leur conquête. Ce titre est le mien,
et comme eux je m'annonce par des bienfaits.
Je n'aurai pas de peine à te persuader que
nous sommes supérieurs par l'industrie et les
lumières à tous les peuples de ce monde. Ce
sont les fruits de trois mille ans de travaux et
d'expérience dont nous venons vous enrichir.
Dans vos lois je ne changerai que ce que tu
croiras toi-même utile d'y changer pour le
bien de tes peuples ; et ces lois et l'autorité
qui en est l'appui resteront dans tes mains ; tes

peuples n'auront pas le malheur de perdre un
bon roi. Protégé par le mien, tu seras son
ami, son allié, son tributaire, et ce tribut léger
pour toi n'est que le partage d'un bien que vous
prodigue la nature, et qu'elle nous a refusé. En
échange de l'or, nous vous apportons le fer,
présent inestimable, et pour vous mille fois
plus utile et plus précieux. Nos fruits, nos
moissons, nos troupeaux, ces richesses de nos
climats; des animaux, les uns délicieux au goût,
servant de nourriture à l'homme, les autres à
la fois robustes et dociles, faits pour partager
ses travaux; les productions de nos arts, qui
font le charme de la vie, des secrets pour aider
nos sens et pour multiplier nos forces, des
secrets pour guérir ou pour soulager nos
maux; mille larcins que l'homme industrieux
a faits à la nature, mille découvertes nouvelles
pour subvenir à ses besoins, pour ajouter à ses
plaisirs; voilà ce que je te promets en échange
de ce métal, de cette poussière brillante dont
vous êtes assez heureux pour ne pas sentir le
besoin. Inca, tel est l'accord paisible et le
commerce mutuel que mon maître Charles
d'Autriche, puissant monarque d'Orient, m'a
chargé de t'offrir.

Matignon au Connétable Charles de Bourbon.

(Mézerai, *Histoire de France*, François Ier.)

Discours remarquable par la noblesse des sentimens, la véhémence et l'énergie du style. Il est très-ingénieux d'avoir paru ne s'adresser d'abord qu'aux mauvais conseillers du connétable, pour s'autoriser ensuite à tonner contre ses coupables desseins.

———

Argument. Le connétable de Bourbon, aigri par les persécutions de la régente, mère de François Ier, se laissa entraîner au coupable dessein de négocier avec les ennemis de la France. Quoiqu'il tînt ses menées secrètes, Matignon, gentilhomme qui lui était très-attaché, les découvrit. Il voulut cependant, avant de rien révéler, tenter de détourner le connétable de ce précipice. Il alla le trouver et lui dit :

Si la fidélité que je vous ai toujours témoignée par mes très-humbles services, et qu'il vous a plu honorer de tant de récompenses, mérite d'être écoutée en vos propres intérêts, je ne puis plus vous céler, Monseigneur, qu'il est étrange que ceux qui projettent de certains traités secrets, sous couleur de fidélité et d'affection, hasardent ainsi votre honneur et votre

personne pour se rendre considérables au dé
savantage de leur maître. Je sais bien qu'i
n'importe guère à des gens qui n'ont plus n
conscience ni foi de ruiner leur patrie, et d
bouleverser un royaume où ils ne sont poin
considérés. Mais quelqu'un de vos bons ser
viteurs peut-il souffrir que leurs intrigues s
fassent sous votre nom, et qu'ils engagent un
connétable et un prince du sang dans leur
attentats ? Voyez, s'il vous plaît, Monseigneur
de quelle affection ils sont portés à votre service, qu'ils veulent que l'appréhension de perdre une partie de vos biens (1) vous les fass
tous perdre ; que vous quittiez la France pou
vous venger d'une injure que vous n'avez poin
encore reçue, et que vous preniez la fuite devant une femme, de peur de lui céder. Certes,
ils vous offensent bien plus que ne font vos
ennemis même ; le procès qu'on a intenté contre vous ne saurait vous ôter que des terres ;
mais ces gens veulent vous ôter tout l'honneur
que les âmes nobles estiment plus que tous
les sceptres du monde ; la gloire que vos ancêtres vous ont laissée, et que vous avez portée
vous-même au plus haut point, en chassant

---

(1) La Régente lui avait intenté un procès pour la succession de la maison de Bourbon.

deux grands empereurs, l'un d'Italie (1), et l'autre des frontières de France (2); votre charge avec laquelle vous commandez aux armées victorieuses des Français; enfin les espérances de parvenir à la couronne, dont vous n'êtes éloigné que de trois degrés; et pour vous dédommager de toutes ces pertes irréparables, ils vous proposent, sous la foi espagnole, sous la parole d'un prince qui désavouera ses agens quand il lui plaira, un mariage peu assuré (3), dont la dot est une injuste guerre contre votre patrie, et les avances un honteux bannissement. Il est vrai que la Régente a fort mal traité votre Altesse, et qu'elle lui fait souffrir d'énormes injustices; mais quel déplaisir vous a fait la France, elle qui vous a si chèrement nourri, vous et vos ancêtres; elle qui vous a élevé dans un si haut éclat, et qui a rendu votre grandeur si puissante qu'elle peut aujourd'hui lui être funeste? Oui, Monseigneur, votre puissance est seule capable de la détruire; mais votre vertu est trop grande pour se rendre complice d'un si étrange dessein. Vous n'exposerez pas ce royaume en proie à ceux même

---

(1) Maximilien.

(2) Charles-Quint.

(3) Charles-Quint lui promettait sa sœur Eléonore, veuve du roi de Portugal.

contre lesquels vous l'avez vigoureusement défendu ; vous n'entreprendrez pas de ruiner un
héritage qui peut quelque jour vous apparte-
nir , pour le partager avec des étrangers ; vous
ne deviendrez pas le gendre des ennemis de
votre roi, dont vous êtes déjà le cousin , et
dont vous pouvez être le beau-frère. Au reste ,
comme sa Majesté est généreuse et magnanime , et que les offenses que vous avez souf-
fertes ne sont pas venues de son propre mouvement , il ne faut pas douter qu'elle les ré-
parera avec d'autant plus de générosité que
vous lui aurez témoigné de patience. Enfin , la
force du sang et la raison seront plus puissantes dans son esprit que les mauvais conseils ; un peu de constance vous fera triompher
de tous vos envieux ; et la justice de votre
cause , jointe à la gloire de vos belles actions,
l'obligera, malgré l'envie, à vous donner la
jouissance de tous vos souhaits. Mais quand le
Roi ne se porterait pas de lui-même à vous accorder ce que votre rang , votre souveraine
vertu et vos services lui demandent, assurez-
vous que la nécessité pressante de ses affaires
l'y forcera. Car si ses ennemis n'espèrent point
de le pouvoir surmonter sans votre moyen,
aussi ne leur saurait-il faire tête sans votre
invincible valeur.

Marie-Thérèse aux Hongrois.

(Voltaire, *Siècle de Louis XV*, chap. VI.)

Rapide et brillante énergie. Une reine illustre et trahie par la fortune devait parler avec cette concision éloquente.

Argument. Marie-Thérèse s'était vue obligée de fuir de Vienne, pressée par Frédéric III, roi de Prusse, et par Charles-Albert, électeur de Bavière ; elle se jette entre les bras des Hongrois, assemble les quatre ordres de l'Etat à Presbourg, et tenant entre ses bras son fils aîné, encore très-jeune, elle dit :

Abandonnée de mes amis, persécutée par mes ennemis, attaquée par mes plus proches parens, je n'ai de ressource que dans votre fidélité, dans votre courage et dans ma constance ; je mets en vos mains la fille et le fils de vos rois, qui attendent de vous leur salut.

~~~~~~

SECTION IV.

SUJETS CIVILS,

OU TIRÉS DES SITUATIONS DIVERSES DES PARTICULIERS.

———————

Philoclès à Hégésippe.

(Fénélon, *Télémaque*, liv. xiv.)

Ce discours d'un sage, qui voit de bien loin les illusions des grandeurs, respire un calme dont l'empreinte est marquée dans le style. C'est une éloquence douce, et en même temps persuasive et touchante.

———————

Argument. Idoménée avait méconnu la vertu de Philoclès, d'abord son ami, pour combler de ses faveurs Protésilas, qui en était indigne. Par les conseils de Mentor, Protésilas est disgracié, et Idoménée envoie un de ses principaux officiers dans l'île de Samos pour ramener Philoclès qu'il y avait exilé. Quand cet officier eut fait part à Philoclès des intentions du Roi, il n'obtint de lui que cette réponse :

Voyez-vous cette grotte, plus propre à cacher des bêtes sauvages qu'à être habitée par des hommes ? J'y ai goûté depuis tant d'années

plus de douceurs et de repos que dans les palais
dorés de l'île de Crète. Les hommes ne me trompent plus ; car je ne vois plus les hommes ; je
n'entends plus leurs discours flatteurs et em-
poisonnés ; je n'ai plus besoin d'eux ; mes mains
endurcies au travail me donnent facilement la
nourriture simple qui m'est nécessaire : il ne
me faut, comme vous voyez, qu'une légère
étoffe pour me couvrir. N'ayant plus de besoins, jouissant d'un calme profond et d'une
douce liberté, dont la sagesse de mes livres m'ap-
prend à faire un bon usage, qu'irais-je encore
chercher parmi les hommes jaloux, trompeurs
et inconstans ? Non, non, mon cher Hégésippe, ne m'enviez point mon bonheur. Protésilas s'est trahi lui-même, voulant trahir le
Roi et me perdre ; mais il ne m'a fait aucun
mal ; au contraire, il m'a fait le plus grand
des biens, il m'a délivré du tumulte et de la
servitude des affaires ; je lui dois ma chère
solitude et tous les plaisirs innocens que j'y
goûte.

Retournez, ô Hégésippe ! retournez vers le
Roi ; aidez-lui à supporter les misères de la
grandeur, et faites auprès de lui ce que vous
voudriez que je fisse. Puisque ses yeux, si
long-temps fermés à la vérité, ont été enfin
ouverts par cet homme sage que vous nommez

Mentor, qu'il le retienne auprès de lui. Pour moi, après mon naufrage, il ne me convient pas de quitter le port où la tempête m'a heureusement jeté, pour me remettre à la merci des flots. Oh! que les rois sont à plaindre! oh! que ceux qui les servent sont dignes de compassion! S'ils sont méchans, combien font-ils souffrir les hommes! et quels tourmens leur sont préparés dans le noir Tartare! S'ils sont bons, quelles difficultés n'ont-ils pas à vaincre! quels piéges à éviter! que de maux à souffrir! Encore une fois, Hégésippe, laissez-moi dans mon heureuse pauvreté.

Hégésippe à Philoclès.

(FÉNÉLON, *Télémaque*, liv. XIV.)

L'orateur s'adresse habilement à ce qui lui donne le plus de prise sur Philoclès ; sa sensibilité, et surtout son amour pour la pratique de la vertu. Peut-il attaquer plus sûrement un homme de bien qu'en lui prouvant qu'il a du bien à faire ?

ARGUMENT. Etonné de voir Philoclès refuser la faveur d'Idoménée et le premier rang à sa cour, Hégésippe met en œuvre pour le toucher les moyens qu'il juge les plus puissans sur son cœur.

ÊTES-vous donc insensible au plaisir de revoir vos proches et vos amis, qui soupirent après votre retour, et que la seule espérance de vous embrasser comble de joie ? Mais vous, qui craignez les dieux et qui aimez votre devoir, comptez-vous pour rien de servir votre roi, de l'aider dans tous les biens qu'il veut faire, et de rendre tant de peuples heureux ? Est-il permis de s'abandonner à une philosophie sauvage, de se préférer à tout le genre-humain, et d'aimer mieux son repos que le bonheur de ses concitoyens ? Au reste, on

croira que c'est par ressentiment que vous ne
voulez plus voir le Roi : s'il vous a voulu faire
du mal, c'est qu'il ne vous a point connu. Ce
n'était pas le véritable, le bon, le juste Philoclès qu'il a voulu faire périr ; c'était un
homme bien différent qu'il voulait punir.
Mais maintenant qu'il vous connaît et qu'il ne
vous prend plus pour un autre, il sent toute
son ancienne amitié revivre dans son cœur :
il vous attend ; déja il vous tend les bras pour
vous embrasser ; dans son impatience, il compte les jours et les heures. Aurez-vous le cœur
assez dur pour être inexorable à votre roi et à
tous vos plus tendres amis ?

Séthos au Général phénicien et au Roi de la Taprobane (1).

(TERRASSON, *Séthos*, liv. vi.)

Noblesse et simplicité. Ce prisonnier, qui dicte ses jugemens à des rois, parle avec la dignité sans emphase qui convient à sa situation et à son caractère.

ARGUMENT. Séthos, laissé pour mort sur un champ de bataille, avait été vendu aux Phéniciens. Ceux-ci ayant eu une guerre contre les rois de la Taprobane, qui se plaignaient de la cruauté de Phélétès, gouverneur d'une colonie phénicienne dans leur île, Séthos contribua puissamment à une grande victoire remportée sur ces rois. Comme la réputation de sa sagesse s'était répandue, les princes firent demander une conférence au général phénicien, et promirent de s'en rapporter à la décision de Séthos. Quand on fut rassemblé, il parla en ces termes :

La fortune de la guerre m'a fait tomber entre les mains des Phéniciens, et ce qu'ils ne savent pas, quoique depuis ma captivité ils ne m'aient jamais perdu de vue, mon choix seul m'a mis à leur suite. J'ai lieu de me louer des égards qu'ils ont bien voulu

---

(1) L'île de Ceylan.

avoir pour moi, et qui sont fort au-dessus de la
condition sous laquelle je me suis moi-même
présenté à eux. Je ne me vanterai point d'a-
voir payé leurs bontés par les services que
je leur rendis hier dans le combat naval
qu'ils gagnèrent sur les rois de la Taprobane :
ces services deviennent involontaires en ce
moment. L'estime que j'ai conçue pour le
commandant phénicien et pour les officiers
qui l'accompagnent, me fait croire qu'ils dé-
savouent eux-mêmes leur victoire. Leur attaque, du moins, à laquelle je confesse avoir
beaucoup contribué, n'a été fondée de leur
part et de la mienne que sur l'ignorance où
nous étions tous du véritable état de la dispute.
Mais avant qu'Astarte (1) nous découvre sa
résolution sur cette affaire maintenant connue, je ne laisserai pas échapper l'occasion de
découvrir moi-même ce qu'on peut attendre
de moi dans toute la suite de ma vie : les dieux,
en me rendant captif, ont augmenté la liberté
de mon âme ; et la privation de tous les biens
de la fortune m'attache plus étroitement à
l'amour de la vertu et de la justice. J'ai agi
contre vous, ô rois de la Taprobane ! lorsque
j'ai cru que vous aviez exterminé les Phéni-

---

(1) Le général phénicien.

ciens de votre île, dont nous n'avions vu paraître aucun avant le combat. Je décide contre
vous, ô Phéniciens! jusqu'à ce que vous ayez
puni le traître qui a réellement commis, à
l'égard des insulaires, le crime dont je les
croyais coupables à votre égard.

Philoctète à Néoptolème (1).

(Fénélon, *Télémaque*, liv. xv.)

Cette prière me paraît d'une éloquence sublime. Philoctète ne s'occupe pas à peindre ce qu'il souffre ; il en donne une affreuse idée par l'humilité de ses supplications. Remarquons aussi qu'il conserve sa dignité en faisant un devoir à Néoptolème d'être généreux.

Argument. L'adroit Ulysse avait déterminé le fils d'Achille a l'accompagner dans l'île de Lemnos , pour engager Philoctète à retourner au camp des Grecs ; car les dieux avaient attaché la prise de Troie à la possession des flèches d'Hercule. Néoptolème paraît donc seul devant Philoctète , et lui fait accroire qu'il a comme lui à se plaindre des Atrides. Puis il feint de vouloir repartir sans lui pour l'île de Scyros. Philoctète , dans l'égarement de sa douleur , lui adresse cette prière :

O mon fils ! je te conjure par les mânes de ton père, par ta mère, par tout ce que tu as de plus cher sur la terre, de ne me laisser pas seul dans les maux que tu vois. Je n'ignore pas combien je te serai à charge. Mais il y au-

---

(1) Le même que Pyrrhus , fils d'Achille.

fait de la honte à m'abandonner. Jette-moi à
la proue, à la poupe, dans la sentine même,
par-tout où je t'incommoderai le moins. Il n'y
a que les grands cœurs qui sachent combien il
y a de gloire à être bon. Ne me laisse pas dans
un désert où il n'y a aucun vestige d'hommes;
mène-moi dans ta patrie ou dans l'Eubée, qui
n'est pas loin du mont OEta, de Trachine et
des bords agréables du fleuve Sperchius : rends-
moi à mon père. Hélas! je crains qu'il ne soit
mort : je lui avais mandé de m'envoyer un
vaisseau. Ou il est mort, ou bien ceux qui m'a-
vaient promis de lui dire ma misère ne l'ont
pas fait. J'ai recours à toi, ô mon fils! souviens-toi de la fragilité des choses humaines :
celui qui est dans la prospérité doit craindre
d'en abuser, et secourir les malheureux.

L'Évêque Flavien à Théodose.

(Lebeau, *Histoire du Bas Empire*, liv. xxiii.)

Discours très-bien composé dans toutes ses parties. C'est d'abord un habitant d'Antioche qui parle. Le saint évêque s'identifie avec les coupables dont il demande le pardon. Bientôt il se souvient de son ministère; il cherche à suggérer au prince des sentimens de douceur et de clémence dignes d'un Chrétien. Enfin, il parle, il commande presque au nom du Ciel dont il est l'organe. Le style périodique convenait ici, comme dans le discours *pro Marcello* de l'orateur romain.

Argument. Un impôt extraordinaire, justifié par les circonstances où se trouvait l'Etat, soulève les habitans d'Antioche. Ils se portent aux plus coupables excès et n'épargnent pas même les statues de l'empereur Théodose. Tout-à-coup ils passent de la fureur au repentir; les lois reprennent leur force, les plus criminels sont punis. Mais ceux qui restaient attendaient avec effroi ce que déciderait le prince. L'évêque Flavien part dans le dessein de l'apaiser et de sauver la ville. Il se présente devant l'Empereur, qui lui rappelle tout ce qu'il a fait pour l'ingrate Antioche. Flavien lui répond ainsi d'une voix entrecoupée de sanglots :

Prince, notre ville infortunée n'a que trop de preuves de votre amour, et ce qui faisait sa gloire fait aujourd'hui sa honte et notre douleur. Détruisez-la jusqu'aux fondemens, réduisez-la en cendres, faites périr jusqu'à nos enfans par le tranchant de l'épée; nous méritons encore de plus sévères châtimens; et toute la terre, épouvantée de notre supplice, avouera cependant qu'il est au-dessous de notre ingratitude. Nous en sommes même déjà réduits à ne pouvoir être plus malheureux. Accablés de votre disgrâce, nous ne sommes plus qu'un objet d'horreur. Nous avons dans votre personne offensé l'univers entier; il s'élève contre nous plus fortement que vous-même. Il ne reste à nos maux qu'un seul remède : imitez la bonté de Dieu outragé par ses créatures : il leur a ouvert les cieux. J'ose le dire, grand prince, si vous nous pardonnez, nous devrons notre salut à votre indulgence; mais vous devrez à notre offense l'éclat d'une gloire nouvelle; nous vous aurons, par notre attentat, préparé une couronne plus brillante que celle dont Gratien a orné votre tête : vous ne la tiendrez que de votre vertu. On a détruit vos statues. Ah! qu'il vous est facile d'en rétablir qui soient infiniment plus précieuses! Ce ne seront pas des statues muettes et fragiles, exposées dans les places aux caprices et aux injures : ouvrages de la

clémence, et aussi immortelles que la vertu
même, celles-ci seront placées dans tous les
cœurs, et vous aurez autant de monumens
qu'il y a d'hommes sur la terre et qu'il y en
aura jamais. Non, les exploits guerriers, les
trésors, la vaste étendue d'un empire ne pro-
curent pas aux princes un honneur aussi pur
et aussi durable que la bonté et la douceur.
Rappelez-vous les outrages que des mains séditieuses firent aux statues de Constantin, et
les conseils de ses courtisans, qui l'excitaient
à la vengeance. Vous savez que ce prince,
portant alors la main à son front, leur répondit en souriant : *rassurez-vous, je ne suis
point blessé.* On a oublié une grande partie
des victoires de cet illustre empereur ; mais
cette parole a survécu à ses trophées ; elle sera
entendue des siècles à venir ; elle lui méritera
à jamais les éloges et les bénédictions de tous
les hommes. Qu'est-il besoin de vous mettre
sous les yeux des exemples étrangers ? il ne
faut vous montrer que vous-même. Souvenez-
vous de ce soupir généreux que la clémence
fit sortir de votre bouche lorsque, aux approches de la fête de Pâques, annonçant, par
un édit, aux criminels leur pardon et aux prisonniers leur délivrance, vous ajoûtates : *que
n'ai-je aussi le pouvoir de ressusciter les*

morts ! Vous pouvez faire aujourd'hui ce mi-
racle. Antioche n'est plus qu'un sépulcre ; ses
habitans ne sont plus que des cadavres ; ils
sont morts avant le supplice qu'ils·ont mérité : vous pouvez d'un seul mot leur rendre la
vie. Les Infidèles s'écrieront : *qu'il est grand*
le Dieu des Chrétiens ! des hommes, il en sait
faire des anges ; il les affranchit de la ty-
rannie de la nature. Ne craignez pas que notre impunité corrompe les autres villes : hélas ! notre sort ne peut qu'effrayer. Tremblans
sans cesse, regardant chaque nuit comme la
dernière, chaque jour comme celui de notre
supplice ; fuyant dans les déserts, en proie
aux bêtes féroces ; cachés dans les cavernes,
dans les creux des rochers, nous donnons
au reste du monde l'exemple le plus funeste.
Détruisez Antioche ; mais détruisez-la comme
le Tout-Puissant détruisit autrefois Ninive ;
effacez notre crime par le pardon ; anéantissez
la mémoire de notre attentat, en faisant naître
l'amour et la reconnaissance. Il est aisé de
brûler des maisons, d'abattre des murailles ;
mais de changer tout-à-coup des rebelles en
sujets fidèles et affectionnés, c'est l'effet d'une
vertu divine. Quelle conquête une seule parole peut vous procurer ! elle vous gagnera
les cœurs de tous les hommes. Quelle récom-

pense vous recevrez de l'Éternel! il vous tiendra compte non-seulement de votre bonté, mais aussi de toutes les actions de miséricorde que votre.exemple produira dans la suite des siècles. Prince invincible, ne rougissez pas de céder à un faible vieillard, après avoir résisté aux prières de vos plus braves officiers ; ce sera céder au souverain des empereurs, qui m'envoie pour vous présenter l'Évangile et vous dire : *si vous ne remettez pas les offenses commises contre vous, votre père céleste ne vous remettra pas les vôtres*. Représentez-vous ce jour terrible dans lequel les princes et les sujets comparaîtront au tribunal de la suprême justice, et faites réflexion que toutes vos fautes seront alors effacées par le pardon que vous aurez accordé. Pour moi, je vous le proteste, grand prince, si votre juste indignation s'apaise, si vous rendez à notre patrie votre bienveillance, j'y retournerai avec joie; j'irai bénir avec mon peuple la bonté divine et célébrer la vôtre. Mais si vous ne jetez plus sur Antioche que des regards de colère, mon peuple ne sera plus mon peuple; je ne le reverrai plus. J'irai dans une retraite éloignée cacher ma honte et mon affliction ; j'irai pleurer, jusqu'à mon dernier soupir, le malheur d'une ville qui aura rendu implacable à son égard le plus humain et le plus doux de tous les princes.

~~~~~~~~~~~~~~~~

Monologue de Télémaque.

(Fénélon, *Télémaque*, liv. xviii.)

Dans ce monologue, l'expression de la piété filiale est pleine de naturel et de vivacité. C'est un héros qui ne craint pas de descendre aux enfers comme Hercule; c'est un fils dont le courage est doublé par l'espérance de revoir encore une fois son père.

———

Argument. L'image d'Ulysse, et d'Ulysse heureux et plein de joie apparaissait toujours à Télémaque dans ses songes. Mais il s'attristait de ces images si agréables; il s'écriait :

O mon père ! ô mon cher père Ulysse ! les songes les plus affreux me seraient plus doux ! Ces images de félicité me font comprendre que vous êtes déjà descendu dans le séjour des âmes bienheureuses que les dieux récompensent de leurs vertus par une éternelle tranquillité. Je crois voir les Champs-Elysées. Oh ! qu'il est cruel de n'espérer plus ! Quoi donc ! ô mon cher père! je ne vous verrai jamais ? Jamais je n'embrasserai celui qui m'aimait tant, et que je cherche avec tant de peines ! Jamais je n'entendrai parler cette bouche d'où sortait la sagesse ! Jamais je ne baiserai ces mains , ces chères mains , ces mains victorieuses qui ont abattu tant d'ennemis ! Elles ne puniront point les insensés amans de Pénélope , et Ithaque ne se relèvera jamais de sa ruine ! O dieux ennemis de mon père ! vous m'envoyez ces songes funestes pour arracher toute espérance de mon cœur : c'est m'arracher la vie. Non , je ne puis plus vivre dans cette incertitude. Que dis-je ? hélas ! je ne suis que trop certain que mon père n'est plus. Je vais chercher son ombre jusque dans les enfers. Thésée y est bien descendu; Thésée, cet impie qui voulait outrager les divinités infernales ; et moi, j'y vais conduit par la piété. Hercule y descendit : je ne suis point Hercule, mais il est beau d'oser l'imiter. Orphée a bien touché, par le récit de ses malheurs, le cœur de ce dieu qu'on peint comme inexorable. Il obtint de lui qu'Eurydice retournerait parmi les vivans. Je suis plus digne de compassion qu'Orphée ; car ma perte est plus grande. Qui pourrait comparer une jeune fille, semblable à tant d'autres , avec le sage Ulysse admiré de toute

la Grèce ? Allons, mourons s'il le faut. Pourquoi craindre la mort quand on souffre tant
dans la vie ? O Pluton ! ô Proserpine ! j'éprou-
verai bientôt si vous êtes aussi impitoyables
qu'on le dit ! O mon père ! après avoir par-
couru en vain les terres et les mers pour vous
trouver, je vais voir si vous n'êtes point dans
la sombre demeure des morts. Si les dieux me
refusent de vous posséder sur la terre et à la
lumière du soleil, peut-être ne me refuseront-
ils pas de voir au moins votre ombre dans le
royaume de la nuit.

Véturie à Coriolan.

(Vertot, *Révolutions romaines*, liv. II.)

Ce discours est marqué d'un tout autre caractère que celui de Tite-Live sur le même sujet. Là c'est Véturie indignée; ici c'est Véturie suppliante. On voit une Romaine dans Tite-Live; ici on voit une mère; ses paroles sont touchantes et affectueuses. C'est pour Rome qu'elle prie; mais elle n'oublie pas que sa prière s'adresse à un fils.

ARGUMENT. Véturie, mère de Coriolan, vaincue par les sollicitations des dames romaines, se rend avec elles au camp des Volsques pour conjurer son fils d'épargner sa patrie. Comme ses raisons paraissaient balancées dans le cœur de Coriolan par la haine et le désir de la vengeance, elle s'écria:

Pourquoi ne me réponds-tu point, mon fils? Méconnais-tu ta mère? As-tu oublié les soins que j'ai pris de ton enfance? Et toi, qui ne fais la guerre que pour te venger de l'ingratitude de tes concitoyens, peux-tu, sans te noircir du même crime que tu veux punir, refuser la première grâce que je t'aie jamais demandée? Si j'exigeais que tu trahisses les Volsques, qui t'ont reçu si généreusement, tu aurais un juste sujet de rejeter une pareille proposition. Mais Véturie est incapable de proposer rien de lâche à son fils, et ta gloire m'est encore plus chère que ma propre vie. Je te demande seulement que tu éloignes tes troupes des murailles de Rome. Accorde-nous une trève d'un an, pendant laquelle on puisse travailler à établir une paix solide. Je t'en conjure, mon fils, par Jupiter tout bon et tout-puissant, qui préside au Capitole, par les mânes de ton père et de tes ancêtres. Si mes prières et mes larmes ne sont pas capables de te fléchir, vois ta mère à tes pieds qui te demande le salut de ta patrie.

Télémaque à Idoménée.

(FÉNÉLON, *Télémaque*, liv. XXIII.)

Aimable naïveté dans les sentimens ; douceur, précision dans le style.

ARGUMENT. Lorsque Mentor eut annoncé à Télémaque qu'il fallait retourner dans sa patrie, Idoménée cherchait à le retenir, mais en vain ; aux prières du roi de Salente, Télémaque répondit d'une voix troublée et timide :

Je ne suis point à moi ; les destinées me rappellent dans ma patrie. Mentor, qui a la

sagesse des dieux, m'ordonne en leur nom
de partir. Que voulez-vous que je fasse ? Re-
noncerai-je à mon père, à ma mère, à ma
patrie, qui me doit être encore plus chère
qu'eux. Étant né pour être roi, je ne suis pas
destiné à une vie douce et tranquille, ni à
suivre mes inclinations. Votre royaume est
plus riche et plus puissant que celui de mon
père ; mais je dois préférer ce que les dieux
me destinent à ce que vous avez la bonté de
m'offrir. Je me croirais heureux si j'avais An-
tiope (1) pour épouse sans espérance de votre
royaume ; mais, pour m'en rendre digne, il
faut que j'aille où mes devoirs m'appellent,
et que ce soit mon père qui vous la demande pour moi. Ne m'avez-vous pas promis
de me renvoyer à Ithaque ? N'est-ce pas sur
cette promesse que j'ai combattu pour vous
contre Adraste avec les alliés ? Il est temps que
je songe à réparer mes malheurs domestiques.
Les dieux, qui m'ont donné à Mentor, ont
aussi donné Mentor au fils d'Ulysse pour lui
faire remplir ses destinées. Voulez-vous que
je perde Mentor après avoir perdu tout le
reste ? Je n'ai plus ni bien, ni retraite, ni
père, ni mère, ni patrie assurée ; il ne me

----

(1) Princesse de Salente, fille d'Idoménée.

reste qu'un homme sage et vertueux, qui est
le plus précieux don de Jupiter. Jugez vous-
même si je puis y renoncer, et consentir qu'il
m'abandonne. Non, je mourrais plutôt. Arra-
chez-moi la vie; la vie n'est rien; mais ne
m'arrachez pas Mentor.

MENTOR à Idoménée.

(FÉNÉLON , *Télémaque* , liv. XXIII.)

Il y a dans le ton de ce discours un mélange
d'affection et d'autorité. L'ami sage et austère paraît toujours ; mais la divinité se laisse déjà entrevoir, et semble se trahir elle-même.

ARGUMENT. Idoménée ne se consolait pas de voir Télémaque résolu à quitter Salente. Ne pouvant rien répondre à ses raisons, il tâchait, par ses regards et par ses
gestes, de lui faire pitié. Dans ce moment il vit paraître
Mentor, qui lui dit ces graves paroles :

NE vous affligez point ; nous vous quit-
tons, mais la sagesse qui préside aux conseils
des dieux demeurera sur vous: croyez seulement que vous êtes trop heureux que Jupiter
nous ait envoyés ici pour sauver votre royaume,

et pour vous ramener de vos égaremens. Philoclès, que nous vous avons rendu, vous servira fidèlement; la crainte des dieux, le goût de la vertu, l'amour des peuples, la compassion pour les misérables seront toujours dans son cœur. Écoutez-le, servez-vous de lui avec confiance et sans jalousie. Le plus grand service que vous puissiez en tirer est de l'obliger à vous dire tous vos défauts sans adoucissement; voilà en quoi consiste le plus grand courage d'un bon roi, que de chercher (1) de vrais amis qui lui fassent remarquer ses fautes: pourvu que vous ayez ce courage, notre absence ne vous nuira point, et vous vivrez heureux. Mais si la flatterie, qui se glisse comme un serpent, retrouve un chemin jusqu'à votre cœur pour vous mettre en défiance contre les conseils désintéressés, vous êtes perdu. Ne vous laissez point abattre mollement à la douleur, mais efforcez-vous de suivre la vertu. J'ai dit à Philoclès tout ce qu'il doit faire pour vous soulager, et pour n'abuser jamais de votre confiance; je puis vous répondre de lui; les dieux vous l'ont donné comme ils m'ont donné à

---

(1) Tournure vieillie. On dirait aujourd'hui : c'est à chercher, etc., que consiste le plus grand courage d'un bon roi.

Télémaque. Chacun doit suivre courageusement sa destinée; il est inutile de s'affliger. Si
jamais vous aviez besoin de mon secours, après
que j'aurai rendu Télémaque à son père et à
son pays, je reviendrai vous voir. Que pourrais je faire qui me donnât un plaisir plus sensible? Je ne cherche ni bien ni autorité sur la
terre; je ne veux qu'aider ceux qui cherchent
la justice et la vertu. Pourrais-je oublier jamais la confiance et l'amitié que vous m'avez
témoignées ?

Strafford à ceux qui l'entourent.

(Lally-Tollendal, *Vie de T. Wentworth, comte de Strafford*, trad. de l'angl.)

On reconnaît à ce discours un homme dont le cœur est ulcéré par l'injustice et par un affront public, mais qui respecte cependant le prince abusé qui le frappe. Tout son ressentiment porte sur ses calomniateurs. Simplicité, noblesse, énergie, ironie amère et profonde.

Argument. Charles Ier avait nommé Strafford shériff (1) du comté d'York, et en même temps garde des archives. Ses ennemis, par leurs intrigues, réussirent à lui faire ôter cette dernière charge, et le message qui l'en dépouillait lui fut remis lors même qu'il tenait la Cour du comté et en pleine séance. A peine l'a-t-il lu, qu'il adresse ces paroles à ceux qui l'environnent :

Milords et Messieurs, la dépêche que vous voyez dans mes mains, que je viens de recevoir au milieu de vous en pleine séance, est un ordre de sa Majesté qui me dépouille de la place de garde des archives du comté. J'obéirai loyalement et sans peine. J'aurais désiré

---

(1) Le premier magistrat du comté. Il est à la fois juge, administrateur et collecteur des impositions de tous genres.

cependant que ceux qui prétendent à ma dépouille pussent prendre patience encore quelques instans ; qu'ils me laissassent au moins
descendre de mon tribunal et lever la cour.
La place est mal choisie, le théâtre mal préparé pour y étaler la scène d'une si orgueil-
leuse bassesse et d'une si méprisable insulte.
Mais puisque leur petite haine a eu besoin de
me marquer du sceau de la disgrâce à la face
de tout le comté, je demande qu'à la face de
tout le comté, il me soit permis d'en effacer
l'impression ; que ma vengeance soit aussi éclatante pour vous qu'elle est facile pour moi ;
car, je le déclare, je ne voudrais pas survivre
à l'estime d'un seul honnête homme d'entre
vous, à ce sentiment précieux de l'estime qui
est tout pour moi, tandis que d'autres en tiennent si peu de compte.

Peu de mots me suffiront. J'ai pendant plusieurs années servi le feu roi d'heureuse mémoire, le roi régnant, et cette province, soit
dans les cours de justice, soit dans les offices
de paix et les conseils d'administration. J'ai eu
l'honneur d'être député au parlement aussi
souvent qu'homme de mon âge ; et, sans l'avoir
recherché, je me suis vu élevé à la dignité de
shérif. Avec la faveur du Ciel, la seule devant laquelle je consente à m'humilier, je porte

le défi à tous mes calomniateurs ; et je suis
prêt à justifier, en dépit de tous leurs mensonges, au péril de ma vie s'il le faut, que je ne
me suis jamais écarté un seul instant des routes de la fidélité et de la loyauté envers mon
souverain ; qu'en même temps je n'ai jamais
violé le dépôt sacré dont j'étais comptable à
mon pays ; et que, parmi les plus simples citoyens, il ne s'en trouvera pas un qui dise ou
que je l'ai blessé sous le masque de la justice, ou que je l'ai écrasé sous le poids du
pouvoir.

Que la honte soit donc à celui qui la mérite ;
car, pour moi, je suis bien assuré de trouver
toujours au fond de mon cœur ce calme raisonné que j'y trouvais auparavant. On peut
bien croire que je sais par quels moyens je
conserverais ma place ; mais, en vérité, ce serait la payer trop cher ; je la quitte sans regret,
n'ayant encore la conscience ni d'aucune faute
en moi, ni d'aucune vertu en mon successeur, qui aient pu motiver l'acte qui m'en a
dépouillé.

Paroles des habitans de Calais.

(Mézerai , *Histoire de France* , Philippe de Valois.)

Mouvemens naturels et qui partent de l'âme. Style un peu négligé , mais vif et énergique.

————

Argument. Edouard III , roi d'Angleterre , irrité de la longue résistance des habitans de Calais , assiégés par ses armes , leur ordonna de lui livrer six des principaux d'entre eux , la corde au cou , pour qu'il disposât à son gré de leur sort. A cette demande , les habitans se livrèrent au désespoir ; ils s'écriaient en s'embrassant les uns les autres :

Faut-il donc qu'on nous force d'exposer nous mêmes nos citoyens à la mort , que nous livrions aux bourreaux ceux qui ont le plus courageusement défendu notre liberté ? Nous contraindra-t-on encore de les étrangler ? Qui saurions nous nommer au supplice que de nos parens , de nos amis , de nos voisins ? Ne veut-on nous donner la vie et la liberté qu'après que nous aurons commis une telle impiété ? S'il n'y a point d'autre moyen de nous sauver que celui-là , périssons tous innocens ; mourons sur les sépulcres de nos pères ; que l'ennemi de la France n'ait point la gloire de nous

avoir vaincus, ni nous le déshonneur d'avoir
voulu survivre à l'ignominie de nos compatriotes : aussi-bien qu'avons-nous plus que faire
de la vie si nous n'avons plus où ni de quoi
la conserver ? Quel autre pays nous recevra
après que nous aurons livré nos citoyens au
supplice ? Voilà ceux, dira-t-on, en nous
voyant fugitifs par la France, voilà ceux qui
ont mis la corde au cou à leurs pères, à leurs
oncles, à leurs frères. Ah ! n'allons point ainsi
traîner notre misère parmi le monde; finis-
sons-la dans cette ville que nous avons défendue un an durant, et qu'il soit dit à notre
gloire que l'Anglais n'a pu nous en mettre
dehors tandis que nous avons été vivans.

EUSTACHE DE ST.-PIERRE à ses concitoyens.

(MÉZERAI, *Histoire de France*, Philippe de Valois.)

L'énergie et la naïveté des tournures, et le mouvement imprimé au style, expriment très-bien dans ce morceau le généreux abandon de la vie, et le dévouement facile d'un bon citoyen à son pays.

———

ARGUMENT. Eustache de Saint-Pierre, le plus riche bourgeois de Calais, répondit aux plaintes de ses concitoyens désolés :

NON, non, il ne faut pas perdre tant de milliers de personnes par un désespoir ; nous serions bien plus coupables d'en faire mourir cinquante mille de langueur et de faim que d'en livrer seulement six dont la mort ne saurait être imputée qu'à la cruauté de notre ennemi. Mais si vous me demandez qui seront les six hommes qui voudront avoir la gloire de mourir pour leur patrie, je fournirai le premier, moi, je serai l'un de ceux-là ; et si, par les tourmens les plus cruels, Édouard voulait compenser sur moi la mort des cinq autres, je ne souffrirais pas seulement la corde, mais la roue, les tenailles et le feu. En une si

belle occasion la mort n'est pas un supplice,
c'est un honneur immortel que tous les gens
de cœur doivent briguer pour la récompense
de leurs belles actions. Eh bien! mes amis,
n'y-a-t-il point, parmi tant de braves gens qui
l'ont si souvent affrontée, encore cinq hommes
qui la veuillent venir défier avec moi? Je parle
aux plus généreux : comme leur courage et
leur résistance a mis cette multitude d'innocens au péril où elle est à cette heure, c'est
aussi à leur courage et à leur constance de la
sauver.

Le Prince Edouard à un gentilhomme écossais.

(Voltaire, *Siècle de Louis XV*, chap. xxv.)

.Ces mots historiques caractérisent une âme supérieure à la bonne et à la mauvaise fortune. Le contraste qu'ils renferment est sublime dans sa simplicité.

Argument. Le prince Charles - Edouard, fils de Jacques III, prétendant à la couronne d'Angleterre, avait vu échouer ses efforts héroïques pour replacer son père sur le trône qu'occupait alors George Ier. Poursuivi par ses ennemis et pressé par la faim, il se hasarde d'entrer dans une maison dont il savait bien que le maître n'était pas de son parti. Il lui dit :

Le fils de votre roi vient vous demander du pain et un habit. Je sais que vous êtes mon ennemi; mais je vous crois assez de vertu pour ne pas abuser de ma confiance et de mon malheur. Prenez les misérables vêtemens qui me couvrent (1), gardez-les; vous pourrez me les apporter un jour dans le palais des rois de la Grande-Bretagne.

----

(1) Il avait été réduit à prendre les habits d'une servante.

François Ier aux Rochelois.

(GAILLARD, *Histoire de François Ier*, liv. VI.)

Ce discours est très-touchant, et plein d'une effusion sans réserve. La noble confiance d'un bon prince dans ses sujets, qu'il appelle ses enfans, y est peinte avec une vérité naïve. Il rappelle les discours du bon Henri.

ARGUMENT. Les dépenses nécessaires de la guerre avaient engagé François 1er à établir un impôt extraordinaire sur le sel. Mais la Rochelle, fière de ses priviléges, que le Roi, à son sacre, avait juré de maintenir, refusa de payer ce droit, chassa et maltraita les commissaires chargés de le lever. François Ier, résolu de se faire obéir, se rend lui-même à la Rochelle, environné d'une garde formidable. Alors la sédition s'apaise et le repentir succède. Les habitans implorent la clémence du Roi sans l'espérer. François, tout ému, leur répond :

NE parlons plus de révolte; oubliez celle-ci comme je l'oublie : je ne vois ici que mes enfans ; n'y voyez que votre père. Oui, je vous fais grâce; je la fais pleine, entière, sans conditions, sans restrictions. Vous ne l'achèterez ni par le sacrifice d'aucun de vos concitoyens, ni par la perte d'aucun de vos priviléges. Malheur à moi si mon passage dans ces lieux devenait une époque funeste. Je ne suis pas venu pour vous affliger, mais pour vous ramener au bonheur par le devoir, qui seul peut le rendre pur et solide. Que mon rival barbare se soit plu à répandre le sang de ses sujets, à opprimer les malheureux Gantois (1), ce sont là des plaisirs dignes de lui : il n'en est qu'un pour moi, celui d'avoir retrouvé vos cœurs. Que l'amour soit désormais le seul lien qui nous unisse, le seul ciment de ma puissance : elle me serait odieuse si elle n'était chère à mes peuples. Que tous vos prisonniers soient à l'instant délivrés ; reprenez vos clefs, reprenez vos armes ; vous savez désormais l'usage que vous en devez faire. Jouissez en paix de vos priviléges ; vous ne haïrez point celui qui vous les a rendus. Que cette garde étrangère (2), qui peut encore blesser les yeux de mes enfans, s'éloigne et me laisse entre leurs mains : je ne veux être gardé que par eux.

Ce jour, qui m'a rendu leurs cœurs, qui leur a fait connaître leur intérêt et mon amour,

---

(1) Dans une occasion semblable, Charles-Quint avait puni une révolte des Gantois par le désarmement des habitans, l'abolition de leurs priviléges et la mort des plus séditieux.

(2) Il était venu accompagné d'une garde de Lansquenets.

est le plus beau jour de ma vie. Qu'il soit cé-
lébré par le son de toutes vos cloches, par des
feux de joie, et surtout allons rendre à Dieu,
qui nous a réunis, de solennelles actions de
grâce.

LE MISSIONNAIRE BOUCHET au prince de Catalour.

(LETTRES ÉDIFIANTES, *Mémoires des Indes.*)

Heureuse disposition dans les idées ; d'abord
les titres acquis à la reconnaissance du prince,
et ensuite le contraste de son ingratitude. Diction forte, simple et précise.

ARGUMENT. Le prince de Catalour inquiéta't les Chrétiens fixés dans sa province, sans oser les persécuter ou-
vertement, parce qu'ils étaient protégés par le gouverneur-général du pays. Enfin, le missionnaire Bouchet,
fatigué de sa mauvaise foi et de ses vaines promesses,
lui dit :

C'EN est trop, Seigneur ; jusqu'ici je n'ai
rien omis pour gagner votre affection. La
grande peuplade que ma présence a formée
a fort grossi vos revenus ; vous tirez des droits
considérables des marchands que le concours
des Chrétiens attire sur vos terres ; chaque fête

que je célèbre est marquée par les présens
que je vous envoie. C'est peu de chose, il est
vrai ; mais ce peu est conforme à la pauvreté
dont je fais profession. Que pouvez-vous me
reprocher ? N'ai-je pas soin d'entretenir les
peuples dans l'obéissance et la soumission
qu'ils vous doivent ? Y en a-t-il un seul parmi
les Chrétiens dont vous ayez sujet de vous
plaindre, et, dans l'occasion, ne sont-ce pas
vos meilleurs soldats ? Comment payez-vous
tous ces services ? N'avez-vous pas cherché
tous les moyens de me chagriner ? Si vous me
souffrez dans vos États, n'est-ce pas par in-
térét plutôt que par affection ? Vous me forcez
enfin d'éclater. Le Talavai (1) est équitable ; il
saura rendre justice à qui elle est due.

_____

(1) Gouverneur-général.

LETTRE DE STRAFFORD à Charles Ier.

(LALLY-TOLLENDAL, *Vie de Strafford*, trad. de l'angl.)

Héroïsme sans affectation. Style touchant et animé.

———

ARGUMENT Condamné à mort par le Parlement, sous prétexte qu'il avait voulu semer la discorde entre le Roi et ses sujets, Strafford écrit de sa prison à Charles Ier cette lettre, où il l'engage à céder aux instances et aux menaces des factieux qui demandent sa tête, et à sanctionner le bill de mort porté contre lui.

(*Il commençait par avouer que, de toutes ses peines, la plus grande était de se voir accusé d'avoir voulu semer la discorde entre le Roi et son peuple. Il en appelait à la conscience du Roi lui-même des efforts constans de son serviteur pour obtenir le retour des parlemens. Mais il venait d'être informé que la vérité ne pouvait pas être reconnue aujourd'hui, et que d'heure en heure les esprits s'enflammaient davantage contre elle et contre lui*).

Par là, *disait-il*, je me suis vu précipité dans la plus terrible des alternatives. D'un côté, je vois la ruine de mes enfans, et d'une famille dont toutes les branches sont par-

venues jusqu'à moi sans que l'approche ni
le seul soupçon du crime en ait flétri aucune.
De l'autre, Sire, je vois les malheurs prêts à
tomber sur votre personne sacrée et sur tout
le royaume, si l'accord entre vous et le Parlement, cet accord si nécessaire à la conservation du Roi et du peuple, vient à être rompu ; enfin, j'ai devant moi ce que les hommes
chérissent le plus et ce qu'ils redoutent davantage, la vie et la mort.

Si je vous disais, Sire, que je n'éprouve
aucun combat, je me ferais moins homme
que je ne le suis. Dieu connaît ma faiblesse ;
et lorsque, avec un cœur innocent, il s'agit
d'appeler la destruction sur ma tête et sur
celle de mes jeunes enfans, on peut croire
qu'il n'est pas facile au moins d'obtenir
pour un tel sacrifice le consentement de la
chair et du sang.

Je me suis décidé cependant, et pour le
parti que je crois le plus noble, et pour
l'intérêt qui est incontestablement le plus
grand. Car, que devient un particulier mis
en balance avec votre personne sacrée et l'État
tout entier ?

En deux mots, Sire, je rends à votre conscience sa liberté. Je supplie humblement
votre Majesté de prévenir, en signant mon

arrêt de mort, tous les maux que pourrait entraîner un refus ; et cet obstacle (que je ne veux pas même maudire, mais que je puis au moins déplorer) étant une fois écarté du chemin qui peut vous conduire aux bénédictions de la paix, j'espère que le Ciel la maintiendra toujours entre vous et vos sujets.

Sire, mon consentement vous acquittera plus devant Dieu que tout ce que pourrait faire le monde entier. Nul traitement n'est injuste envers celui qui veut le subir. Je pardonne à tout le monde, non-seulement avec calme, mais avec la douceur d'une satisfaction infinie pour mon âme prête à quitter sa dépouille mortelle ; et pour vous, Sire, je vous donne ma vie périssable avec toute la joie possible, comme un juste retour de vos excessives faveurs. Qu'il vous plaise seulement jeter un regard de bonté sur mon pauvre fils et sur ses trois sœurs, mais seulement en raison de ce que leur père, aujourd'hui si infortuné, paraîtra dans la suite avoir été innocent ou coupable.

Robert d'Artois au duc de Brabant.

(Mézerai, *Histoire de France*, Philippe de Valois.)

L'orateur éprouve à la fois une douleur et une indignation profondes. L'expression de la reconnaissance, jointe à celle de la haine, donnent une physionomie intéressante à ce discours.

———

Argument. L'amitié qui unissait Robert, comte d'Artois, et Philippe de Valois, se changea tout-à-coup en une haine violente, par suite d'une parole imprudente que le comte laissa échapper. Il fut banni, et le ressentiment de Philippe le poursuivait par-tout. Réfugié chez le duc de Brabant, son cousin, il se vit obligé de quitter cet asile, quoique le duc fût résolu de ne pas céder aux menaces du Roi. En s'éloignant, Robert lui dit :

Vous avez, généreux prince, donné à l'amitié et à l'hospitalité plus que vous ne deviez ; il est temps que vous rendiez à vos sujets la sûreté et le repos que mon malheur leur a ôtés. Vous m'avez reçu fugitif dans votre palais, vous avez soulagé ma misère et couvert mon innocence ; mais puisque, pour me perdre, on veut aujourd'hui vous accabler, je me retire, de peur de rendre compagnon de mon infortune celui qui en a été le protecteur. Plût au Ciel

que je n'eusse pas expérimenté tant de cour-
toisie en votre personne, et que vous m'eussiez fermé l'entrée de votre pays : vous l'eussiez fermé à la guerre et à la désolation qui
me suivaient. Aussi-bien il faut que j'en sorte;
mais je ne puis en sortant passer que par des
campagnes désertes, par des villes rasées, par-
dessus des monceaux de corps et de cendres.
C'est ainsi que mes ennemis me font fuir;
ils m'ont ainsi chassé de chez le comte de
Hainaut, et pour me chercher dans les antres
et les cavernes où je m'étais réfugié, ont mis
le feu par tout le Brabant. J'appelle donc à
témoin le Dieu protecteur des innocens; j'appelle à témoin les nations à qui ma fuite a été
funeste, que je suis contraint de sortir des
terres amies de la France, et de me jeter entre
les mains d'un prince qui ait la puissance de
me protéger sans se ruiner. Je ne souhaite
point de me venger; mais puisque c'est mon
destin d'attirer après moi les incendies, les
meurtres et les saccagemens, je veux quelque
jour retourner voir Philippe pour lui rendre
la pareille des pertes qu'il vous a fait souffrir
pour l'amour de moi.

BUDÉE à François Ier.

(GAILLARD, *Histoire de François Ier.*)

L'orateur paraît désintéressé avec art. Il laisse au Roi toute la gloire d'avoir conçu un projet dont l'accomplissement devient alors une obligation. Le style a la noblesse exempte de recherche qui convenait à la circonstance.

———

ARGUMENT. Guillaume Budée, le plus savant homme de France sous François Ier, lui avait inspiré depuis long temps l'idée de fonder un collége pour l'enseignement des langues. Le Roi parlait souvent de ce projet, mais ne l'exécutait pas. Budée lui rappela publiquement sa promesse. Il lui dit :

Ce projet, qui doit éterniser la mémoire de votre règne, c'est vous, Sire, qui l'avez conçu de vous-même ; aucun de nous ne peut réclamer l'honneur de vous l'avoir suggéré. Ces sollicitations que j'ai peut-être poussées jusqu'à l'importunité, c'est vous qui m'avez chargé de vous en importuner ; c'est vous qui m'avez commandé de vous rappeler sans cesse un établissement dont l'utilité vous avait tant frappé : c'est sur votre parole que j'ai flatté, dirai-je d'une vaine espérance, toute cette jeunesse studieuse qui m'accuse aujourd'hui de l'avoir trompée, et dont la douleur insulte à la mienne. Vous savez, Sire, si j'ai mérité ces reproches, si j'ai parlé sans y être autorisé, si j'ai agi sans caractère. J'ai annoncé votre bonté, je réclame votre justice; c'est à vos bienfaits à me justifier. Je ne les demande pas pour moi, mais vous les devez aux lettres; elles ont reçu vos sermens, et François Ier ne sait point oublier ses promesses.

Monologue de Louis XI.

(Mézerai, *Histoire de France*, Louis XI.)

Indignation de la vanité blessée et de la politique compromise. Style coupé et heurté à propos.

ARGUMENT. Le roi Louis XI et le connétable de St-Pol, ennemis depuis long temps, eurent une entrevue près de Noyon. Mais à peine se furent-ils séparés que leur haine se réveilla. Le Roi surtout ne se pardonnait point une démarche qu'il jugeait déshonorante. Il se disait :

Quoi donc! mon vassal, mon officier, qui me doit la foi, l'a exigée de moi avec insolence, a pris des sûretés de son prince, et m'a

imposé la loi telle qu'il a voulu! O honteuse
lâcheté! ô bassesse trop indigne! Celui que
mes commandemens devraient appeler par-
tout où il me plairait, m'a fait faire la moitié
du chemin pour l'aller trouver! Celui qui a
envahi mes places, qui a suscité mille menées
dans mon royaume, qui a toujours fomenté les
rebellions des princes, au lieu de venir en suppliant, de se jeter à mes pieds, de chercher son
salut dans sa soumission, m'a voulu donner de
la terreur par son orgueil, a mis une barrière au-
devant de moi (1), et m'a parlé tout debout
de l'autre côté d'un retranchement! Ce ne lui
eût pas été assez de me traiter d'égal, s'il ne
m'eût traité d'ennemi, s'il ne se fût approché
de moi en état de me présenter bataille (2),
et s'il ne m'eût opposé trois cents hommes
d'arme, mais encore tous gentilshommes, qui
n'ont leur noblesse, leurs armes et leurs fiefs
que de moi, et qui ne sont payés que de
mes deniers. Aurai-je donc un ennemi dans
mon Etat que j'entretiendrai à mes dépens?
Souffrirai-je qu'il partage mes sujets, mes

---

(1) Le connétable avait fait dresser une barrière sur une
chaussée au lieu de l'autre &c. Il s'était tenu d'un côté,
tandis que le Roi était de l'autre.

(2) Il était venu armé, et suivi de trois cents hommes
d'armes.

places, mon revenu et mon autorité avec
moi ? En quelle estime sera donc ma personne et la majesté de la France, que j'ai tant
abaissées ? Qu'en diront ceux qui vivent, qu'en
croiront ceux qui viendront après nous ? Lequel blâmera-t-on davantage de son attentat
ou de ma facilité ? Je vois bien que s'il demeure impuni, je demeurerai chargé de sa
faute et de la mienne. Mais il n'en ira pas ainsi :
si nous avons manqué tous deux, il faut qu'il
s'en repente le dernier. Je sais bien le moyen
de m'exempter de reproche et de mépris. On
ne parlera plus guère long-temps de son arro-
gance qu'on ne parle de son supplice, et je
ferai bien voir à tout le monde que si j'ai re-
lâché de ma grandeur, ç'a été seulement afin
d'élever son orgueil au point où il le fallait
pour le précipiter.

SECTION V.

SUJETS JUDICIAIRES.

Minos, juge des enfers, à l'un des coupables.

(FÉNÉLON, *Télémaque*, liv. XVIII.)

On sent dans ce morceau la dignité d'un juge, et d'un juge religieux. Ce sont encore ici les principes du Christianisme que Fénélon met adroitement dans la bouche d'un sage de l'antiquité.

ARGUMENT. Télémaque entre dans le Tartare. Il voit les trois juges des enfers occupés à condamner un homme, et ose leur demander quels sont ses crimes. Le condamné prenant la parole, s'écrie : *je n'ai jamais fait aucun mal ; j'ai mis tout mon plaisir à faire du bien ; j'ai été magnifique, libéral, juste, compatissant. Que peut-on donc me reprocher ?* Alors Minos lui dit :

On ne te reproche rien à l'égard des hommes ; mais ne devais-tu pas moins aux hommes qu'aux dieux ? Quelle est donc cette justice dont tu te vantes ? Tu n'as manqué à

aucun devoir envers les hommes qui ne sont
rien ; tu as été vertueux ; mais tu as rapporté
toute ta vertu à toi-même, et non aux dieux,
qui te l'avaient donnée : car tu voulais jouir
du fruit de ta propre vertu et te renfermer en
toi-même. Tu as été ta divinité. Mais les dieux,
qui ont tout fait, et qui n'ont rien fait que
pour eux-mêmes, ne peuvent renoncer à leurs
droits : tu les a oubliés, ils t'oublieront ; ils
te livreront à toi-même, puisque tu as voulu
être à toi et non pas à eux. Cherche donc
maintenant, si tu le peux, ta consolation dans
ton propre cœur. Te voilà à jamais séparé des
hommes, auxquels tu as voulu plaire ; te voilà
seul avec toi-même, qui étais ton idole : apprends qu'il n'y a point de véritable vertu
sans le respect et l'amour des dieux, à qui
tout est dû. Ta fausse vertu, qui a long-temps
ébloui les hommes faciles à tromper, va être
confondue. Les hommes, ne jugeant des vices
et des vertus que par ce qui les choque ou les
accommode, sont aveugles et sur le bien et sur
le mal. Ici une lumière divine renverse tous
leurs jugemens superficiels ; elle condamne
souvent ce qu'ils admirent, et justifie ce
qu'ils condamnent.

Socrate à ses juges.

(Barthélemy, *Voyage d'Anacharsis*, chap. LXVII.)

Ce plaidoyer, simple et grave, est celui d'un sage, plus soigneux d'obéir à la divinité que de flatter les hommes. C'est l'expression d'une conviction profonde et de la conscien ce d'une glorieuse mission.

Argument. Accusé d'impiété, Socrate, pour obéir à la loi, plaida sa cause lui-même, et prononça ce discours :

Je comparais devant ce tribunal pour la première fois de ma vie, quoique âgé de plus de soixante-dix ans : ici le style, les formes, tout est nouveau pour moi. Je vais parler une langue étrangère, et l'unique grâce que je vous demande, c'est d'être attentifs plutôt à la raison qu'à mes paroles : car votre devoir est de discerner la justice, le mien de vous dire la vérité.

On prétend que je corromps la jeunesse d'Athènes : qu'on cite donc un de mes disciples que j'aie entraîné dans le vice. J'en vois plusieurs dans cette assemblée : qu'ils s'élèvent et qu'ils déposent contre leur corrupteur. S'ils sont retenus par un reste de considération, d'où vient

que leurs pères, leurs frères, leurs parens, n'in-
voquent pas dans ce moment la juste sévérité
des lois ? D'où vient que Mélitus a négligé leur
témoignage ? c'est que, loin de me poursuivre, ils sont eux-mêmes accourus à ma défense. Ce ne sont pas les calomnies de Mélitus et d'Anytus qui me coûteront la vie ; c'est
la haine de ces hommes vains ou injustes dont
j'ai démasqué l'ignorance ou les vices, haine
qui a déjà fait périr tant de gens de bien, qui
en fera périr tant d'autres, que je ne dois pas
me flatter qu'elle s'épuise par mon supplice.
Je me la suis attirée en voulant pénétrer le
sens d'une réponse de la Pythie, qui m'avait
déclaré le plus sage des hommes. Étonné de
cet oracle, j'interrogeai, dans les diverses
classes des citoyens, ceux qui jouissaient
d'une réputation distinguée ; je ne trouvai
par-tout que de la présomption et de l'hypo-
crisie. Je tâchai de leur inspirer des doutes sur
leur mérite, et m'en fis des ennemis irrécon-
ciliables. Je conclus de là que la sagesse n'appartient qu'à la divinité, et que l'oracle, en
me citant pour exemple, a voulu montrer
que le plus sage des hommes est celui qui croit
l'être le moins. Si on me reprochait d'avoir
consacré tant d'années à des recherches si
dangereuses, je répondrais qu'on ne doit comp-

ter pour rien ni la vie ni la mort, dès qu'on peut être utile aux hommes ; je me suis cru destiné à les instruire ; j'ai cru en avoir reçu la mission du Ciel même. J'avais gardé, au péril de mes jours, les postes où mes généraux m'avaient placé à Amphipolis, à Potidée, à Délium ; je dois garder avec plus de courage celui que les dieux m'ont assigné au milieu de vous, et je ne pourrais l'abandonner sans désobéir à leurs ordres, sans m'avilir à mes yeux.

J'irai plus loin. Si vous preniez aujourd'hui le parti de m'absoudre, à condition que je garderais le silence, je vous dirais : O mes juges ! je vous aime et vous honore sans doute, mais je dois obéir à Dieu plutôt qu'à vous. Tant que je respirerai, je ne cesserai d'élever ma voix comme par le passé, et de dire à tous ceux qui s'offriront à mes regards : n'avez-vous pas de honte de courir après les richesses et les honneurs, tandis que vous négligez les trésors de sagesse et de vérité qui doivent embellir et perfectionner votre âme ? Je les tourmenterais à force de prières et de questions, je les ferais rougir de leur aveuglement ou de leurs fausses vertus, et leur montrerais que leur estime place au premier rang des biens qui ne méritent que le mépris. Voilà ce que

la divinité me prescrit d'annoncer sans in-
terruption aux jeunes-gens, aux vieillards,
aux citoyens, aux étrangers ; et comme ma
soumission à ses ordres est pour vous le plus
grand de ses bienfaits ; si vous me faites mourir,
vous rejetterez le don de Dieu, et vous ne trouverez personne qui soit animé du même zèle. C'est
donc votre cause que je soutiens aujourd'hui
en paraissant défendre la mienne. Car enfin,
Anytus et Mélitus peuvent me calomnier, me
bannir, m'ôter la vie, mais ils ne sauraient me
nuire ; ils sont plus à plaindre que moi, puisqu'ils sont injustes.

Pour échapper à leurs coups, je n'ai point,
à l'exemple des autres accusés, employé les menées clandestines, les sollicitations ouvertes.
Je vous ai trop respectés pour chercher à vous
attendrir par mes larmes, ou par celles de mes
enfans et de mes amis assemblés autour de
moi ; c'est au théâtre qu'il faut exciter la pitié
par des images touchantes : ici la vérité seule
doit se faire entendre. Vous avez fait un serment solennel de juger suivant les lois ; si je
vous arrachais un parjure, je serais véritablement coupable d'impiété. Mais plus persuadé
que mes adversaires de l'existence de la divinité, je me livre sans crainte à sa justice ainsi
qu'à la vôtre.

Le Tribun Décius au Sénat.

(Vertot, *Révolutions romaines*, liv. ii.)

Gradation habilement observée. A mesure que l'orateur croit avoir prouvé plus fortement la justesse de ses plaintes, son discours devient plus véhément, jusqu'à ce qu'il le termine par une fière et violente apostrophe.

—————

Argument. Coriolan était accusé par les tribuns d'avoir voulu affamer le peuple. Le Sénat, qui était favorable à ce patricien, réclama le droit de le juger d'abord, sauf à le renvoyer ensuite au jugement du peuple par un sénatus-consulte. Alors les tribuns demandèrent à être entendus dans le Sénat, et comme on leur avait accordé leur demande, Décius, le plus jeune et le plus éloquent d'entre eux, prononça ce discours :

Vous savez, Pères conscrits, qu'ayant chassé les rois par notre secours, vous établîtes dans la République la forme de gouvernement qui s'y observe et dont nous ne nous plaignons pas; mais vous n'ignorez pas aussi que dans tous les différens que le pauvres plébéiens eurent dans la suite avec des nobles et des patriciens, ces plébéiens perdaient toujours leurs procès, parce que leurs parties étaient leurs juges, et que tous les tribunaux n'étaient rem-

plis que de patriciens. Cet abus obligea P. Va-
lerius-Publicola, ce sage consul et cet excellent
citoyen, d'établir la loi qui permettait d'appeler devant le peuple des ordonnances du
sénat et du jugement des consuls. Telle est
la loi appelée *Valeria*, qu'on a toujours re-
gardée comme la base et le fondement de la
liberté publique. C'est à cette loi que nous
avons recours aujourd'hui, si vous nous refusez la justice que nous demandons contre un
homme noirci du plus grand crime qu'on
puisse commettre dans une république. Ce
n'est point un plébéien qui se plaint, c'est le
corps entier du peuple romain qui demande
la condamnation d'un tyran qui a voulu faire
mourir de faim ses concitoyens, qui a violé
notre magistrature, et repoussé, la force à la
main, nos officiers et les Édiles de la République; c'est Coriolan que nous accusons d'a-
voir proposé l'abolition du tribunat, cette magistrature consacrée par les sermens les plus
solennels.

Quel besoin est-il, après cela, de sénatus-
consulte pr'mjuger un pareil crime? Ne sait-on
pas que ces décrets particuliers du sénat n'ont
lieu que dans des affaires imprévues et extraor-
dinaires, et sur lesquelles les lois n'ont encore
rien statué? Mais dans l'espèce dont il s'agit,

où la loi est si formelle, où elle dévoue si
expressément aux dieux infernaux ceux qui
la violeront, n'est-ce pas se rendre complice
du crime que d'en vouloir douter ? Ne craignez-vous pas que, par ces retardemens affec-
tés de prononcer contre le criminel, sous
prétexte de la nécessité imaginaire d'un sénatus-consulte, le peuple ne se persuade que
Coriolan n'a été que l'interprète de vos sentimens ? Je sais que plusieurs parmi vous se
plaignent que ce n'a été que par violence qu'on
a arraché votre consentement pour l'abolition
des dettes et l'établissement du tribunat. Je
veux même que, dans ce haut degré de puissance où vous vous étiez élevés depuis l'expulsion des rois, il ne vous ait été ni utile,
ni même honorable d'en relâcher une partie
en faveur du peuple ; mais vous l'avez fait et
tout le sénat s'y est engagé par les sermens
les plus solennels. Après l'établissement de
ces lois sacrées et qui rendent la personne de
nos tribuns inviolable, irez-vous, au gré du
premier ambitieux, révoquer ce qui fait le
repos et la sûreté de l'État ? Vous ne le ferez
pas, assurément, et j'en réponds, tant que je
verrai dans cette assemblée les vénérables
magistrats qui ont eu tant de part à la réunion
qui s'est faite sur le Mont-Sacré. Devait-on

seulement souffrir qu'on mît un si grand
crime en délibération ? Coriolan est le premier qui, par des avis séditieux, a tâche de
corrompre ces liens sacrés qui, à la faveur de
nos lois, unissent les différens ordres de l'É-
tat ; c'est lui seul qui veut détruire la puissance tribunitienne, l'asile du peuple, le rempart de la liberté et le gage de notre réunion.
Pour arracher le consentement du peuple, il
veut faire réussir un crime par un plus grand
crime. Il ose, dans un lieu saint et au milieu
du sénat, proposer de laisser mourir le peuple
de faim. Ne songeait-il point, cet homme cruel
et insensé tout ensemble, que ce peuple qu'il
voulait faire mourir avec tant d'inhumanité,
plus nombreux et plus puissant qu'il ne souhaite, réduit au désespoir, se serait jeté dans
les maisons les plus riches, qu'il aurait en-
foncé ces greniers et ces caves qui recèlent
tant de biens, et qu'il aurait succombé sous la
puissance des patriciens ou qu'eux-mêmes auraient été exterminés par une populace en
furie, qui n'aurait pris alors la loi que de
la nécessité et de son ressentiment ? Car, afin
que vous ne l'ignoriez pas, nous ne nous serions pas laissés consumer par une famine
fomentée par nos ennemis. Mais, après avoir
pris à témoin les dieux vengeurs de l'injus-

tice, nous aurions rempli Rome de sang et de carnage. Tel eût été le funeste succès des conseils de ce perfide citoyen, si des sénateurs, plus affectionnés à la patrie, n'en avaient empêché l'exécution. C'est à vous, Pères conscrits, que nous adressons nos justes plaintes : c'est votre secours et la sagesse de vos ordonnances que nous réclamons pour réduire cet ennemi public à venir devant le peuple romain, assemblé par tribus, rendre compte de ses pernicieux conseils. C'est là, Coriolan, que tu dois soutenir tes premiers sentimens, si tu l'oses, ou les excuser sur la précipitation de ta langue. Quitte, si tu m'en crois, tes maximes hautaines et tyranniques ; fais-toi plus petit ; rends-toi semblable à nous ; prends même des habits de deuil, si conformes à l'état présent de ta fortune ; implore la pitié de tes concitoyens, et peut-être que tu en obtiendras la grâce et le pardon de tes fautes.

Paroles de plusieurs plébéiens au sujet de Coriolan.

(Vertot, *Révolutions romaines*, liv. ii.)

L'effusion de la reconnaissance est vivement représentée dans ce petit discours, par l'abandon du style et le redoublement des mêmes tournures.

Argument. Coriolan se présente devant le peuple assemblé, et commence sa justification. Il rappelle ses services, ses beaux faits d'armes, et interpelle un grand nombre de plébéiens à qui il avait sauvé la vie dans les combats, les pressant d'attester la vérité de ses discours : tous se lèvent et s'écrient :

Nous l'avons vu plusieurs fois percer lui seul les bataillons ennemis les plus serrés, pour sauver un citoyen accablé par la foule des ennemis. C'est par lui seul que nous vivons et que nous nous trouvons aujourd'hui dans notre patrie et dans le sein de nos familles. On lui fait un crime de notre reconnaissance; on accuse ce grand homme et cet excellent citoyen de mauvais desseins, parce que ceux à qui il a sauvé la vie s'attachent à sa suite comme ses cliens. Pouvons-nous en user autrement sans ingratitude? Nous est-il permis

d'avoir des intérêts séparés des siens? Si vous
ne demandez qu'une amende, nous offrons tous
nos biens; si vous l'exilez, nous nous bannis-
sons avec lui; et si la fureur opiniâtre de ses
ennemis en veut à sa vie, qu'on prenne plutôt les nôtres : c'est son bien par le plus juste
de tous les titres; nous ne ferons que lui rendre ce que chacun de nous tient de sa valeur,
et nous conserverons un excellent citoyen à
la République.

SERVILIUS au peuple romain.

(VERTOT, *Révolutions romaines*, liv. III.)

Une singulière énergie règne dans tout ce discours. Servilius se fait accusateur, d'accusé qu'il
était. On sent qu'il est révolté de l'injustice, et
qu'il ne voit plus rien à ménager.

ARGUMENT. Le consul Spurius Servilius, après plusieurs succès contre les Toscans, perdit en partie le
fruit d'une dernière victoire en poursuivant les ennemis avec plus de courage que de prudence. Il fut cité
devant le peuple, et s'étant présenté courageusement,
il dit :

Si l'on m'a fait venir ici pour me demander
compte de ce qui s'est passé dans la dernière

bataille où je commandais, je suis prêt à vous en instruire ; mais si ce n'est qu'un prétexte pour me faire périr, comme je le soupçonne, épargnez-moi des paroles inutiles : voilà mon corps et ma vie que je vous abandonne, vous pouvez en disposer.

(*On lui cria de prendre courage ; alors il reprit ainsi :*)

Puisque j'ai affaire à des juges et non pas à des ennemis, je dirai, Romains, que j'ai été fait consul avec Virginius dans un temps que les ennemis étaient maîtres de la campagne, et que la dissension et la famine étaient dans la ville. C'est dans une conjoncture si fâcheuse que j'ai été appelé au gouvernement de l'État. J'ai marché aux ennemis, que j'ai défaits en deux batailles, et que j'ai contraints de se renfermer dans leurs places ; et pendant qu'ils s'y tenaient cachés par la terreur de vos armes, j'ai ravagé à mon tour leur territoire, j'en ai tiré une quantité prodigieuse de grains, que j'ai fait apporter à Rome, où j'ai rétabli l'abondance.

Quelle faute ai-je commise jusqu'ici ? Me veut-on faire un crime d'avoir remporté deux victoires ? Mais j'ai, dit-on, perdu beaucoup de monde dans le dernier combat. Peut-on

donc livrer des batailles contre une nation
aguerrie qui se défend courageusement, sans
qu'il y ait de part et d'autre du sang répandu ?
Quelle divinité s'est engagée envers le peuple
romain de lui faire remporter des victoires sans
aucune perte ? Ignorez-vous que la gloire ne
s'acquiert que par de grands périls ? J'en suis
venu aux mains avec des troupes plus nombreuses que celles que vous m'aviez confiées ;
je n'ai pas laissé, après un combat opiniâtre,
de les enfoncer. J'ai mis en déroute leurs légions, qui, à la fin, ont pris la fuite. Pouvais-je
me refuser à la victoire qui marchait devant moi ?
Etait-il même en mon pouvoir de retenir vos
soldats, que leur courage emportait, et qui
poursuivaient avec ardeur un ennemi effrayé ?
Si j'avais fait sonner la retraite ; si j'avais ra-
mené vos soldats dans leur camp, vos tribuns
ne m'accuseraient-ils pas aujourd'hui d'intelligence avec les ennemis ?

Si vos ennemis se sont ralliés, s'ils ont été
soutenus par un corps de troupes qui s'avan-
çait à leur secours ; enfin, s'il a fallu recommencer tout de nouveau le combat, et si, dans
cette dernière action, j'ai perdu quelques soldats, n'est-ce pas le sort ordinaire de la guerre ?
Trouverez-vous des généraux qui veuillent se
charger du commandement de vos armées à

condition de ramener à Rome tous les soldats
qui en seraient sortis sous leur conduite ?
N'examinez donc point si, à la fin d'une bataille, j'ai perdu quelques soldats ; mais jugez
de ma conduite par ma victoire et par les suites
de la victoire. S'il est vrai que j'ai chassé les
ennemis de votre territoire ; que je leur ai tué
beaucoup de monde dans deux combats ; que
j'ai forcé les débris de leurs armées de s'enfermer dans leurs places, et que j'ai enrichi
Rome et vos soldats du butin qu'ils ont fait
dans le pays ennemi, que vos tribuns se
lèvent, et qu'ils me reprochent en quoi j'ai
manqué contre les devoirs d'un bon général.
Mais ce n'est pas ce que je crains : ces accusations ne servent que de prétexte pour pouvoir exercer impunément leur haine et leur animosité contre le sénat et l'ordre des patriciens. Mon véritable crime, aussi-bien que
celui de l'illustre Ménénius (1), c'est de n'a-
voir pas nommé l'un et l'autre, pendant nos
consulats, ces décemvirs après lesquels vous
soupirez depuis si long-temps.

Mais le pouvions-nous faire dans l'agitation

---

(1) Ménénius, pour une cause semblable, venait d'être
condamné à une forte amende, et, pénétré de douleur d'une
telle ingratitude, il s'était laissé mourir de faim.

et le tumulte des armes, et pendant que les
ennemis étaient à nos portes et la division dans
la ville ? Et quand nous l'aurions pu, sachez,
Romains, que Servilius n'aurait jamais autorisé une loi qu'on ne peut observer sans exciter un trouble général dans toutes les familles, sans causer une infinité de procès,
et sans ruiner les premières maisons de la
République, et qui en sont le plus ferme appui. Faut-il que vous ne demandiez jamais
rien au sénat qui ne soit préjudiciable au bien
commun de la patrie, et que vous ne le demandiez que par des séditions ? Si un sénateur
ose vous représenter l'injustice de vos prétentions ; si un consul ne parle pas le langage séditieux de vos tribuns ; s'il défend avec courage la souveraine puissance dont il est revêtu,
on crie au tyran. A peine est-il sorti de sa charge qu'il se trouve accablé d'accusations. C'est
ainsi que, par votre injuste plébiscite, vous
avez ôté la vie à Ménénius, aussi grand capitaine que bon citoyen. Ne devriez-vous pas
mourir de honte d'avoir persécuté si cruelle-
ment le fils de ce Ménénius Agrippa, à qui
vous devez vos tribuns, et ce pouvoir qui vous
rend à présent si furieux ? On trouvera peut-
être que je vous parle avec trop de liberté dans
l'état présent de ma fortune ; mais je ne crains

point la mort ; condamnez-moi si vous l'osez :
la vie ne peut être qu'à charge à un général
qui est réduit à se justifier de ses victoires.
Après tout, un sort pareil à celui de Ménénius
ne peut me déshonorer.

ATALIBA au Conseil espagnol.

(MARMONTEL , *les Incas*, chap. LI.)

Ataliba se défend avec noblesse et avec douceur. Il ne fait point parade d'une insensibilité
stoïque, il ne rougit pas de descendre à la prière ;
mais ce n'est qu'après avoir parlé le langage
calme de la raison , et rappelé avec courage
tout ce qui doit garantir son innocence aux yeux
de ses juges.

ARGUMENT. Le roi de Quito , pris par les Espagnols,
est traduit devant le conseil assemblé. On lui reproche
différens crimes, et surtout le meurtre de son frère
Huascar, roi de Cusco, à qui il avait fait la guerre.
Ataliba répond :

Si j'avais pu vouloir sa mort, c'est lorsqu'il
soulevait ses peuples contre moi, et que, du
fond de sa prison, il rallumait les feux d'une
guerre impie et funeste ; c'est alors que ce
crime utile à ma grandeur et au repos de cet
empire aurait dû me tenter. Je n'ai point mé=

connu mon sang, je n'ai point voulu le répandre; et si, dans les combats, sans moi, loin de moi, malgré moi, l'aveugle ardeur de mes soldats n'a rien épargné, c'est le crime de celui qui, pour ma défense, m'a forcé de leur mettre les armes à la main. Castillans, ma victoire m'a coûté plus de larmes que tous les malheurs que j'éprouve ne m'en feront jamais verser; voyez si j'ai rendu mon règne odieux à mes peuples; je suis tombé du trône, mon sceptre est brisé; tous mes amis sont morts; je suis seul dans les chaînes avec des femmes et des enfans; on n'a plus rien à craindre, à espérer de moi. C'est là, c'est dans l'extrémité du malheur et de la faiblesse qu'on peut discerner un bon roi d'avec un tyran; c'est alors qu'éclate la haine publique, ou que se signale l'amour. Voyez donc ce que j'ai laissé dans les cœurs, et si c'est ainsi qu'on traite un méchant, un coupable; ce respect si tendre et si pur, cette fidélité constante, cette obéissance à la fois si profonde et si volontaire, enfin cet amour de mes peuples envers un malheureux captif, voilà mes témoignages contre la calomnie, et je vous demande à vous-mêmes si ce triomphe est réservé pour le crime ou pour la vertu? Ce moment, juge de ma vie, est sous vos yeux, et j'en appelle à lui. Non, quoi que l'on vous dise, vous ne croirez jamais que celui qui, de sa prison, dans l'indigne état où je suis, fait encore adorer sa volonté sans force, et voit ses peuples prosternés venir, en lui obéissant, arroser ses chaînes de larmes, ait été sur le trône, injuste et sanguinaire. Vous m'avez connu dans les fers tel que l'on m'a vu sur le trône, simple et vrai, sensible à l'injure, mais plus sensible à l'amitié. On m'accuse d'avoir tenté ma délivrance, et voulu soulever mes peuples contre vous. Je n'en ai pas eu la pensée, mais si je l'avais eue, m'en feriez-vous un crime? Regardez ces plaines sanglantes, voyez les chaînes dont vous avez flétri les mains innocentes d'un roi, et jugez si, pour me sauver, tout n'eût pas été légitime. Ah! vous n'avez que trop justifié vous-mêmes ce que le désespoir aurait pu m'inspirer : cependant j'atteste le Ciel que Pizarre, m'ayant donné sa parole et la vôtre de m'accorder la vie, de me rendre la liberté, de faire épargner ma famille, et de laisser en paix le reste de mes peuples infortunés, j'ai mis en lui mon espérance, et ne me suis plus occupé qu'à faire amasser l'or promis pour ma rançon. Mon Dieu, qui sans doute est le vôtre, lit dans mon cœur, et m'est témoin que je vous dis la vérité; mais si c'est peu de l'innocence pour

vous toucher, voyez mes malheurs; je suis
père, je suis époux, et je suis roi; jugez des
peines de mon cœur; vous m'avez voulu voir
suppliant; je le suis, et j'apporte à vos pieds
les larmes de mes peuples, de mes faibles enfans, de leurs tendres mères : ceux-là du moins
sont innocens.

~~~~~~~~~~~~~~~~~~

Le Maréchal de Biron à ses juges.

(Mézerai, *Histoire de France*, Henri IV.)

Ces paroles sont celles d'un homme qui ne sait
pas être modéré, même quand il aurait le plus
besoin de modération. Il montre de la loyauté et
de la franchise; mais on sent qu'il a dû être et
qu'il pourrait être encore très-imprudent. Le style
est pittoresque, brusque, vigoureux, et parfaite•
ment d'accord avec ce caractère.

———

Argument. Traduit devant un tribunal pour avoir
formé des complots contre l'Etat et le Souverain, Biron
parla ainsi :

Je vous ai rétabli, Messieurs, sur les fleurs
de lis, d'où les saturnales de la Ligue vous
avaient chassés. Le corps qui dépend de vous
aujourd'hui n'a veine qui n'ait saigné pour
vous. Cette main qui a écrit ces lettres pro-

duites contre moi a fait tout le contraire de ce qu'elle écrivait....

Il est vrai, j'ai écrit, j'ai pensé, j'ai dit, j'ai parlé plus que je ne devais faire; mais où est la loi qui punit de mort la légèreté de la langue et le mouvement de la pensée? Ne pouvais-je pas desservir le roi en Angleterre et en Suisse? Cependant j'ai été irréprochable dans ces deux ambassades, et si vous considérez avec quel cortège je suis venu, dans quel état j'ai laissé les places de Bourgogne, vous reconnaîtrez la confiance d'un homme qui compte sur la parole de son roi, et la fidélité d'un sujet bien éloigné de se rendre souverain dans son gouvernement.

J'ai voulu mal faire; mais ma volonté n'a point passé les bornes d'une première pensée enveloppée dans les nuages de la colère et du dépit, et ce serait chose bien dure que l'on commençât par moi à punir les pensées. La reine d'Angleterre (1) m'a dit que si le comte d'Essex eût demandé pardon, il l'aurait obtenu : je le demande aujourd'hui : le comte d'Essex était coupable, et moi je suis innocent.

_____

(1) Elisabeth fit décapiter le comte d'Essex, d'abord son favori, et accusé ensuite de menées séditieuses et coupables.

Est-il possible que le Roi ait oublié mes
services ? Ne se souvient-il plus du siége d'A-
miens, où il m'a vu tant de fois couvert de
feu et de plomb, courir tant de hasards pour
donner ou pour recevoir la mort ? Le cruel !
il ne m'a jamais aimé que tant qu'il a cru que
je lui étais nécessaire. Il éteint le flambeau en
mon sang après qu'il s'en est servi ; mon
père a souffert la mort pour lui mettre la couronne sur la tête ; j'ai reçu quarante blessures
pour la maintenir, et pour récompense il m'a-
bat la tête des épaules. C'est à vous, Messieurs,
d'empêcher une injustice qui déshonorerait
son règne, et de lui conserver un serviteur,
à l'État un bon guerrier, et au roi d'Espagne
un grand ennemi.

STRAFFORD à ses juges.

(LALLY-TOLLENDAL, *Vie de Strafford*, trad. de l'angl.)

Véhémence et ton de conviction de l'innocence qui sent toute sa force.

ARGUMENT. Entr'autres griefs, on accusait Strafford
d'avoir haï les parlemens, et d'avoir conseillé leur destruction. Il s'écriait :

MOI, l'ennemi des parlemens ! moi, leur
destructeur ! moi, qui, pendant sept ans d'ad-

ministration en Irlande, ai tenu plus de ses-
sions parlementaires qu'on n'en avait vues
avant moi pendant un demi-siècle! Ah! c'est
à ce reproche que j'attendais mes accusateurs;
là où ils placent mon crime, là je place ma
défense entière. Ainsi, Milords, quand vous
les verrez me presser avec cette imputation
*d'avoir voulu renverser les lois fondamentales
de mon pays*, tout ce que je vous demande,
c'est de vous rappeler alors ce qui est connu
personnellement d'un grand nombre d'entre
vous, ce qui est prouvé pour tous, que dans
les débats publics, dans les délibérations du
conseil, dans les entretiens privés, sans cesse
et d'époque en époque, j'ai représenté humblement au Roi que des parlemens et des parlemens fréquens étaient le seul moyen qu'il
eût de vivre en paix, le seul d'acquérir pour
son peuple comme pour lui une félicité durable; et quand ils répéteront encore *que j'ai
voulu renverser les lois fondamentales*, répé-
tez-vous encore avec quelle persévérance, avec
quelle ardeur j'ai conseillé au Roi d'appeler
ces parlemens, qui sont, après Dieu, les plus
puissans protecteurs des *lois fondamentales
du royaume*.

DERNIÈRES PAROLES de Strafford à ses juges.

(LALLY-TOLLENDAL, *Vie de Strafford*, trad. de l'angl.)

Ce discours est plein de noblesse et de force, tel qu'il pouvait être dans la bouche d'un homme illustre injustement accusé. Il ne cherche point à émouvoir la pitié de ses juges ; il a le droit de ne faire parler que la raison. Mais cette pitié est excitée naturellement par le tableau si dramatique qui termine ; le malheureux père se montre enfin, et la nature est plus forte que la résolution.

———

Bon Dieu ! Milords, où donc s'est caché pendant tant de siècles ce feu dont on n'avait pas même aperçu la fumée, et qui vient d'éclater tout-à-coup pour me consumer moi et mes enfans ? Certes, il vaudrait mieux vivre sans lois, et se conformer le plus habilement qu'on pourrait à la volonté arbitraire d'un maître absolu, que de rêver qu'on vit sous la protection d'une loi, et de se trouver poursuivi par des procédures, condamné pour des actions antérieures à la promulgation de cette loi.

Qu'on me dise donc quel signe a été attaché aux actions qu'on me reproche, pour m'ap-

prendre qu'elles étaient un délit? Si, en vo
guant sur la Tamise, je vais me briser contr
une ancre, et qu'il n'y ait point eu de balis
pour m'avertir du danger, le maître du navir
qui aura causé la perte du mien m'en devra l
dédommagement; mais si son ancre m'a ét
signalée, personne ne me doit plus compte du
danger que j'ai voulu courir. Ici, Milords, j
demande où était la marque du crime contr
lequel a péri mon innocence? S'il n'y a poin
de signe extérieur, si l'écueil était caché sou
la profondeur des eaux, et imperceptible à l
vue, il n'y avait point de sagesse humaine qu
pût prévenir ma perte, il n'y en a point qu
puisse empêcher la destruction de tout être vi
vant à tous les momens du jour. Alors ne dé
libérons plus sur la règle de nos actions, ne
cherchons plus ce que c'est que la justice et la
raison, abandonnons-nous aveuglément à la
Providence divine, car il n'est plus pour nous
une autre sauve-garde.

Milords, dans les temps de la primitive
Église, à la voix des Apôtres prêchant ouver-
tement une doctrine aussi simple que pure,
la foule des premiers Chrétiens apportait et
brûlait devant eux tous ses recueils secrets d'o-
racles mensongers et de magiques impostures.
En vérité il serait digne et de votre raison, et

de votre prévoyance, pour vous, pour votre
postérité, pour tout le royaume, de faire allumer devant vous un brasier dévorant, et d'y
jeter l'un sur l'autre tous ces sanglans et mys-
térieux volumes de trahisons *constructives* et
arbitraires. Ah! tenons-nous-en au texte clair
du statut, qui nous montre où est le crime,
qui nous dit ce qu'il faut fuir, et ne nous piquons pas d'être plus savans dans ces arts
homicides que nos pères ne l'étaient avant
nous.

Depuis que la loi sur les trahisons a été
portée, deux cent quarante ans se sont écou-
lés sans que personne, jusqu'à moi, ait vu s'é-
lever contre lui une accusation pareille à celle
qu'on a travaillée pour me perdre. Cependant
nous avons vécu heureux au-dedans, glorieux
au-dehors. Contentons-nous de ce que nous
ont laissé nos ancêtres, et n'allons pas réveiller le lion endormi, en secouant près de lui
cet amas poudreux de registres amoncelés dans
son gothique et sanglant repaire. C'est là,
Milords, c'est là le coup mortel pour mon
cœur. Je suis innocent envers les hommes, je
n'en ai trahi aucun, j'ai voulu servir ceux
dont j'étais né le concitoyen; mais sans doute
j'ai trop péché envers le ciel, et, de toutes les
punitions, la plus douloureuse, ce serait la

pensée que moi je devinsse un exemple si funeste aux lois et aux libertés de mon pays. Ils
vous ont dit qu'ils défendaient la chose publique : c'est moi, Milords, c'est moi qui la dé-
fends; je ne puis être blessé qu'elle ne le soit
au même instant. Qu'ils parviennent à me frapper, et dans peu d'années la condition de ma
triste patrie sera celle que décrit si énergiquement le statut de Henri IV, cette condition
affreuse où aucun homme ne sait plus ni ce
qu'il peut faire, ni ce qu'il peut dire, sans
courir risque de sa vie.

Enfin, Milords, n'imposez pas aux ministres d'État des difficultés insurmontables; ne
faites pas qu'il leur soit impossible de servir
avec joie leur roi et leur pays. Si vous les livrez à une inquisition minutieuse , si vous
morcelez ainsi toute leur conduite pour la
peser grain à grain, le fardeau deviendra insupportable, les affaires publiques demeure-
ront abandonnées, et nul homme, ayant quelque chose à perdre, ne voudra se placer au
gouvernail de l'É at.

(*Strafford semblait avoir tout dit, lorsqu'on le vit baisser ses regards sur ceux de
ses enfans que leur âge avait permis de conduire à sa suite, sur les enfans d'Arabella-
Holles, vêtus de deuil à côté de leur père, et*

assez avancés pour entendre qu'il défendait sa vie. Après les avoir considérés quelques minutes, dans un silence que toute l'assemblée observait elle-même avec saisissement, il reporta ses yeux vers ses juges.)

Milords, *dit-il*, je crains d'avoir abusé de votre patience ; j'aurais été moins long, mais l'intérêt de ces gages sacrés que m'a laissés une sainte aujourd'hui dans le ciel....

(*A ces mots, les yeux de cet infortuné père se mouillèrent de larmes, sa voix devint entrecoupée, il fut obligé de s'arrêter un instant; il s'efforça de continuer :*)

Que ma tête soit proscrite, ce n'est rien ; mais que, par mon imprudence, j'aie pu attirer la forfaiture sur ces têtes innocentes, voilà ce qui déchire jusqu'à la dernière fibre de mon cœur....

(*Ses pleurs redoublèrent; il en vit couler des yeux de ses enfans.*)

Milords, *dit-il*, pardonnez ma faiblesse.... J'aurais encore quelque chose à vous dire...., mais je sens que je ne pourrais.... Il faut que j'y renonce.

(*Puis, rassemblant tout son courage, il parvint à proférer encore ces dernières paroles dignes de terminer une défense si sublime :*)

Maintenant, Milords, pour ce qui est de

moi personnellement, je remercie Dieu, dont
la bonté infinie m'a dès long-temps appris
combien sont légères toutes les afflictions de
cette vie comparées avec cette éternelle immensité de gloire qui doit nous être révélée.
Ainsi, dans tous les cas, oui, Milords, dans
tous les cas, humble de cœur, tranquille d'esprit, je me soumets franchement et librement
à ce qu'il vous plaira de prononcer; que ce
soit un arrêt de vie ou de mort, je suis résigné
d'avance à la volonté du Ciel que je bénis,
et me voilà prêt à remettre le dépôt de ma
vie entre les mains du grand auteur de mon
existence.

Contre les Accusateurs du Comte de Lally-Tollendal.

(Mémoire *pour le comte de Lally-Tollendal.*)

Vigueur dans la pensée et dans le style. Ce morceau que la conviction a dicté, n'est pas moins raisonné avec force qu'il est écrit avec véhémence.

———

ARGUMENT. Ce Mémoire, publié pour justifier le comte de Lally-Tollendal, accusé de concussion et de haute trahison dans son gouvernement de Pondichéri, se termine par une péroraison qui renferme le résumé exact de toute la défense. Ce morceau nous a paru former un tout complet, avec la forme et le mouvement oratoires, et nous nous sommes crus autorisés à le placer parmi les *discours.*

DEUX moyens victorieux se réunissent en faveur de l'accusé, et concourent à démontrer son innocence. Il oppose d'abord aux délateurs un reproche général, qui dégrade et anéantit entièrement leur témoignage. Il faut renverser toutes les lois et méconnaître des maximes reçues chez toutes les nations policées, si des témoins de la trempe de ceux qui ont été entendus contre le comte de Lally sont admis dans les tribunaux.

Quoi! des hommes qui se sont déclarés par

écrit dénonciateurs, dont toute la conduite ne
respire que l'inimitié, la vengeance et la haine,
qu'un intérêt commun excite à se liguer contre
un commandant qui a le premier fait connaître
leurs malversations, deviendront, pour ainsi
dire, les arbitres de son sort; ils seront tout
à la fois accusateurs, témoins, et même juges,
si l'on se permet de penser que leurs déclara-
tions soient dignes de foi ! Mais depuis quand
oserait-on attribuer le caractère si respectable
de la vérité à des délations odieuses que la
calomnie enfante, et que l'intérêt personnel
des calomniateurs détermine évidemment à
soutenir? Non, ce n'est point à des magistrats
qu'on propose des idées aussi révoltantes, ce
serait faire injure à leur sagesse et outrager
également les lois et l'humanité.

L'accusé aurait pu borner sa défense à ce
moyen général qui sape par les fondemens
l'édifice que l'imposture a entrepris d'élever;
mais il a cru devoir poursuivre le mensonge
dans les routes où il s'égare; et quel avantage
ne présente pas au comte de Lally la discussion
successive de tous les chefs d'accusation mul-
tipliés à un excès qui n'a point d'exemple!
Qui ne serait frappé de ce nombre prodigieux
de contradictions, d'absurdités et d'impostures
que les dépositions renferment! Quelle étrange

confusion des temps, des lieux et des personnes ! Il n'est pas une seule des classes d'accusation qu'on a examinées, où les témoins qui
se déchaînent le plus vivement contre le comte
de Lally, et qui s'annoncent hautement comme
les chefs de la cabale, ne soient convaincus de
calomnie, et souvent par des preuves écrites
émanées d'eux-mêmes. Le mensonge prouvé
sur un point rend celui qui en est coupable
indigne de foi sur tous les autres. Cette règle,
enseignée par tous les criminalistes du monde,
reçoit ici l'application la plus évidente. La
qualité des délations se joint donc à celle des
délateurs pour assurer le triomphe de l'innocence et de la vérité.

Il est triste sans doute pour l'accusé d'avoir
à combattre une si grande multitude d'ennemis. Mais que les auteurs de ses disgrâces
n'imputent qu'à la noirceur de leurs calomnies
la discussion des faits et des écrits où ce général s'est vu contraint de s'engager. Pouvait-
il repousser les traits de l'imposture sans dé-
masquer les imposteurs ? Il n'ignore assurément ni leurs artifices ni leurs complots ; mais
il sait aussi que de pareilles armes sont im-
puissantes dans le temple de la justice.

RICHARD Ier à l'Empereur Henri V.

(LE P. D'ORLÉANS, *Révolutions d'Angleterre*, liv. II.)

Eloquence convenable, et au caractère noble
et fier de Richard, et à sa malheureuse fortune.
Il se justifie, mais il ne s'abaisse pas.

———

ARGUMENT. Comme Richard, après avoir quitté, sous
des habits empruntés, l'armée qu'il commandait en Palestine, revenait dans ses Etats, troublés par l'ambition
de son frère, il fut découvert et arrêté dans les Etats
du duc d'Autriche, son ennemi, qui l'envoya à l'Empereur. Amené devant ce prince, il s'entendit reprocher
ses liaisons avec Tancrède, roi de Sicile, contre les intérêts de l'Empereur, sa mauvaise foi envers Philippe-
Auguste, l'usurpation du royaume de Chypre, une insulte grave faite au duc d'Autriche, l'assassinat du
marquis de Montferrat, et des intelligences avec Saladin. Alors il se leva et répondit :

JE suis né dans un rang à ne rendre compte
de mes actions qu'à Dieu; mais elles sont de
telle nature, qu'elles ne craignent pas même
le jugement des hommes, et particulièrement,
Seigneur, d'un prince aussi juste que vous.
Mes liaisons avec le roi de Sicile n'ont rien
qui vous ait dû fâcher; j'ai pu ménager un
homme dont j'avais affaire, sans offenser un
prince dont j'étais ami. Pour le roi de France,

je ne sache rien qui ait dû m'attirer son chagrin, que d'avoir été plus heureux que lui (1). Soit l'occasion, soit la fortune, j'ai fait des choses qu'il eût voulu avoir faites : voilà tout mon crime à son égard. Quant au tyran de Chypre, chacun sait que je n'ai fait que venger les injures que j'avais reçues le premier. En me vengeant de lui, j'ai affranchi ses sujets du joug sous lequel il les accablait. J'ai disposé de ma conquête : c'était mon droit, et si quelqu'un avait dû y trouver à redire, c'était l'empereur de Constantinople (2), avec lequel ni vous ni moi n'avons pas de grandes mesures à garder. Le duc d'Autriche s'est trop vengé de l'injure dont il se plaint pour la compter encore parmi mes crimes. Il avait manqué le premier, en faisant arborer son drapeau dans un lieu où nous commandions, le roi de France et moi, en personne (3) : je l'en punis trop sévèrement ; il a eu sa revanche au double, il n'en doit plus rien avoir sur le

---

(1) Il avait conquis le royaume de Chypre sur l'usurpateur Isaac, dont il avait à se plaindre, et pendant ce temps, Philippe était resté dans l'inaction.

(2) Isaac était Grec de nation.

(3) A la prise d'Acre, ce duc avait fait planter son drapeau sur une tour, et Richard, irrité, avait commandé que ce drapeau fût arraché et foulé aux pieds.

cœur, que le scrupule d'une vengeance que
le Christianisme ne permet pas. L'assassinat du
marquis de Montferrat (1) est aussi éloigné de
mes mœurs que mes intelligences prétendues
avec Saladin sont peu vraisemblables. Je n'ai
pas témoigné jusqu'ici craindre assez mes ennemis pour qu'on me croie capable d'attaquer leur vie autrement que l'épée à la main,
et j'ai fait assez de mal à Saladin pour faire
juger que si je ne l'ai pas trahi, je n'ai pas
été son ami. Mes actions parlent pour moi et
me justifient mieux que mes paroles. Acre
pris, deux batailles gagnées, des partis défaits, des convois enlevés avec tant de riches
dépouilles dont toute la terre est témoin que
je ne me suis pas enrichi, marquent assez,
sans que je le dise, que je n'ai pas épargné
Saladin. J'en ai reçu quelques présens que ce
Sarrazin, non moins recommandable par sa
politesse et sa générosité que par sa valeur et
sa conduite, m'a de temps en temps envoyés.
Le roi de France en a reçus comme moi, et ce
sont des honnêtetés que les braves gens dans la
guerre se font les uns aux autres sans conséquence. On dit que je n'ai pas pris Jérusalem :

_____

(1) Tué par l'ordre du Vieux de la Montagne, prince
des _Assassins_, parce qu'il avait refusé de rendre un vaisseau appartenant à cette nation féroce.

je l'aurais prise si on m'en eût donné le
temps (1) : c'est la faute de mes ennemis, non
la mienne, et je ne crois pas qu'un homme
équitable me puisse blâmer d'avoir différé une
entreprise qu'on peut toujours faire, pour
apporter à mes peuples un secours qu'ils ne
pouvaient plus long-temps attendre. Voilà,
Seigneur, quels sont mes crimes : juste et
généreux comme vous êtes, vous reconnais-
sez sans doute mon innocence, et, si je ne me
trompe, je m'aperçois que vous êtes touché
de mon malheur.

---

(1) C'est-à-dire, sans les troubles que son frère Jean
suscitait en Angleterre.

Une Veuve aux accusateurs imprudens de son époux.

(Servan, *Mémoire pour la veuve Game.*)

Conviction dans la pensée, véhémence dans les mouvemens. Plus d'énergie que de correction dans le style.

———

Argument. Un homme fut accusé d'un vol qu'il n'avait pas commis, et condamné à neuf ans de galères et trois jours de carcan : il en mourut de douleur. Dans un mémoire que Servan publia pour la veuve de cet infortuné, il suppose qu'elle tient ce discours aux accusateurs de l'époux qu'elle a perdu :

Mon époux est mort, et c'est son moindre malheur. La plus malheureuse, sans doute, c'est moi, qui lui survis; moi, que vous avez fait rougir tant de fois de son accusation, qui ai répandu tant de larmes sur ses fers, que sa terrible condamnation avait écrasée plus que lui; moi qui m'étais épuisée dans sa maladie pour le rappeler à sa malheureuse vie, et qui l'avais vu expirer dans mes bras, infecté de sa prison; moi, qui ne recueillais pour son funeste héritage que son innocence méconnue et son infamie publiée. On dit que les hommes ont le courage et que les femmes ont la faiblesse : qu'ils gardent bien leur partage; le nôtre est celui du malheur; et, dans cette vie,

si cruelle pour tous, notre sexe semble un
titre particulier pour l'infortune. Combien la
captivité de mon époux me rendit la liberté
odieuse! combien son opprobre avait effacé
mon honneur! combien la vie me devint funeste après sa funeste mort! Vous ne le croirez
point, vous qui me l'avez si barbarement ravi, vous ne le concevrez pas même; car enfin
je ne suis qu'une femme du peuple : dites-le,
dites-le bien, et soutenez, s'il le faut, qu'il
ne m'appartient pas plus de sentir un grand
malheur que d'en exiger la réparation ; d'autres que vous sauront m'entendre. Il en est
qui n'ont pas dédaigné de recueillir mes larmes ; ils ont fait relever mon front abaissé par
la honte ; ils s'indignaient contre les meurtriers
d'un homme innocent et les persécuteurs de
son épouse. Ils savaient plaindre une jeune
femme précipitée tout-à-coup par votre témérité dans la viduité, l'indigence et l'opprobre ; ils étaient, en un mot, sensibles et justes.
Eh! pourquoi ne voulez-vous pas l'être comme
eux ? pourquoi disputez-vous un peu de fortune contre votre conscience ? pourquoi vous
exposez vous à garder à jamais un remords qui
saura bien ronger et corrompre votre or ? Prê-
tez-moi donc l'oreille, et comptez les maux
que vous devez réparer. Comptez six mois de

douleurs, d'alarmes et d'horreurs pour un innocent accusé, condamné et mort ; comptez
tous ces maux réunis aux miens dans le cœur
de son épouse ; comptez l'infamie, pire que
les douleurs, l'infamie de tous deux, celle de
mon époux, qui survit sur ma tête après sa
mort, et qui laisse encore aujourd'hui mon
front douteux jusqu'à l'issue d'un arrêt; comptez les larmes que j'ai versées et surtout celles
que ma honte m'a fait contraindre ; comptez
une fortune perdue, et, dans l'indigence, l'a-
battement qui m'ôte la force d'en sortir ;
comptez tous ces maux passés, et multipliez-
les ensuite par tous les instans de ma vie où
ma mémoire va les étendre : voilà mes pertes
et votre ouvrage. Laissons les hommes et leurs
lois, et venez devant ce Dieu qui créa dans
nos cœurs les lois primitives et invariables de
l'équité. Venez, et osez lui dire, au nom de
ces lois, que vous ne me devez rien : vous
ne l'oseriez jamais. Qu'allégueriez-vous, en
effet, devant ce Dieu qui voit les cœurs ? votre
bonne foi : quand elle serait entière, elle
ne vous exempterait de rien : la bonne foi
exempte du remords, mais non de la justice (1); et la justice éternelle veut que vous

_____

(1) Car elle suppose ici cette bonne foi accompagnée
d'une imprudence condamnable.

répariez les maux que vous avez faits. Vous
autres hommes, discutez, si vous le voulez ;
moi je ne veux et ne sais que sentir ; je sens
en moi-même une pitié qui m'inspire de soulager les maux mêmes causés par un autre
que moi ; mais quand il s'agit des maux que
j'ai causés moi-même, cette pitié est une voix
impérieuse, un mouvement irrésistible. —
Mais j'ai nui sans le vouloir. — Eh bien ! tu
auras de moins le remords, mais ton obligation est la même.

La même Veuve à ses ennemis.

(Servan, *Mémoire pour la veuve Game.*)

Ce discours me paraît supérieur au précédent.
Il y a plus de goût dans les détails, et même plus
de véhémence, et une éloquence plus constam-
ment élevée dans l'ensemble. On ne peut échapper à une émotion profonde quand on a lu ce
morceau.

Quel titre choisissez-vous aujourd'hui ? Voulez-vous être des dénonciateurs téméraires, ou
des témoins absurdes, ou des calomniateurs
effrénés ? Par quelles lois voulez-vous être
jugés, par les lois de la nature, ou par celles

de nos institutions ? Choisissez, et par-tout lisez
votre arrêt ; lisez-le surtout dans vous-mêmes ;
car c'est en vain que vous vous débattez dans
les chaînes de la conscience ; fatigués de vos
efforts, vous retomberez toujours sur vos remords. Tandis que vous mendiez dans les lois
des secours qui vous déshonorent, vous êtes
dans le trouble et l'effroi ; l'image de mon
époux vous poursuit le jour, et vous réveille
la nuit. Vous ne pouvez marcher sans frémir
dans cette ville immense ; cet homme innocent
vous apparaît soudain dans tous les lieux où
vous l'avez vu et entendu ; vous le voyez expirant dans un affreux cachot ; vous l'entendez vous reprocher sa mort, et si vous avez
un cœur, cette image sanglante y descend tous
les jours pour le ronger. Dans la vaste enceinte
de cette ville, votre conscience est serrée entre
vous et moi, et je vous défie de vivre paisibles
dans des lieux où vous risquez de me voir ; je
défie votre cœur de me rencontrer jamais sans
palpiter d'effroi. Eh bien ! me voici maintenant ; je suis la veuve de cet homme innocent
et condamné à cause de vous et par vous ; je
suis sa veuve ; et puisque vous affectez de me
méconnaître, puisque vous osez me repousser,
appelons tous les citoyens que vous rendîtes
spectateurs de votre funeste démence, tous les

magistrats qui en furent les instrumens involontaires ; appelons-les , et venons ensemble dans
ces lieux funèbres où mon malheureux époux
fut enseveli ; et si nous pouvons découvrir
quelques lamentables restes de l'innocence,
jurez en leur présence que vous êtes innocens
comme mon époux ; jurez, jurez sur ces cendres
funèbres que votre conscience est dans la paix.
Ah ! vous ne le proféreriez jamais cet horrible
serment ; vous trembleriez qu'à votre voix fatale ses ossemens ne frémissent et ne se sou-
levassent tout-à-coup pour s'écrier et vous
confondre. Fuyez donc , et courez , en cachant
vos terreurs , demander à nos juges le salut de
vos malheureuses richesses.

Citoyens, prenez garde, mes ennemis sont
les vôtres ; ils ne sollicitent point contre moi
seule, mais contre vous encore, contre la sûreté
publique ; ils osent demander l'impunité la
plus dangereuse, et si la bonne foi peut servir
de prétexte à l'imprudence, tremblez le matin
dans vos maisons, vous pourrez coucher le
soir dans un cachot pour aller bientôt à l'échafaud. Mes malheurs seront passagers comme
moi ; mais un jugement est durable. En parlant pour moi, pensez à vous ; rendez-vous
utile la pitié que j'inspire, et faites cimenter
votre repos avec mes larmes. O magistrats ,

protecteurs et vengeurs de l'innocence! ne
voulez-vous pas la délivrer des dangers de
l'imprudence comme de ceux de l'imposture?
Rassurez les esprits alarmés, et, par un exemple frappant, imprimez aux témoins, à ces
hommes que le hasard a faits arbitres de la vie
de leurs semblables, imprimez dans leur âme
une terreur salutaire qui donne un frein à leur
imagination, la vigilance à leurs sens, et le
calme à leur raison; qu'ils craignent de se
tromper eux-mêmes presque autant que de
tromper les autres: enfin mettez un appui durable sur le bord de l'abîme où fut précipité
mon époux. Mais vous, juges, qui me l'avez
ravi, je ne vous demande point compte de
mes douleurs, et je pleure sur votre jugement
sans l'outrager; je plains même une erreur in-
volontaire qui expose des âmes sensibles
presque aux remords du crime; mais ne serez-
vous pas plus sévères pour vous-mêmes qu'il
ne m'est permis de l'être? Penserez-vous que
des regrets cachés dans vos cœurs suffisent à
votre gloire? les âmes les plus vulgaires en
seraient pénétrées; mais publier ces regrets
avec éclat, désavouer avec indignation ces témoins effrénés qui vous ont égarés, votre jugement à la main, vous mettre vous-mêmes à
la tête du public, qui le condamne et qui en

est effrayé, devenir les héros volontaires de
l'innocence que vous avez opprimée malgré
vous, vous associer aux larmes d'une femme
que vous avez rendue veuve, la relever de
l'indigence où elle tombée auprès du tombeau
de son époux, la devancer avec ardeur auprès
de ses nouveaux juges, et présenter vous-mêmes et ses droits et ses plaintes, ce serait honorer à la fois l'humanité et la magistrature;
ce serait tirer d'une faiblesse des preuves de
courage, et d'une erreur des preuves de sagesse;
ce serait consoler vos concitoyens, et faire
briller à leurs yeux la vertu qui convient le
mieux à l'homme sujet à tant d'erreurs, celle
de les reconnaître et de les réparer.

PLACET à la Reine Anne d'Autriche, mère
   du Roi Louis XIV, pour l'abbé de
   Mercy.

(PATRU.)

Ce placet est écrit avec noblesse et élégance.
J'ai cru faire plaisir en donnant une idée du
style d'un homme que Boileau regardait comme
maître dans l'art d'écrire.

ARGUMENT. Après avoir subi une longue prison et
deux condamnations infamantes, par suite d'imputa-
tions calomnieuses, l'abbé de Mercy trouva dans Patru
un défenseur qui porta ses plaintes au pied du trône.
Voici le placet composé en sa faveur :

Si jamais il y eut un malheureux digne de
la protection d'une grande reine, c'est le gentilhomme que votre Majesté voit maintenant à
ses pieds. La violence de ses ennemis n'a rien
épargné pour le perdre, et le nom qu'il porte
est un nom assez connu dans toute l'Europe
pour lui faire au moins la justice d'écouter ses
justes plaintes. Il est frère du fameux Mercy,
qui mourut après s'être montré avec tant de
gloire dans les batailles de Fribourg et de Nor-
lingue. Son père et ses aïeux, quoique Lor-
rains de naissance, ont vieilli au service ou
des rois, ou des empereurs de votre maison.

Il s'est lui-même, en la conjuration funeste
du comte de Bassigni, il s'est lui-même sacri-
fié pour servir la monarchie d'Espagne; dans
une conjoncture si cruelle, il préféra la fidélité de son serment, il préféra son devoir à
tout ce qu'il y a de plus tendre et de plus doux
dans la vie. Cependant, Madame, huit ans de
prison, et d'une prison inhumaine, deux condamnations pleines d'infamie ont été la récompense de son zèle, et du zèle que ses frères,
que son père et ses aïeux ont eu pour l'auguste
sang d'Autriche. On l'a forcé de consumer
tout son bien à se faire faire son procès; on
l'a dépouillé de ses bénéfices; enfin on lui a ôté
quelque chose de plus que la vie, puisqu'on lui
a ôté indignement l'honneur. C'est, Madame,
le sujet de la très-humble supplication qu'un
gentilhomme infortuné, mais innocent, vous
fait aujourd'hui; il vous demande, et avec tout
le respect qui vous est dû, votre protection
auprès de sa Majesté catholique. Ce grand
prince ne serait pas votre frère s'il n'aimait
et la justice et la vertu. Le suppliant ne désire que de lui rendre compte de ses actions,
qu'une impudente calomnie s'est efforcé de
noircir; il ne lui demande pour cela que des
juges sans passion, et qui ne soient ni complices ni confidens de ses ennemis.

SECTION VI.

SUJETS MILITAIRES.

Dion à ses soldats et aux Léontins.

(BARTHÉLEMY, *Voyage d'Anacharsis*, chap. LX.

Généreux dévouement, et magnanime oubli
des injures. Il est touchant de voir Dion unir ses
prières à celles des députés qui sont venus implorer de lui le pardon de leurs concitoyens.

ARGUMENT. A la tête de trois mille guerriers du Péloponèse, Dion avait chassé Denys-le-Tyran de Syracuse, sa patrie. D'abord l'idole de ses concitoyens, il
leur devint suspect, et fut obligé de sortir de Syracuse
avec ses soldats, qui le protégèrent contre la fureur du
peuple. Il se retira chez les Léontins. Mais l'un des généraux de Denys profita de ces divisions ; il entra dans
Syracuse et la mit à feu et à sang. Des députés de cette
ville vinrent en toute hâte se jeter aux pieds de Dion,
et le conjurèrent de sauver sa patrie. Alors ce grand
homme s'écria :

GUERRIERS du Péloponèse, et vous, fidèles
alliés, c'est à vous de délibérer sur ce qui vous
regarde. De mon côté, je n'ai pas la liberté du
choix ; Syracuse va périr, je dois la sauver, ou
m'ensevelir sous ses ruines ; je me range au

nombre de ses députés, et j'ajoute : nous fûmes les plus imprudens, et nous sommes les plus infortunés des hommes. Si vous êtes touchés de nos remords, hâtez-vous de secourir une ville que vous avez sauvée une première fois; si vous n'êtes frappés que de nos injustices, puissent du moins les dieux récompenser le zèle et la fidélité dont vous m'avez donné des preuves si touchantes ! et n'oubliez jamais ce Dion, qui ne vous abandonna que quand sa patrie fut coupable, et qui ne l'abandonne pas quand elle est malheureuse.

JULIEN à ses soldats.

(LEBEAU, *Histoire du Bas-Empire*, liv. IX.)

Langage mêlé de fermeté et de complaisance. C'était ainsi que pouvait parler un général à des soldats entraînés par un excès d'ardeur.

ARGUMENT. Les Allemands, qui ravageaient la Gaule, avaient réuni toutes leurs forces dans la plaine de Strasbourg. Julien, envoyé par Constance contre ces barbares, arrive dans le dessein de leur présenter la bataille. Mais, pour être plus sûr de la victoire, il voulut faire reposer son armée, et l'engagea ainsi à modérer l'ardeur qu'elle témoignait :

CAMARADES, je suis bien assuré qu'aucun de vous ne me soupçonne de craindre l'en-

nemi, et je compte aussi sur votre bravoure.
Mais, plus je l'estime, plus je dois la ménager, et prendre les moyens les plus sûrs pour
ne pas acheter trop cher un succès qui vous
est dû. De bons soldats sont fiers et opiniâtres
contre les ennemis, modestes et dociles à l'é-
gard de leur général. Cependant je ne veux
rien décider ici sans votre consentement. Le
jour est avancé, et la lune, qui est en décours,
se refuserait à notre victoire. Harassés d'une
longue marche, vous allez trouver un terrain
raboteux et fourré, des sables brûlans et sans
eau, un ennemi reposé et rafraîchi. N'est-il
pas à craindre que la faim, la soif, la fatigue
ne nous aient fait perdre une partie de notre
vigueur ? La prudence fait prévenir les difficultés, et les dangers disparaissent quand
on écoute la divinité qui s'explique par les
bons conseils. Celui que je vous donne, c'est
de nous retrancher ici, de nous reposer à l'abri
des gardes avancées que j'aurai soin de placer
et, après avoir réparé nos forces par la nourriture et par le sommeil, nous marcherons
aux ennemis à la pointe du jour, sous les aus-
pices de la Providence et de votre valeur.

Curion au Conseil de guerre.

(Rollin, *Histoire romaine*, liv. xliii, trad. de César.)

L'orateur tient le langage d'une expérience consommée. Il est également éloigné de la défiance excessive et de la témérité.

———

Argument. Curion, brave guerrier, et l'un des plus grands orateurs de son temps, faisait la guerre en Afrique contre un certain Attius Varus, et Juba, roi de Mauritanie, son allié. Il remarqua dans son camp des soupçons et des défiances, et assembla le conseil de guerre pour délibérer sur ce danger. Les uns voulaient que, pour distraire les soldats de ces pensées, on attaquât à l'instant même le camp des ennemis ; les autres, qu'on se retirât au plus vite. Curion blâma ces deux avis, et donna le sien en ces termes :

Quelle confiance pouvons-nous avoir de forcer un camp que sa situation naturelle et de grands travaux rendent imprenable ? Et quel tort ne nous faisons-nous pas si nous sommes contraints de nous retirer avec perte ? Ne savez-vous pas que les succès attirent aux généraux la bienveillance de leur armée, et qu'au contraire les disgrâces les rendent méprisables et odieux ? Pour ce qui est de changer de camp, c'est le plus mauvais de tous les partis. Outre la honte d'une fuite préci-

pitée et d'un lâche désespoir qui décrédite-
rait nos armes, nous aliénerions même par
cette démarche les esprits de nos soldats. Car
il ne faut point que les bons soupçonnent
que l'on se défie d'eux, ni que les méchans sachent qu'on les craint, parce que
vos craintes augmentent l'audace des uns et
refroidissent l'affection des autres. Je suis
persuadé que tout ce qu'on nous dit de la
fâcheuse disposition des esprits des troupes
est ou entièrement faux ou exagéré. Mais je
veux qu'il n'y ait rien que de vrai : est-ce
à nous à faire éclater le mal qui nous presse ?
et ne devons-nous pas au contraire cacher
cette plaie pour ne point rehausser le courage
de nos adversaires ? On veut même que nous
partions à minuit, apparemment afin que ceux
qui auraient envie de faire mal en eussent
pleine licence. Car ce qui retient le plus des
soldats qui se préparent à déserter, c'est la
honte et la crainte : or, la nuit lève ce double
obstacle. Quant à moi, je ne suis ni assez
hardi pour attaquer un camp sans espérance
de l'emporter, ni assez timide pour m'abandonner moi-même ; et je crois devoir tout
tenter avant que d'en venir là. J'espère que
bientôt l'expérience vous convaincra que je
pense juste en cette occasion.

VALENTINIEN à ses soldats.

(LEBEAU, *Histoire du Bas-Empire*, liv. XVI.)

Valentinien parle en homme qui connaît la puissance d'une première impression, et l'empire qu'une âme ferme peut exercer sur une aveugle multitude. Le ton de son discours est celui de la raison et de l'autorité.

———

ARGUMENT. Après la mort de l'empereur Jovien, l'armée s'occupa de lui choisir un successeur. Son choix tomba sur Valentinien. Celui-ci fut proclamé Auguste à Nicée. Comme il se préparait à haranguer les soldats, ils demandèrent à grands cris qu'il se nommât sur-le-champ un collègue. L'intrépide Valentinien impose silence aux plus turbulens, et parle en ces termes :

BRAVES défenseurs de nos provinces, vous venez de m'honorer du diadème. Je connais tout le prix de cette préférence à laquelle je n'ai jamais aspiré. Toute mon ambition s'était bornée à me procurer la satisfaction intérieure qui couronne la vertu. Il dépendait de vous tout-à-l'heure de me choisir pour votre souverain ; c'est à moi maintenant à décider des mesures qu'il faut prendre pour votre sûreté et votre gloire. Ce n'est pas que je refuse de partager ma puissance : je sens tout le poids de la couronne ; je reconnais qu'en m'élevant

sur le trône vous n'avez pu me placer au-
dessus des accidens de l'humanité. Mais votre
élection ne se soutiendra qu'autant que vous
me laisserez jouir des droits dont vous m'a-
vez revêtu. J'espère que la Providence, se-
condant mes bonnes intentions, m'éclairera
sur le choix d'un collègue digne de vous et
de moi. Vous savez que, dans la vie privée, c'est
une maxime de prudence de n'adopter pour
associé que celui dont on a fait une sérieuse
épreuve. Combien cette précaution est - elle
plus nécessaire pour le partage du pouvoir souverain, où les dangers sont si fréquens et les
fautes irréparables ! Reposez - vous de tout
sur ma vigilance. En me donnant l'empire,
vous ne vous êtes réservé que l'honneur d'une
fidèle obéissance. Songez seulement à profiter du repos de l'hiver pour rétablir vos forces, et vous préparer à de nouvelles victoires.

Saint-Louis à l'armée chrétienne.

(Mézerai, *Histoire de France*, Saint-Louis)

Paroles dignes d'un héros chrétien, dont la bravoure est enhardie par sa confiance dans la protection divine.

Argument. Dans une bataille près de Damiette, les Chrétiens fuyaient : Saint-Louis parcourt les rangs et s'écrie :

Courage, Chrétiens, courage, Français ; me voici qui viens mourir avec vous, qui viens exposer ma vie pour la sauver à quelqu'un de vous autres. J'étais hors du danger, et pourtant je ne vous y ai pas voulu laisser ; je vous ramènerai ou j'y demeurerai. Si Dieu ne nous a pas abandonnés, il est aussi puissant qu'il était quand il nous a donné trois victoires de suite. Implorons-le donc ; il nous couvrira de son bouclier, et nous armera le bras d'une force invincible.

LE CARDINAL XIMÉNÈS aux troupes espagnoles.

(FLÉCHIER, *Histoire du Cardinal Ximénès*, liv. III.)

ARGUMENT. Le Cardinal Ximénès voyait avec douleur les incursions continuelles des Maures sur le territoire espagnol, et les violences qu'ils y commettaient.
Il conseilla au roi Ferdinand de porter la guerre en
Afrique. Le Roi approuva ce projet. Mais, comme ses
finances étaient épuisées, le cardinal se chargea des
frais de la guerre. Il leva des troupes à ses dépens,
nomma un général, et passa lui-même en Afrique avec
cette armée. Au moment où elle allait livrer bataille,
ce cardinal sexagénaire monta sur un tertre, et prononça ce discours :

Si de braves gens comme vous avaient besoin d'être animés par des discours et par des
personnes de profession militaire, je n'entre-
prendrais pas de vous parler, moi qui n'ai ni
éloquence, ni habitude au métier des armes.
Je laisserais ce soin à quelqu'un de ces vaillans capitaines qui vous ont souvent exhortés
à vaincre, et qui ont accoutumé de combattre
avec vous. Mais, dans une expédition où il
s'agit du salut de l'État et de la cause de Dieu,
j'ai cru que vous m'écouteriez, et j'ai voulu,
sur le point du combat, être ici le témoin
de votre résolution et de votre courage. Vous

vous plaigniez depuis long-temps que les
Maures ravageaient nos côtes, qu'ils traî-
naient vos enfans en servitude, qu'ils dés-
honoraient vos filles et vos femmes, et que
nous étions sur le point de devenir tous leurs
esclaves. Vous souhaitiez qu'on vous condui-
sît sur ces rivages pour venger tant de pertes
et tant d'affronts. Je l'ai souvent demandé au
nom de toute l'Espagne, et j'ai enfin résolu
d'assembler des gens choisis tels que vous
êtes. Les mères de famille qui nous ont vus
passer dans les villes ont fait des vœux pour
notre retour ; elles s'attendent à nous revoir
victorieux, et croient déjà que nous rompons
les cachots, que nous mettons leurs enfans en
liberté et qu'elles vont les embrasser. Vous
avez désiré ce jour. Voyez cette région barbare : voilà devant vos yeux les ennemis qui
vous insultent encore et qui ont soif de votre
sang. Que cette vue excite votre valeur. Faites
voir à tout l'univers qu'il ne vous manquait
jusqu'ici qu'une occasion de vous signaler en
cette guerre. Je veux bien m'exposer le premier aux dangers pour avoir part à votre victoire. J'ai encore assez de force et de zèle pour
aller planter cette croix, étendard royal des
Chrétiens, que vous voyez porter devant moi,
au milieu des bataillons ennemis, heureux de

combattre et de mourir même avec vous. Un
évêque ne peut mieux employer sa vie qu'à
la défense de sa religion : plusieurs de mes
prédécesseurs ont eu cette gloire, et j'aurai
l'honneur de les imiter.

~~~~~~~~~~~~~~~~~~~~

Pizarre à ses compagnons.

(Marmontel, *les Incas*, chap. xviii.)

Un tel discours ne pouvait être adressé que par
un brave à des braves. Il n'y a point de raisonnemens adroits, car l'horreur de la situation est
trop évidente. C'est seulement un appel au dévouement et à l'intrépidité.

———

Argument. La plupart des compagnons de Pizarre,
rebutés des périls et des fatigues de son entreprise, l'a-
bandonnent. Il ne lui reste que douze hommes déterminés. Afin de leur inspirer un nouveau courage, il
rappelle tout le sien et leur dit :

Mes amis, félicitons-nous d'être délivrés de
cette foule d'hommes timides qui nous auraient mal secondés : la fortune me laisse ceux
que j'aurais choisis. Nous sommes peu, mais
tous déterminés, mais tous unis par l'amitié,
la confiance et le malheur. Ne doutez pas qu'il
ne nous vienne des compagnons jaloux de

notre renommée; car, dès ce moment, elle
vole aux bords d'où nous sommes partis : les
déserteurs vont l'y répandre. Oui, mes amis,
quoi qu'il arrive, treize hommes qui, seuls,
délaissés sur des bords inconnus, chez des
peuples féroces, persistent dans la résolution et l'espérance de les dompter, sont déjà
bien sûrs de leur gloire. Qui nous a rassemblés ? la noble ambition de rendre nos noms
immortels : ils le sont. l'événement même
est désormais indifférent. Heureux ou malheureux, il sera vrai, du moins, que nous aurons donné au monde un exemple encore
inouï d'audace et d'intrépidité. Plaignons
notre patrie d'avoir produit des lâches, mais
félicitons-nous de l'éclat que leur honte va
donner à notre valeur. Après tout, que hasar-
dons-nous ? la vie. Eh ! cent fois, à vil prix,
nous en avons été prodigues. Mais avant de
la perdre, il est pour nous encore des moyens
de la signaler. Commençons par nous procurer un asile moins exposé aux surprises des
Indiens. Ici nous manquerions de tout. L'île
de la Gorgone est déserte et fertile ; la vue en
est terrible et l'abord dangereux ; l'Indien
n'ose y pénétrer; hâtons nous d'y passer : c'est
là le digne asile de treize hommes abandonnés
et séparés de l'univers.

PULAWSKI aux Polonais confédérés.

(RULHIÈRE, *Histoire de Pologne*, liv. ix.)

Le discours de ce fier républicain est remarquable par l'énergie et la véhémence. On ne sera pas étonné d'y trouver quelquefois de l'exagération dans les pensées. C'est un homme dont le cœur ulcéré cherche à se soulager en présence de ceux qui partagent son indignation et sa douleur. Le style a du nerf et de l'originalité.

ARGUMENT. Les Russes ayant placé le comte Poniatowski sur le trône de Pologne, contre le gré de la nation polonaise, la tourmentaient encore par des vexations multipliées. Un gentilhomme polonais, nommé Pulawski, entreprit de délivrer sa patrie. Il forma une confédération qui devint bientôt redoutable ; et lorsqu'à la tête de son armée il se trouva en présence d'une armée russe, prêt à livrer un premier combat, il prononça cette harangue :

ENFIN, grâces à vous, braves Polonais, les perfides alliés de la Pologne en deviennent les ennemis déclarés. Depuis soixante ans une guerre sourde et plus dangereuse que de sanglantes hostilités affaiblit et désole notre infortunée patrie. Un peuple exécrable, qui ne peut être désarmé par la justice, fléchi par la soumission, touché par les bienfaits, rassasié

par le pillage, a entrepris de nous subjuguer.
Nous avons employé jusqu'ici toutes les vertus qui nous sont propres, un mélange inouï
de déférence et de fermeté; mais ceux qui nous
ont donné ces grands exemples en sont devenus les déplorables victimes. Les vertus les
plus saintes ont passé pour des crimes aux
yeux de nos oppresseurs, et de généreux citoyens, nos pères et nos modèles, gémissent
aujourd'hui dans des cachots inconnus chez
cette nation barbare. Si jamais l'homme eut
des devoirs à remplir, ce sont ceux qui nous
forcent enfin de recourir aux armes. La République envahie, la religion outragée, un État
souverain mis sous le joug, la justice qu'on
offrait de nous rendre devenue un piége, le
droit des gens foulé aux pieds, nos sénateurs
enchaînés.... Non, je ne craindrai point de le
dire, si les nations les plus serviles éprou-
vaient du souverain le plus légitime tant d'injustices et tant d'outrages, il n'en est point
d'assez lâches pour les souffrir; l'univers entier applaudirait aux efforts de leur rebellion,
et nous avons supporté ce qui, dans les pays les
plus assujettis, justifierait les séditions et les
révoltes. Mais quel est donc le tyran qui nous
persécute? quel est ce peuple insolent qui nous
brave? Rappelons-nous, il en est temps, que

ce vil peuple a toujours fui devant nos ancêtres ; que ses empereurs ont prêté hommage à
nos rois ; que ses provinces sont devenues les
nôtres ; que s'ils ont fondé au milieu des forêts et des déserts un nouvel empire, c'est
qu'alors nous étions occupés par d'autres guerres (1); rappelons-nous que de simples gentilshommes polonais, pour venger leurs amis
massacrés dans la capitale de ce nouvel empire, assemblèrent leurs troupes domestiques,
et (que ne peut la vertu animée d'un juste
ressentiment!) mirent en fuite le Czar et ses
armées ; que peu d'années après, quelques-
uns de nos pères, appelés dans cette cour perfide, y soutinrent tous les efforts de ce peuple
entier mutiné contre eux, et n'en sortirent
qu'après avoir réduit cette capitale en cendres.
Il ne faut pas toutefois qu'un vain souvenir
de gloire nous abuse, et nous dissimule, en
commençant une si généreuse entreprise, les
avantages que les troupes moscovites ont à présent sur nous. Des officiers expérimentés, des
soldats aguerris, une discipline sévère, une
artillerie nombreuse, voilà, direz-vous, une

---

(1) La Pologne était occupée à combattre les Turcs,
pendant que la puissance moscovite s'accroissait en silence.

supériorité effrayante. Non, mes braves compatriotes, vous ne le direz pas; vous sentez
en vous-mêmes de plus grands avantages, le
courage personnel, l'honneur, dont le nom
même leur est inconnu, toutes les vertus auxquelles la discipline tâche en vain de suppléer.
Un seul homme (1) maître de cette nation barbare lui a donné quelque célébrité, et dans
cette discipline rigoureuse, qui consiste à
craindre ses officiers plus que ses ennemis,
c'est le génie terrible de cet ancien despote
qui vit encore parmi eux pour s'éteindre à
leurs premiers revers. Aucun de ces Russes ne
sait ce qu'il veut de nous; ils exécutent de
vains projets tramés dans le mystère par une
femme (2) parricide et voluptueuse, qui les
gouverne; animaux dociles et féroces, qui,
sans en espérer aucun avantage particulier,
vainqueurs ou vaincus, n'agissent que par la
crainte du fouet et des châtimens. Pour nous,
tous frères et tous égaux, nous que la patrie
appelle également à sa délivrance, tout ce que
nous défendons nous est commun, et tout nous
est personnel.

Nous commençons sans doute une pénible

---

(1) Pierre-le-Grand.
(2) Catherine II.

carrière, et ces premiers combats où nous nous
engageons ne sont que le prélude de nos travaux. Ce serait même une erreur fatale que
de nous attendre à trouver nos sentimens dans
tous nos compatriotes : chez les nations les
plus vertueuses, il se trouva toujours des âmes
lâches qui en furent l'opprobre. Dans les temps
immortels de la Grèce, le passage des Thermopyles ne fut ouvert que par la trahison; plus
de la moitié des Grecs avait déjà cédé quand
quelques hommes généreux prirent la résolution de défendre leur liberté. Nous, qui aspi-
rons à la même gloire, attendons-nous aux
mêmes obstacles, ou plutôt félicitons-nous de
ce que les âmes lâches se joindront à nos ennemis, de ce qu'elles se rendront à elles-mêmes la justice sévère de se séparer d'avec nous ;
d'autres, qui se croient de zélés citoyens, nous
font demander en grand secret que disent nos
alliés ? quels secours nous ont-ils promis ? que
devons-nous attendre de telle cour ou de telle
autre ? comme si nous étions encore au temps
de ces délibérations craintives, comme si la situation où nous sommes nous laissait encore
le choix des partis et les négociations pour
ressources. Le dessein de nous subjuguer étant
pris, les combats sont devenus nécessaires. Ce
siècle heureux est passé, où la Pologne se trou-

vant liée au système général de l'Europe, si quelque puissance eût entrepris de nous conquérir, nous étions assurés d'un secours étranger. Pendant que, sur la foi des événemens anciens et d'une balance qui n'existe plus, la Pologne continuait d'attendre son salut du dehors, le joug de la Russie s'est appesanti de jour en jour, et désormais que peut importer à notre situation celle du reste de l'univers? Avons-nous besoin de secours ou de conseil pour savoir si nous voulons vivre libres ou mourir? Mais quel que soit le nombre des citoyens corrompus ou timides, la Pologne compte encore assez de citoyens courageux pour être assurée de sa délivrance. Braves confédérés, c'est au nom de toutes les provinces que je suis chargé de vous donner cette assurance. Une nombreuse noblesse propre aux armes, et prodigieusement augmentée dans la tranquillité des derniers règnes, est prête à vous joindre. Si nous avons l'heureux avantage de nous être les premiers choisis pour ses défenseurs, c'est parce que nous étions plus éloignés de l'œil vigilant des tyrans qui la tiennent désarmée : encore dispersée, elle attend avec une généreuse impatience que nous allions prêter la main à ses premiers efforts. Le premier objet que nous ayons à nous pro-

poser, c'est d'appuyer par-tout ses confédéra-
tions particulières; c'est de faire éclater tous
les districts de proche en proche, et ceux qui
se seront confédérés prêtant ensuite la main à
ceux de leur voisinage pour leur réunion,
nous parviendrons ainsi à confédérer tout le
royaume. Ce n'est donc point un désespoir
aveugle qui nous conduit, c'est une résolution
ferme, une expérience fondée, un juste sentiment de ce que nous sommes. Il doit laisser
à la prudence toutes ses précautions et toutes
ses vues. Commençons une guerre où tous les
avantages des Russes, leurs magasins, leur artillerie, leur nombreuse armée, leur sévère
discipline deviennent pour eux autant d'embarras, autant d'obstacles; combattons assez
pour les faire souvenir de leurs anciennes défaites; dispersons-nous assez tôt pour éluder
tous ces prétendus avantages, et qu'en mar-
chant ainsi de fausses victoires en fausses victoires, affaiblis, épuisés et détruits, ils re-
trouvent par-tout la même guerre, et par-tout les
mêmes ennemis. Dois-je, avant de finir, prévenir encore vos esprits sur les piéges qu'ils
vont vous tendre, sur la mauvaise foi des
accommodemens qu'ils vont vous offrir? Laissez-moi vous rappeler que leurs propositions
sont plus à craindre pour nous que leurs atta-

ques. Plus de traité entre eux et nous. Après
que, sous l'espoir de rétablir les anciennes
lois, la nation a été séduite et trahie, quel
autre traité reste-t-il que leur mort ou la nôtre ?
Félicitons-nous, braves citoyens, de ce que,
par une destinée singulière, nous ne pouvons
mourir sans vengeance. Cette femme ambitieuse et perfide, qui, ne croyant à aucune
vertu, a cru de son intérêt de les feindre toutes,
verra par ce généreux dévouement tous ses artifices démentis. Notre sang volontairement
répandu déposera contre sa tyrannie, et cette
fausse gloire dont elle est si amoureuse sera
également flétrie par nos défaites ou par nos
victoires.

La Reine Isabelle aux chefs de l'armée espagnole.

(Florian, *Gonzalve de Cordoue*, liv. vi.)

Noble intrépidité d'une reine digne de porter la couronne et le glaive. Eloquence animée et variété dans le style.

Argument. Au siége de Grenade, après une sanglante défaite des Chrétiens, la reine Isabelle rassemble autour d'elle les principaux chefs de l'armée castillane, qu'elle commande, et leur dit :

Compagnons, jadis de ma gloire, aujourd'hui de mon malheur, vous à qui j'ai dû tant de triomphes, et que la fortune n'a trahis qu'une fois, vous voyez les tristes effets de l'attaque imprévue des Infidèles. Des milliers d'Espagnols sont tombés sous leurs coups ; nous n'avons plus de magasins, plus de retraites, plus de machines ; l'ennemi, fier de ses succès, repose sous de superbes tentes élevées devant ses murailles (1), et nous veillons, le glaive à la main, sur la cendre sanglante d'un camp détruit.

---

(1) Les Maures, après leur victoire, avaient formé un camp hors de la ville.

Il faut choisir, braves Castillans, ou d'une paix déshonorante qui couvre d'opprobre le nom chrétien, ou d'une héroïque constance qui nous en rende à jamais l'honneur. Eh! dans quel temps, juste Ciel! songerions-nous à cette paix honteuse? quand des trésors dès long temps amassés m'épargnent la douleur des subsides, quand mon hymen avec Ferdinand double mes forces et mes soldats. Les Maures touchent à leur ruine; la discorde est dans leurs foyers. Un roi cruel et pusillanime chancelle sur le trône qu'il usurpa; les Abencerrages ont abandonné ce tyran perfide et féroce. La France est mon alliée; le Portugal... hélas! nous avait confié son espoir (1); l'Afrique tremble à mon nom; mes flottes couvrent ses mers; enfin Gonzalve est près d'arriver. Quelle époque plus favorable nous offrira jamais l'avenir pour rendre libre l'Espagne, pour la venger de huit siècles d'affronts? Amis, je chéris plus que vous les douceurs d'une paix heureuse; je sais que le premier des biens est ce repos de la nation, si nécessaire aux travaux d'un bon roi. Je veux l'assurer à mes descendans; ils auront plus que

(1) Le jeune Alphonse, prince de Portugal, était tombé sous les coups des Maures.

moi, je l'espère, les talens, les nobles vertus qui font fleurir les États; ils n'auront pas
comme moi, j'en suis sûre, les dignes héros
qui m'écoutent, et qui savent les conquérir.

Je ne m'aveugle point sur nos pertes; je vois
toute l'étendue des malheurs que nous éprou-
vons; mais naguères les Musulmans étaient
plus à plaindre encore; leur désespoir les a
sauvés; la vue de leurs pavillons a pensé dé-
courager notre armée : amis, qu'une grande
entreprise les décourage à leur tour. Ils n'ont
dressé qu'un faible camp, je veux bâtir une
ville ; je veux que de nouveaux remparts bra-
vent les remparts de Grenade, et qu'une vaste
cité, tout-à-coup élevée à leurs yeux, leur
annonce que désormais cette terre est notre
patrie.

Le Connétable Gillon le Brun à Charles d'Anjou.

(Mézerai, *Histoire de France*, Saint-Louis.)

Le ton d'autorité qui règne dans ce discours est justifié par l'expérience du vieux guerrier. Il parle avec calme et en même temps avec enthousiasme. Style franc et énergique.

Argument. Mainfroi ayant usurpé la couronne de Sicile sur son neveu Conradin, le Pape donna le royaume à Charles d'Anjou, frère de Saint-Louis. Ce prince passa en Italie, et marcha contre Mainfroi. Après quelques avantages remportés par les Français, l'usurpateur vint offrir la bataille à Charles, près de Bénévent. Plusieurs soutenaient dans le conseil qu'il ne fallait pas combattre, et Charles paraissait de cet avis, lorsque le connétable Gillon le Brun, vieux et illustre capitaine, se leva et dit :

Sire, vous êtes venu en Italie pour conquérir un royaume ; le Saint-Père ne vous en a pu donner que le titre, votre épée vous en confirmera la possession. Tous les raisonnemens sont inutiles, vous ne serez point vainqueur si vous ne combattez ; car comment déposséder un prince qui est en possession depuis plusieurs années, si ce n'est par la force ? Attendons-nous qu'il vienne lui-même

vous apporter la couronne, ou si nous espé
rons que le temps l'affaiblisse; lui, qui se pro
mènera au milieu de ses amis et de ses villes
fourni de vivres et d'argent, dans le temps qu
nous consumerons le peu que nous en avons
que les chaleurs, les vins, et, qui pis est, le
poisons d'Italie, mineront ou moissonneron
tout en un coup notre armée; lorsque vou
donnerez loisir à Mainfroi de prendre un plu
sage conseil qu'il n'a fait, et, ce que Dieu
puisse détourner, de suborner quelque assas
sin d'entre ces Béduins dont il a grand nombr
à sa suite, pour terminer à notre malheur tout
cette guerre par un coup de couteau? Que diront les Italiens, que pensera le Saint-Père
si nous n'avons passé les monts avec tant de
peine et de hasards que pour ravager ici la
campagne, et, par ce moyen, nous rendre odieux
aux peuples auxquels vous voulez commander?
Ils auront juste raison de se plaindre de vous
si nous ne mettons fin à cette guerre : la continuer c'est prolonger leurs misères; et nos
armes, de cette sorte, leur seront bientôt plus
fâcheuses que le tyran dont nous venons les
délivrer. Puis nous serons tout d'un coup environnés, et il ne nous restera plus rien que la
honte et le déplaisir; car où sont les places de
retraite, où sont les ports de mer, où sont les

amis que nous avons par-deçà ? Quelle ville
nous ouvrira les portes en nous voyant reculer,
puisque, quand nous sommes arrivés triom-
phans, elles nous les ont fermées ? Mais j'ai
honte de parler de telles choses ; une seule victoire les prendra toutes, et une bicoque peut
faire périr nos troupes. En effet, qu'est-ce que
prendre une ville, sinon donner le loisir à
l'ennemi d'en fortifier trois ce pendant ? Il ne
vous les laisserait pas assiéger pourtant, encore moins les forcer ; mais il vous suivrait
toujours, comme il fait depuis la prise de St-
Germain (1). Quand nous aurions choisi nous-
mêmes une occasion, nous ne la pourrions
avoir plus favorable. Il ne recule point, il ne
diffère point, il vous la livre à souhait ; que
tardez-vous, vous qui avez donné des marques
d'un courage invincible en tant de rencontres ?
si c'est parce que l'ennemi nous surpasse en
nombre, sachez que son armée augmentera de
moitié dans quinzaine, et que la vôtre, éloignée de la France, diminuera d'autant. Si ses
gens sont frais et les vôtres harassés, quel autre moyen avons-nous de fatiguer les uns, ni
de faire reposer les autres, que de donner la

(1) Château fort sur les frontières de la terre de Labour
et de la Pouille.

chasse à nos ennemis ? Enfin l'incommodité d
lieux où il est campé n'est point plus difficile,
me semble, que les gués du Nil en Egypte (1
et tout récemment encore les passages des Alp
Que si cette invincible hardiesse des França
les anime, comme elle a fait jusqu'ici, non
chercher les raisons, mais seulement les o
casions du combat, qu'était-il besoin que j'a
portasse toutes celles que j'ai déduites ?]
quand je ne vous aurais montré que les lanc
de tant de chevaliers qui vous suivent, Sire
et que j'ai vus en tant et tant de journées mé
morables, cela n'aurait-il pas été suffisant pou
vous résoudre à la bataille ? Pour moi, m
fondant plus sur le grand nombre d'expérie
ces que j'ai, et sur la valeur de mes compa
gnons, que sur toute autre considération ; j'a
fait dessein de mener les Flamans au com
bat, et je crois que quand ils iront tout seuls
ils auront en effet plus de dangers et d'ennemis, mais en récompense aussi plus de gloir
et de louanges ; et, si mon espérance, qui n
me frustra jamais, ne me trompe, ils rempor
teront la victoire toute entière.

---

(1) Franchis pendant la Croisade.

LA TRIMOUILLE à Charles VIII.

(MÉZERAI, *Histoire de France*, Charles VIII.)

Adresse et raison. L'orateur a soin de faire valoir les conseils de son expérience, en intéressant la gloire du conquérant à couronner toutes ses victoires.

ARGUMENT. Charles VIII avait porté la guerre en Italie; il était en présence d'une armée des ennemis, près du château de Novare, dont ils s'étaient emparés. Comme il hésitait à donner la bataille, l'un de ses meilleurs capitaines, le seigneur de la Trimouille, lui parla ainsi :

SIRE, ce bruit éclatant que vous entendez par tout votre camp, et la joie que vous avez pu remarquer dans la contenance de vos soldats, quand personne ne vous l'expliquerait autrement, vous demandent la bataille, et tout ensemble vous promettent la victoire. Si je ne connaissais la faiblesse des Italiens, la vertu des Français et le bonheur de votre Majesté, je ne serais pas de ceux qui approuvent et qui conseillent cette proposition. Mais après avoir vu que la seule renommée de vos armes vous a ouvert les chemins jusqu'à Constantinople; que, plus redoutable que César, vous avez vaincu avant que d'avoir vu ; qu'au retour, vous avez, avec une poignée de gens plutôt qu'une armée, surmonté les précipices des montagnes, les fatigues du voyage et toutes les forces de la ligue (1) ; qu'enfin vous avez traversé le Milanez entre tant de villes et de nations conjurées, n'ai-je pas raison de souhaiter que vous recueilliez maintenant le fruit de votre voyage, et que vous acheviez à Novare ce que vous avez commencé à Fornoue (2) ? L'occasion est belle, Sire, la gloire, le profit et toutes choses y sont grandes, hormis le péril. Mais quand il le serait autant que je le vois dépeindre par quelques-uns, votre Majesté n'a-t-elle pas prévu, lorsqu'elle a passé les monts, qu'elle venait en pays ennemi, plein de difficultés, de travaux et de combats à soutenir ? Et après tant de peines, de chemin et de dépense, voudrait-elle, pour un quart d'heure de risque, manquer à couronner son entreprise et laisser ses desseins imparfaits ? Tous les capitaines et toutes les forces que la ligue a pu mettre ensemble sont devant Novare ; et après celles-là, à moins qu'il n'en

_____

(1) Composée du Pape, des Vénitiens, des Aragonais, etc.

(2) Où, avec neuf mille hommes, il en avait mis quarante mille en déroute

sorte de la terre ou qu'il n'en vienne du ciel, elle n'en saurait fournir d'autres. Ainsi l'on voit aisément qu'il n'est pas question du château de Novare ni des trente hommes qui sont dedans (1), comme on le dit à votre Majesté, mais de gagner toute l'Italie, en forçant un seul retranchement ; de venger toutes vos injures, d'assurer vos conquêtes, de relever le trône impérial de Charlemagne. Autrement vous perdrez votre réputation, la vertu de vos soldats, la croyance des peuples, de vos amis, de vos alliés, et par conséquent le royaume de Naples ; enfin tant de brave noblesse qui est demeurée pour le garder ne se peut sauver que par ce moyen. Vous la pouvez secourir d'ici sans repasser en France, et si vous ne le faites à présent, vous donnerez le loisir à la fortune de douter si elle doit suivre le parti de vos ennemis.

---

(1) Les ennemis n'y avaient laissé que cette faible garnison, après en avoir fait sortir le duc d'Orléans.

Soliman à ses soldats.

(Vertot, *Histoire de Malte*, liv. viii.)

Ce beau discours, qui a quelque analogie avec
celui d'Alexandre dans Quinte-Curce, est plein
de vigueur et de mouvement. Le Sultan accable
sous le poids de la honte ses soldats désarmés, et
ses paroles respirent toute l'indignation que lui
inspire une lâcheté dont il se croit déshonoré lui-
même.

ARGUMENT L'armée turque assiégeait Rhodes sous
la conduite du jeune Mustapha, frère du sultan Soliman. Découragée par l'inutilité de ses efforts contre la
valeur chrétienne, et sans aucune confiance dans son
chef, elle murmura, et passa bientôt des murmures à la
mutinerie. Soliman en fut informé. Aussitôt il part pour
Rhodes, ordonne aux soldats de comparaître sans armes
devant lui, et les fait environner par quinze mille
hommes armés qu'il avait amenés au siége. Alors, monté
sur un trône magnifique, il reste quelque temps en silence,
jetant de tous côtés des regards terribles. Enfin il s'écrie :

Si j'avais à parler à des soldats, je vous
eusse permis de paraître devant moi avec
vos armes ; mais puisque je suis réduit à
adresser la parole à de malheureux esclaves,
plus faibles et plus timides que des femmes, et qui ne peuvent pas soutenir seulement le cri des ennemis, il n'est pas juste
que des hommes si lâches déshonorent nos

armes et les marques de la valeur. Je voudrais
bien savoir si, quand vous avez abordé dans
cette île, vous vous êtes flattés que ces Croisés
seraient encore plus lâches que vous, et que,
dans la crainte de vos armes, ils vous ap-
porteraient les leurs, et présenteraient servi-
lement leurs mains et leurs pieds aux fers dont
il vous plairait de les charger ? Pour vous dé-
sabuser d'une erreur si ridicule, sachez que
dans la personne de ces chevaliers, nous avons
à combattre l'élite des Chrétiens, des hommes
courageux, élevés dès leur plus tendre jeunesse dans la profession des armes, des lions
cruels et féroces, avides du sang des Musulmans, et qui ne céderont jamais leur repaire
qu'à une force supérieure. C'est leur courage
qui a excité le nôtre : en les attaquant, j'ai
cru trouver une entreprise et des périls dignes
de ma valeur. Est-ce de vous, troupes lâches
et efféminées, que je dois attendre une conquête, vous qui, avant que d'avoir vu l'ennemi, fuyez sa présence, et qui auriez déjà
déserté si la mer dont vous êtes environnés
n'y mettait un obstacle ? Mais avant qu'une
pareille disgrâce m'arrive, je ferai une justice
si sévère des lâches, que leur supplice re-
tiendra dans le devoir ceux qui seraient tentés
de les imiter.

Almanzor aux soldats maures.

(Florian, *Gonzalve de Cordoue*, liv. viii.)

Toute l'indignation, toute la fureur d'un guerrier que la lâcheté de ses soldats révolte et outrage, respire dans ce discours plein de feu, de
vivacité et de mouvement.

———

Argument. Almanzor était le plus terrible des Maures,
et le plus digne de lutter contre l'invincible Gonzalve.
Ses soldats, instruits de l'arrivée du héros castillan,
étaient frappés de terreur et voulaient fuir. Almanzor,
quoique blessé, sort furieux du lit où le retenaient ses
souffrances ; il s'écrie :

Où courez-vous, enfans d'Ismaël ? Quel funeste délire vous égare, et qu'espérez-vous
éviter ? Est-ce la mort ? vous l'allez chercher,
vous l'attirez sur vos têtes. L'Espagnol, du
haut de ses murs, va, dans un moment, s'é-
lancer sur vous et vous égorger comme un
vil troupeau. Je ne vous parle point de l'honneur, qui ne peut rien sur vos âmes lâches ;
je ne vous parle point de votre patrie, de
votre Dieu que vous trahissez, de vos femmes, de vos enfans, que vous avez sans doute
vendus ; je vous implore pour vous-mêmes,
pour cette vie qui vous est si chère, et que

vous livrez à vos ennemis. Arrêtez, ou vous périssez. Attendez du moins que la nuit puisse, non cacher votre honte, mais assurer votre fuite. Attendez que l'obscurité retarde de quelques instans ce trépas, pour vous si terrible, et que tout guerrier rend certain dès l'instant qu'il paraît le craindre. Vous hésitez ! vous tremblez encore qu'avant la fin de ce jour Gonzalve ne vienne vous attaquer !.... Eh bien ! seul, je le combattrai ; seul, je descendrai dans la tombe, ou je délivrerai l'armée de l'ennemi qui la fait trembler. Roi de Grenade, fais partir un héraut ; qu'il aille, en mon nom, défier Gonzalve ; qu'il annonce à cet Espagnol que demain, au lever du jour, en présence des deux armées, je l'appelle au combat à mort. Et vous, timides Grenadins, qui jadis ne m'abandonniez pas, daignerez-vous attendre, pour fuir, de m'avoir vu périr ou triompher ?

François Ier aux Français.

(MÉZERAI, *Histoire de France*, François Ier.)

Ce discours est tout en contrastes. En effet, rien de plus propre à flatter des soldats victorieux que d'opposer leurs succès et leurs ressources à l'infériorité de leurs ennemis. Le style, malgré quelques expressions négligées, a de la force, de la rapidité et du naturel.

ARGUMENT. A la bataille de Marignan contre les Suisses, après une première action, où les Français avaient été vainqueurs, le Roi encourage les soldats par ces paroles :

JAMAIS prince n'eut tant de gloire ni de satisfaction que j'en ai aujourd'hui, mes compagnons, d'avoir vu tant de braves gens combattre si vaillamment pour mon service. Il faut avouer que vous avez, en cette journée, surpassé tous les beaux faits d'armes des anciens guerriers ; et il ne se peut rien ajouter à votre valeur que la couronne de la victoire : aussi je vous jure que j'ai si bien remarqué toutes vos belles actions en particulier, qu'elles seront toujours présentes à mon souvenir, et que je n'épargnerai non plus mes faveurs pour les honorer, que j'ai épargné ma vie et ma personne pour les seconder.

Mais demain, chers compagnons, il faut achever ce que vous avez si glorieusement commencé. Il faut tailler en pièces ces paysans de montagne que vous avez déjà battus et plus d'à demi défaits. Ils pensaient vous ravir la gloire de l'art militaire, après que, par l'appui de notre alliance et par notre argent, ils avaient appris à porter les armes. Mais vous connaissez bien maintenant quelle différence il y a entre leur fougue brutale et votre courageuse adresse. Les hommes ont toujours accoutumé de surmonter les bêtes, quelque farouches qu'elles soient. Ces barbares savent mourir ; mais vous savez vaincre : vous ne manquez pas de force, non plus qu'eux ; mais, outre la force, vous avez aussi la vertu, dont leurs âmes grossières sont incapables. Ils ont pour habitude, comme gens sans honneur, de vous attaquer durant la frayeur des ombres, et de se servir du désordre que cause l'obscurité. Ce ne furent que les ténèbres de la nuit qui leur donnèrent de l'avantage à Novare. Mais quand il sera jour, et que, sans confusion, vous saurez bien observer les ordres, le soleil leur découvrira quels hommes vous êtes ; et alors, si leur brutalité les opiniâtre davantage, et que les grands monceaux de corps de leurs compagnons n'arrêtent pas leur

furie, assurez-vous que j'ai placé l'artillerie
de telle sorte qu'elle en aura mis une bonne
partie en poudre avant qu'ils aient pu seulement saluer nos premiers bataillons. Outre
cela, leurs troupes sont déjà diminuées de la
moitié : il y en a dix mille d'étendus sur la
place ; notre arrière-garde est toute fraîche et
n'est point encore entrée au combat. Que sera-ce donc quand l'armée vénitienne, qui
n'est qu'à cinq milles d'ici, et qui, toute
seule, est plus puissante que la leur, viendra
les charger à dos dès le point du jour, comme
j'en suis bien assuré ? Sans doute qu'en un
moment ces barbares, qui se sont tirés de
notre service, éprouveront combien il est dangereux de s'attaquer à leurs maîtres, et qu'il
n'est point de nation qui puisse retarder les
entreprises des Français quand ils combat-
tent sous la conduite de leur roi.

Le Maréchal Biron au Roi.

(Mézerai, *Histoire de France*, Henri IV.)

La verve, l'énergie et la vérité des pensées et du style de ce discours, expliquent l'éloge de Voltaire : que Mézerai s'y est élevé *au moins* au niveau des orateurs de l'antiquité. L'humeur brusque et franche d'un guerrier expérimenté, et le dépit d'un sujet fidèle, soigneux de l'honneur de son roi, donnent à ce morceau une physionomie neuve et originale.

———

Argument. Henri IV était pressé de tous côtés par les forces des ligueurs. Il pouvait être enveloppé. Dans un conseil qu'il assembla, la plupart furent d'avis qu'il laissât à terre ses troupes, bien fortifiées dans leurs postes ; et que, pour mettre en sûreté sa personne sacrée, il s'embarquât pour l'Angleterre, ou pour la Rochelle, qui était aux Protestans. Biron, qui avait écouté cet avis avec dédain, voyant qu'il faisait quelque impression sur l'esprit du Roi, s'écria en colère :

C'est donc tout de bon, Sire, que l'on vous conseille de monter sur mer, comme s'il n'y avait point d'autre moyen de conserver votre royaume que de le quitter. Si vous n'étiez pas en France, il faudrait percer au travers de tous les hasards et de tous les obstacles du monde pour y venir, et maintenant que vous y êtes, on voudrait que vous en sor-

tissiez! Et vos amis seraient d'avis que vous
fissiez de votre bon gré ce que le plus grand
effort de vos ennemis ne vous saurait contraindre de faire! En l'état que sont les choses,
sortir de France seulement pour vingt-quatre
heures, c'est s'en bannir pour jamais. On
peut bien dire que vos espérances s'en iront
au vent avec le vaisseau qui vous emportera,
et il ne faut point parler de retour, il serait
aussi impossible que de la mort à la vie. Le
péril, au reste, n'est pas si grand qu'on vous
le dépeint. Ceux qui nous pensent envelop-
per sont, ou ceux mêmes que nous avons te-
nus enfermés si lâchement dans Paris, ou
gens qui ne valent pas mieux, et qui auront
plus d'affaires entre eux-mêmes que contre
nous. Enfin, Sire, nous sommes en France,
il nous y faut enterrer. Il s'agit d'un royaume,
il faut l'emporter ou y perdre la vie; et quand
même il n'y aurait point d'autre sûreté pour
votre sacrée personne que la fuite, je sais
bien que vous aimeriez mieux mille fois mourir de pied ferme que de vous sauver par ce
moyen. Votre Majesté ne souffrirait jamais
qu'on dît qu'un cadet de la maison de Lor-
raine (1) lui aurait fait perdre terre, encore

_____

(1) Le duc de Mayenne.

moins qu'on la vît mendier à la porte d'un
prince étranger. Non, non, Sire, il n'y a ni
couronne ni honneur pour vous au-delà de
la mer. Si vous allez au-devant du secours d'Angleterre, il reculera; si vous vous présentez
au port de la Rochelle en homme qui se sau-
ve, vous n'y trouverez que des reproches et
du mépris. Je ne puis croire que vous deviez
plutôt fier votre personne à l'inconstance des
flots et à la merci de l'étranger, qu'à tant de
braves gentilshommes et tant de vieux soldats qui sont prêts à lui servir de rempart et
de boucliers; et je suis trop serviteur de votre
Majesté pour lui dissimuler que, si elle cherchait sa sûreté ailleurs que dans leur vertu,
ils seraient obligés de chercher la leur dans un
autre parti que le sien.

Henri IV à ses soldats.

(Péréfixe, Histoire de Henri-le-Grand.)

Eloquence du cœur, pleine de mouvement et de franchise.

ARGUMENT. Sur le point de livrer bataille aux Ligueurs, près du village d'Ivry, Henri IV encourage ses soldats par ces paroles :

MES compagnons, si vous courez aujourd'hui ma fortune, je cours aussi la vôtre : je veux vaincre ou mourir avec vous. Gardez bien vos rangs, je vous prie. Si la chaleur du combat vous les fait quitter, pensez aussitôt au ralliement : c'est le gain de la bataille. Vous le ferez entre ces trois arbres que vous voyez là-haut à main droite ; et si vous perdez vos enseignes, cornettes et guidons, ne perdez point de vue mon panache blanc : vous le trouverez toujours au chemin de l'honneur et de la victoire.

LIVRE DEUXIÈME.

ELOQUENCE SPÉCULATIVE

OU EXPOSITIVE.

SECTION Ire.

SUJETS RELIGIEUX.

Bossuet apostrophe Satan et les Anges rebelles.

(Bossuet, *Elévations sur les Mystères.*)

Style imposant et sublime ; mouvemens imprévus, et formes neuves de diction.

Esprit superbe et malheureux, vous vous êtes arrêté en vous - même ; admirateur de votre propre beauté , elle vous a été un piége. Vous avez dit : Je suis beau, je suis parfait et tout éclatant de lumière, et au lieu de remon-

ter à la source d'où vous venait cet éclat, vous
avez voulu comme vous mirer en vous-même.
Et c'est ainsi que vous avez dit : *Je monterai
jusqu'aux cieux, et je serai semblable au
Très-Haut* (1). Comme un nouveau Dieu, vous
avez voulu jouir de vous-même. Créature si
élevée par la grâce de votre créateur, vous avez
affecté une autre élévation qui vous fût propre, et vous avez voulu *vous élever un trône
au-dessus des astres*, pour être comme le Dieu
et de vous-même et des autres esprits lumi-
neux que vous avez attirés à l'imitation de
votre orgueil. Et voilà que tout-à-coup vous
êtes tombé ; et nous, qui sommes en terre, nous
vous voyons dans l'abîme au-dessous de nous.
C'est vous qui l'avez voulu, ange superbe, et
il ne faut point chercher d'autre cause de votre
défection que votre volonté propre.

Dieu n'a besoin ni de foudre, ni de la force
d'un bras indomptable pour atterer ces rebelles ; il n'a qu'à se retirer de ceux qui se
retirent de lui, et qu'à livrer à eux-mêmes
ceux qui se cherchent eux-mêmes. Maudit
esprit, laissé à toi-même, il n'en a pas fallu
davantage pour te perdre. Esprits rebelles qui
l'avez suivi, Dieu, sans vous ôter votre in-

---

(1) Is. xiv, 13, 14, 15.

telligence sublime, vous l'a tournée en supplice. Vous avez été les ouvriers de votre malheur, et dès que vous vous êtes aimés vousmêmes plus que Dieu, tout en vous s'est changé en mal. Au lieu de votre sublimité naturelle, vous n'avez plus eu qu'orgueil et ostentation ; les lumières de votre intelligence se sont tournées en finesses et artifices malins ; l'homme, que Dieu avait mis au-dessous de vous, est devenu l'objet de votre envie, et dénués de la charité qui devait faire votre perfection, vous vous êtes réduits à la basse et malicieuse occupation d'être premièrement nos séducteurs, et ensuite les bourreaux de ceux que vous avez séduits. Ministres injustes de la justice de Dieu, vous l'éprouvez les premiers ; vous augmentez vos tourmens en leur faisant éprouver vos rigueurs jalouses ; votre tyrannie fait votre gloire, et vous n'êtes capables que de ce plaisir noir et malin, si on le peut appeler ainsi, que donne un orgueil aveugle et une basse envie. Vous êtes ces esprits privés d'amour, qui ne vous nourrissez plus que du venin de la jalousie et de la haine. Et comment s'est fait en vous ce grand changement ? Vous vous êtes retirés de Dieu, et il s'est retiré : c'est là votre grand supplice et sa grande et admirable justice. Mais il a pourtant fait plus

encore ; il a tonné, il a frappé : vous gémis=
sez sous les coups incessamment redoublés de
sa main invincible et infatigable. Par ses
ordres souverains, la créature corporelle qui
vous était soumise naturellement vous domine et vous punit ; le feu vous tourmente ;
sa fumée, pour ainsi parler, vous étouffe ;
d'épaisses ténèbres vous tiennent captifs dans
des prisons éternelles. Maudits esprits, haïs
de Dieu et le haïssant, comment êtes-vous
tombés si bas ? Vous l'avez-voulu, vous le
voulez encore, puisque vous voulez toujours
être superbes, et que, par votre orgueil in-
dompté, vous demeurez obstinés à votre
malheur.

Créature, quelle que tu sois, et si parfaite
que tu te croie, songe que tu as été tirée du
néant ; que de toi-même tu n'es rien : c'est
du côté de cette basse origine que tu peux
toujours devenir pécheresse, et dès là éternellement et infiniment malheureuse.

Superbes et rebelles, prenez exemple sur
le prince de la rebellion et de l'orgueil ; et
voyez, et considérez, et entendez ce qu'un
seul sentiment d'orgueil a fait en lui et dans
ses sectateurs.

A DIEU, sur l'inconséquence des Athées.

(MASSILLON, *Paraphrase des Psaumes.*)

Eloquence calme et majestueuse. Peu de variété dans les idées. On trouve ici, comme c'est l'ordinaire dans Massillon, une grande, mais unique pensée, reproduite sous mille formes toujours frappantes et toujours nouvelles.

QUE les impies qui se piquent de supériorité d'esprit et de raison sont méprisables, ô mon Dieu! de ne pas reconnaître votre gloire, votre grandeur et votre sagesse dans la structure magnifique des cieux et des astres suspendus sur nos têtes! Ils sont frappés de la gloire des princes et des conquérans qui subjuguent les peuples et fondent des empires, et ils ne sentent pas la toute-puissance de votre main, qui seule a pu jeter les fondemens de l'Univers. Ils admirent l'industrie et l'excellence d'un ouvrier qui a élevé des palais superbes que le temps va dégrader et détruire; et ils font honneur au hasard de la magnificence des cieux; et ils ne veulent pas vous reconnaître dans l'harmonie si constante et si régulière de cet ouvrage immense et superbe, que la révolution des temps et des années a toujours respecté et respectera jusqu'à la fin!

N'est-ce pas assez vous manifester à eux, que de leur montrer tous les jours ces ouvrages admirables de vos mains ? Les hommes de tous les siècles et de toutes les nations, instruits par la seule nature, y ont reconnu votre divinité et votre puissance ; et l'impie aime mieux démentir tout le genre-humain, taxer de crédulité le sentiment universel, et ses premières lumières nées avec lui, de préjugés de l'enfance, que se départir d'une opinion monstrueuse et incompréhensible, à laquelle ses crimes seuls, ces enfans des ténèbres, ont forcé sa raison d'acquiescer, et que ses crimes seuls ont pu rendre vraisemblable.

Aux Pécheurs aveugles et incrédules.

(LE P. LA RUE, *Sermon sur la Passion.*)

Les principaux mérites de ce morceau sont l'enchaînement habile des idées, et le caractère franc et énergique du style. Des formes neuves et hardies s'y présentent souvent, et, sous ce rapport, la dernière partie est singulièrement remarquable.

C'EST au pied de la croix que j'appelle tous les impies, et que j'ose les défier d'attaquer la religion de Jésus-Christ. Je ne les invite

point à la contemplation des miracles de sa
vie, peut-être auraient-ils le front d'en con-
ester la vérité, sur ce qu'ils ne sont connus
que par ceux qui ont écrit l'histoire de son
Évangile, auteurs intéressés à publier ses
puanges et à vanter ses actions. Mais quel in-
érêt avaient ces mêmes auteurs à publier l'ob-
curité de sa naissance et les ignominies de sa
mort ? Ils n'en ont rien dissimulé : qu'ils
sient donc crus au moins sur ce point-là,
'autant plus qu'il semble effacer toute la gloire
e leur maître ; et c'est là cependant ce qui la
it éclater aux yeux de tout l'univers.

Suivez-moi donc sur le Calvaire, au pied de
croix du Sauveur ; je vous y dirai sans trem-
er : cette croix a fait tomber en poudre tous
s autels et les temples des dieux. Cet homme
ondamné à mort comme un muet a fermé la
ouche à tous les sages du monde. Ce corps
, déchiré, sanglant, s'est fait adorer de tous
s peuples au mépris des dieux, de la vo-
pté, des richesses et des honneurs. A ce spec-
le, à cette comparaison de Jésus-Christ sur
croix insulté de tout le monde, avec Jésus-
rist sur l'autel adoré de tout le monde, il
it que le cœur le plus dur s'attendrisse aux
itimens de la religion, se soumette au joug
la croix.

Pour vous y soumettre, pécheurs, attendr
vous ce jour, le dernier de tous les jours,
le soleil se couvrira de ténèbres, à la vue
cette croix victorieuse de l'idolâtrie et de l'i
fidélité? C'est alors que les tribus et les n
tions rebelles se frapperont le sein de regr
et de douleur de ne s'y être pas soumises.

Mais si ce dernier jour vous paraît enco
éloigné, s'il vous paraît même incertain, po
vez-vous n'être pas certain que la vie a s
dernier jour, et que ce dernier jour peut ét
aussi près de vous que demain? C'est alors qu
cette croix sera présentée à vos yeux pour ex
citer votre confiance : eh! quelle confiance
prendrez-vous?

Ce sera là le signe du fils de l'homme,
ce signe vous avertira qu'il est prêt à vous ju
ger; ce signe vous fera sentir que tout le vis
ble et le sensible est passé et fini pour vous;
arrachera de votre cœur ce triste aveu : c'e
est fait, toutes mes chimères sont dissipées
tous mes projets sont évanouis; s'il me rest
encore quelque espérance, elle est là, dan
cette croix seule; il n'y en a plus hors de là
Cette croix, mon cher auditeur, ne vous fera
t-elle aucun reproche? Aurez-vous vécu... mai
vivez-vous d'une manière à pouvoir y espérer
L'âme sur les lèvres, aurez-vous le courage de

dire à Dieu : mon père, je remets mon esprit entre vos mains.

Où est-il maintenant cet esprit inconstant, léger, qui va, qui vient, et qui revient du péché au repentir, du repentir au péché, au libertinage, à l'endurcissement, à l'impiété ? Où ira-t-il alors ? il partira de ce monde; y reviendra-t-il ? jamais ; où sera-t-il donc ? entre les mains de qui le remettrez-vous ? sera-ce entre les mains de Dieu ? mais comment ? après l'avoir asservi durant tant d'années à la chair et au péché. Cet esprit, esclave assidu de la chair et du péché, sera-t-il digne de paraître aux yeux de son créateur ? le créateur y reconnaîtra-t-il son ouvrage ? en ce moment présent l'y reconnaît-il ? Présentez-vous à Dieu, pécheur; votre délicatesse à cet homme de douleurs; votre orgueil à ce Dieu d'humilité; vos richesses et vos déprédations à ce Dieu nu et dépouillé; vos haines et vos jalousies à ce Dieu de paix et de charité. Vous a-t-il fait tel que vous êtes ? êtes-vous tel qu'il vous a fait ?

Aveux et Regrets des Réprouvés.

(L'ABBÉ POULLE , *Sermons.*)

La nécessité des antithèses sortait ici du fond
du sujet, qui est le contraste entre ce qu'auraient
dû faire les réprouvés et ce qu'ils ont fait. Style
animé et intéressant.

———

Nos passions étaient fortes , mais que de
moyens, que de grâces, que de secours nous
auraient aidés à en triompher : elles étaient
fortes, qu'en savions-nous ? Avons-nous jamais tenté de les réprimer ? Quel combat
contre nous-mêmes ? quelle vigilance sur la
garde de nos sens ? quelle fuite des occasions
dangereuses ? Loin de travailler à les affaiblir,
à les détruire, nous n'avons cherché qu'à les
exciter et à nous satisfaire. Nous avons vécu
avec aussi peu de précaution que si nous étions
impeccables par notre nature ; elles étaient
fortes, parce que nous l'avons voulu, parce
que nous étions faibles nous-mêmes. Les commandemens de Dieu nous semblaient impra-
ticables ; ne comptions-nous que sur les forces
de la nature ; n'attendions-nous rien des secours
de la grâce ? Ils ont été pénibles et durs à no-

tre lâcheté et à notre mollesse. l'auraient-ils été
à notre ardeur, à notre charité, à notre zèle ?
l'ont-ils été pour tant de justes qui y ont ajouté
de nouvelles austérités ? Les lois du monde,
que nous avons si scrupuleusement observées,
étaient-elles moins rigoureuses ? Nous nous
sommes lassés dans le chemin spacieux de la
perdition, en courant après des ombres et
des fantômes, et nous n'avons pas daigné faire
un pas pour des couronnes éternelles ; rien
ne nous a coûté pour nous perdre ; le moindre
effort pour nous sauver nous a effrayés. Dieu
était bon : quel titre pour l'offenser ! Il était
bon : devions-nous le forcer d'être juste ? Nous
avons séparé ces deux attributs essentiellement unis en lui ; il les sépare à son tour.
Nous n'avons voulu considérer que sa miséricorde, sans faire aucune attention à sa justice ; il ne nous fait éprouver que sa justice
sans aucun mélange de sa miséricorde. Songes
trompeurs, excuses frivoles, système captieux,
qu'êtes-vous devenus ? Vous nous laissez sans
défense au pouvoir de la vérité. Justice plus
élevée que les montagnes, plus profonde que
les abîmes, qui nous accablez de votre poids,
quel est votre empire sur nous ? Des victimes.
de votre fureur, vous en faites vos apolo-
gistes ; nous voulons vous reproc er votre

cruauté, et nous nous accusons nous-mêmes;
nous commençons par vous maudire, nous fi-
nissons par vous justifier.

~~~~~~~~~~~~~~~~~~

Aux Hommes, sur les illusions de l'ambition.

(Massillon, *Paraphrase des Psaumes.*)

Fécondité inépuisable de style. Grandeur, noblesse et élégance exquise dans l'expression des
plus hautes pensées.

———

O enfans des hommes! qui courez avec tant
d'empressement après une fortune qui vous
échappe toujours, et qui vous laisse encore
mille choses à désirer quand vous l'avez
trouvée, jusqu'à quand votre cœur se laissera-
t-il séduire par une illusion dont votre expérience devrait vous avoir détrompés? Jusqu'à quand aimerez-vous vos inquiétudes et
vos chaînes? Le bonheur que vous cherchez
n'est plus qu'un poids qui vous accable dès
que vous y êtes parvenus. Vous sentez multiplier vos soucis à mesure que le monde
vous multiplie ses faveurs; de nouveaux désirs naissent de ceux que vous venez de voir

accomplis. Le monde vous croit heureux ;
mais la jalousie, mais la prospérité d'autrui,
mais ce qui manque à votre ambition, mais
le vide même de tout ce que vous possédez,
et qui ne saurait jamais satisfaire l'immensité
d'un cœur que Dieu seul peut remplir ; mais
le dégoût même qui suit toujours la possession de ce qu'on avait le plus désiré ; mais le
cri de la conscience qui vous reproche sans
cesse et les voies injustes par où vous êtes
parvenus à ce que vous désiriez, et l'usage
criminel que vous en faites ; mais la pensée
même que tout s'enfuit, que la vie la plus
longue n'est qu'un instant rapide, et que demain on va vous redemander votre âme ; mais
tout cela ensemble est un ver secret qui vous
dévore sans cesse, et qui empoisonne toute
cette vaine félicité qui trompe les spectateurs,
tandis qu'elle ne peut vous rendre heureux et
vous séduire vous-mêmes. Pourquoi sacrifiez-
vous donc votre âme, votre salut éternel,
votre Dieu à des objets dont vous ne pouvez
vous empêcher de sentir vous-mêmes le faux,
la vanité et le néant? Aimez celui seul qui
peut donner tout ce que l'on désire, et dont
l'amour tout seul fait le bonheur de ceux qui
l'aiment.

Il fallait que le berceau de Jésus-Christ fût entouré d'humiliation pour instruire le Monde.

(LE P. CHEMINAIS, *Sermon sur la Nativité de J.-C.*)

Dans ce développement oratoire d'une seule idée principale, on trouve les épanchemens d'une âme pure et sensible, et le style vrai, élégant, animé d'un bon écrivain.

ARGUMENT. Après avoir déjà indiqué combien il était nécessaire que le Sauveur naquît au sein de l'obscurité et des privations, pour combattre l'erreur de ceux qui pensent que J.-C. s'est trop abaissé, l'orateur s'écrie :

NON, mon Dieu, ce n'est pas trop, et si je l'ose dire, ce n'est pas encore assez ; car enfin vous voyez après tout ce que vous avez fait quelle est la fureur de l'homme pour être riche, grand, heureux sur la terre ; tout va là, tout se borne là. Je ne parle pas seulement à l'infidèle qui ne vous connaît pas, Seigneur, et sur qui ce mystère ne peut faire nul effet ; je ne parle pas à l'incrédule, qui, jusque dans le sein de l'Église, est assez malheureux pour avoir perdu la foi ; mais je parle à vous, Chrétien, qui n'êtes pas tout-à-fait scandalisé des humiliations de Jésus-Christ, qui l'adorez,

qui l'êtes venu chercher avec les bergers à la
crêche. En a-t-il trop fait pour guérir l'orgueil
de l'homme, pour amortir cette insatiable
cupidité qui le dévore, pour éteindre cette
soif outrée des honneurs et des richesses, pour
arrêter le cours impétueux de tant de passions
violentes qui l'entraînent ; je vous le demande,
pères de famille, qui voyez tous les jours la
paix de vos maisons troublée par les envies,
par les haines et par les querelles que produit l'attachement aux biens de fortune ; je
vous le demande, juges, qui avez tous les
jours entre les mains les différens des Chrétiens, de ces disciples de Jésus-Christ pauvre, humilié, et qui voyez frémir autour de
vous les passions les plus vives, un acharne-
ment opiniâtre à s'entre-déchirer, une fureur
aveugle qui met tout en usage pour ses intérêts, qui n'épargne ni mensonges, ni parjures, ni artifices, ni fourberies pour éviter, je
ne dis pas la pauvreté qu'on vient d'adorer
dans un Dieu, mais la perte d'un bien souvent
superflu, toujours dangereux. Je vous le demande, grands du monde, vous qui êtes à la
tête des affaires, vous dont dépendent les em-
plois, les grâces, les charges, les bénéfices,
Jésus-Christ en a-t-il trop fait pour modérer les
empressemens, et pour arrêter les poursuites

dont vous êtes tous les jours témoins, vous qui êtes, pour ainsi dire, les dépositaires de l'ambition publique. Combien de fois avez-vous gémi de voir, je ne dis pas le mondain et le courtisan, mais le Chrétien qui se pique le plus de régularité, mais le prêtre qui sacrifie à un Dieu pauvre, mais le prédicateur qui condamne en chaire les honneurs du siècle, poursuivre avec toute l'ardeur et la vivacité possibles ce qu'il vient de rejeter, de blâmer et de maudire, comme préjudiciable au salut : le poursuivre, dis-je, sans se ménager, sans rougir de l'affreuse contradiction de ses mœurs et de son état ? Jésus-Christ en a-t-il trop fait ? je vous le demande, âmes saintes qui, retirées du monde, exposez à la vénération publique la crèche du Verbe incarné, de ce Dieu pauvre et anéanti ; vous qui, remplies, pénétrées de ces saints mystères, tâchez de vivre selon l'esprit de l'Évangile, et non pas selon l'esprit du siècle. Jésus-Christ, encore une fois, en a-t-il trop fait pour vous inspirer le mépris des biens de la terre ? ne sentez-vous jamais l'ambition et la vanité se réveiller jusque dans le fond de la solitude ?

Eh ! que serait-ce donc, ô mon Dieu ! si vous aviez paru au monde couvert de gloire, comblé de richesses, élevé sur le trône ; si vous aviez pris la grandeur en partage ? combien par ce choix auriez-vous allumé les folles passions des hommes ! à quel excès ne serions-nous point allés ? Que serait-ce, si nous pouvions dire à nous-mêmes : le Dieu que j'adore a été grand, riche, puissant; il faut tâcher de le suivre; son exemple est une loi ? Le fidèle n'aurait-il pas trouvé dans son Dieu, aussi bien que les infidèles dans les divinités de la fable, de quoi autoriser ses passions les plus criminelles ?

~~~~~~~~~~~~~~~~~

Aux Chrétiens à qui la Foi ne suffit pas.

(Bossuet , *Sermon sur la divinité de la Religion.*)

L'autorité que donnent à Bossuet et la religion au nom de laquelle il parle, et son caractère et son génie, est représentée admirablement par la vivacité hardie des figures et des expressions. Il domine ses lecteurs et leur impose sa pensée.

———

Vous qui voulez pénétrer les secrets de Dieu, paraissez, venez en présence, développez-nous les énigmes de la nature; choisissez ou ce qui est loin, ou ce qui est près, ou ce qui est à vos pieds, ou ce qui est bien haut suspendu

sur vos têtes. Quoi! par-tout votre raison demeure arrêtée; par-tout ou elle gauchit, ou
elle s'égare, ou elle succombe. Cependant
vous ne voulez pas que la foi vous prescrive
ce qu'il faut croire. Aveugle, chagrin et dé-
daigneux, vous ne voulez pas qu'on vous guide
et qu'on vous donne la main. Pauvre voyageur
égaré et présomptueux, qui croyez savoir le
chemin, qui vous refusez la conduite, que
voulez-vous qu'on vous fasse? Quoi! voulez-
vous donc qu'on vous laisse errer? Mais vous
vous irez engager dans des détours infinis,
dans quelque chemin perdu; vous vous jet-
terez dans quelque précipice. Voulez-vous
qu'on vous fasse entendre clairement toutes
les vérités divines? mais considérez où vous
êtes, et en quelle basse région du monde vous
avez été relégué; voyez cette nuit profonde,
ces ténèbres épaisses qui vous environnent,
la faiblesse, l'imbécillité, l'ignorance de votre
raison; concevez que ce n'est pas ici la région de l'intelligence. Pourquoi donc ne voulez-vous pas qu'en attendant que Dieu se montre à découvert ce qu'il est, la Foi vienne à
votre secours, et vous apprenne du moins ce
qu'il en faut croire?

Aux Pécheurs qui veulent s'abuser sur
les causes de leur impiété.

(Le P. La Rue, *Sermon sur le Jugement général.*)

Mouvement et énergie. Le style a souvent une
heureuse originalité, et si l'art paraît quelquefois
dédaigné, il ne l'est qu'au profit d'un naturel
mâle et vigoureux.

———

Ne dissimulez point, pécheurs, ne cherchez point à justifier vos jugemens dépravés.
Dès que le monde a commencé de séduire
votre raison, vous deviez d'abord appeler votre
foi à son secours; vous deviez comparer ce
monde et ses vains attraits avec un Dieu
d'une puissance et d'une bonté infinies; ce
corps fragile et sujet à tant de besoins avec
cette âme qui lui donne la vie et le sentiment;
ce temps qui coule et doit finir avec cette éternité qui prépare à l'abus du temps une peine
sans fin et sans mesure. Au lieu de faire ces
réflexions et cette comparaison, qui auraient
affermi votre esprit dans ses premières lumières, qui étaient celles de la foi, vous vous
êtes livrés à ce monde séducteur, qui promettait à votre corps les biens et les plaisirs du
temps; vous avez jugé qu'ils pouvaient vous

31

rendre heureux, parce que vous les voyiez, les touchiez et les sentiez. Au contraire, vous vous êtes figuré que l'éternité qui vous menaçait n'est rien ; que votre âme n'est qu'un souffle, et qu'il n'y a point de Dieu, parce que Dieu ne tombe point sous vos sens, et que vous ne le voyez point.

Quelle raison si convaincante a donc pu vous frapper assez vivement pour vous faire démentir sur ces points-là votre foi passée, les premières impressions de votre jeune âge, et la conviction générale de tous les sages du genre-humain ? Ce n'est point, non, ce n'est point parce que Dieu n'est pas visible à vos yeux. Vain prétexte ! Avouez la vraie raison de votre incrédulité ; c'est que s'il y a un Dieu, une éternité, une âme spirituelle et immortelle, il ne vous est pas possible d'éviter la vengeance de ce Dieu, ni le châtiment éternel de votre âme criminelle.

A Dieu, sur les marques éclatantes de
sa grandeur.

(Massillon, *Paraphrase des Psaumes.*)

Tableau magnifique des merveilles de la création. C'est l'éloquence d'un grand orateur, et
presque le style d'un poète.

———

Qu'est-il besoin, mon Dieu, de vaines
recherches et de spéculations pénibles pour
connaître ce que vous êtes? Je n'ai qu'à lever
les yeux en haut, je vois l'immensité des cieux
qui sont l'ouvrage de vos mains, ces grands
corps de lumière qui roulent si régulièrement
et si majestueusement sur nos têtes, et auprès desquels la terre n'est qu'un atôme
imperceptible. Quelle magnificence, grand
Dieu! Qui a dit au soleil : sortez du néant
et présidez au jour; et à la lune : paraissez
et soyez le flambeau de la nuit? Qui a donné
l'être et le nom à cette multitude d'étoiles qui
décorent avec tant de splendeur le firmament,
et qui sont autant de soleils immenses attachés chacun à une espèce de monde nouveau
qu'ils éclairent? Quel est l'ouvrier dont la
toute-puissance a pu opérer ces merveilles,
où tout l'orgueil de la raison éblouie se perd

et se confond ? Eh ! quel autre que vous , souverain Créateur de l'univers , pourrait les avoir opérées ? Seraient-elles sorties d'elles-mêmes du sein du hasard et du néant, et l'impie sera-t-il assez désespéré pour attribuer à ce qui n'est pas une toute-puissance qu'il ose refuser à celui qui est essentiellement , et par qui tout a été fait ?

~~~~~~~~~~~~~~~~~~~

Contre ceux qui prêchent la morale par calcul.

(LE P. CREMINAIS, *Sermon sur la Foi.*)

Accent de conviction. Les expressions de l'orateur deviennent de plus en plus vives et fortes , à mesure qu'il se pénètre davantage lui-même d'une vérité qu'il observe en tous sens. On croit lire Massillon.

PRENEZ garde, dit-on ; on ne fait plus rien maintenant sans vertu. Le maître que vous servez est un homme d'ordre ; la maison où vous entrez est régulière ; le parti de l'Église que vous prenez veut des gens qui vivent bien : on n'avance point sans cela. Ah ! Chrétien ! c'est votre Dieu qu'il faut servir , c'est votre âme qu'il faut sauver. Vil esclave du monde, êtes-vous né pour plaire à d'autres yeux qu'à ceux de Dieu ? Sera-t-il le seul qui sera compté pour rien ? Siècle prophane ! Quoi ! les prédicateurs seront eux-mêmes obligés de quitter ce glaive tranchant de la parole divine, pour avoir recours aux faibles armes de la raison et de la prudence charnelle ! Quand nous n'avons plus que les motifs de la foi à vous proposer, l'enfer et l'éternité de ses peines, la gloire des bienheureux, un Dieu expirant sur une croix pour vous; ces grandes vérités, qui ont converti l'univers entier, sont sans force et ne font plus aucun effet. Tout ce que vous avez fait pour l'homme, Seigneur, n'est plus rien aujourd'hui : le langage de la foi est devenu un langage étranger pour les Chrétiens. Il faut aller chercher dans ces cœurs infidèles quelque reste de préjugés humains pour y faire entrer l'Évangile ; il faut leur inspirer la vertu à la faveur du vice ; il faut réveiller leur ambition, leur cupidité par la crainte du déshonneur, des pertes de biens ; il faut, par des éloges continuels, soutenir ce fantôme de Christianisme, qui ne peut prendre de l'Évangile que ce que le monde en approuve.

Aux Grands, sur les vrais Amis.

(L'abbé Poulle, *Sermons.*)

Cette pensée, souvent exprimée, est ici rajeu-
nie par le mouvement du style et le bonheur de
l'expression, qui est forte et originale.

———

Dans la prospérité connaît-on les hommes?
Je le demande aux grands de la terre. Vous
avez du crédit; le vent de la faveur vous porte,
vous élève, vous soutient; n'attendez des
hommes que complaisance, soins assidus,
louanges éternelles, envie de vous plaire.
Vous les prenez pour autant d'amis. Ne pré-
cipitez pas votre jugement: dans peu vous
lirez au fond de leurs cœurs; mais il vous en
coûtera votre fortune. Ce moment critique
arrive; un revers imprévu hâte votre chute;
tout s'ébranle, tout s'agite, tout fuit, tout
vous abandonne. Quoi! ces esclaves toujours
attachés à mes pas? Ils vous punissent de leurs
humiliations passées. Quoi! ces flatteurs qui
canonisaient toutes mes actions? Vous n'avez
pas de quoi payer leur encens; vous n'êtes
plus digne qu'ils vous trompent. Quoi! ces
ingrats que j'avais comblés de bienfaits? Ils
n'espèrent plus rien de vous; ils vont vendre

ailleurs leur présence et leurs hommages. Quoi! ces confidens, les dépositaires de mes secrets? Ils ont abusé de votre confiance pour travailler plus sûrement à votre ruine. Comptez à présent tous ceux qui sont autour de vous et qui vous demeurent fidèles après l'orage : voilà vos amis : vous n'en eûtes jamais d'autres.

Aux Grands qui se font un devoir de la vengeance.

(Le P. La Rue, *Sermon sur le Pardon des injures.*)

Il y a dans ce morceau quelque chose de la manière de Bossuet ; une touche ferme et hardie, une familiarité éloquente, des alliances de mots nouvelles, des rapprochemens inattendus. C'est une vérité importante et dignement développée.

Vous qui vous estimez décrédité si vous ne repoussez la raillerie par le déchaînement et l'emportement, qui ne connaissez point de tache qu'il ne faille laver dans le sang, qui croyez enfin votre honneur absolument dépendant de l'éclat de votre vengeance : preuve évidente que votre honneur est bien chancelant, votre réputation bien fragile! Car, si

elle était fondée sur des preuves de valeur
dignes de votre nom, de votre âge et de votre
rang, croyez-vous qu'elle pût être ébranlée
par le refus d'une vengeance proscrite par les
lois de la religion et de l'État? Si votre probité était avérée par des témoignages bien
publics, croyez-vous qu'une médisance fût
capable de l'altérer? Mais vous n'avez rien
de noble en vous que le sang dont vous sortez et l'épée que vous portez, dont peut-être
jamais vous n'avez fait aucun usage que celui
de vous faire craindre à ceux qui n'en portent
point. Mais vous traînez votre vie, aussi-bien
que votre épée, dans une lâche oisiveté, dans
le désordre et la débauche, inconnu ou mé-
prisé de tous les honnêtes gens, et dès le
moindre affront votre courage se réveille. Il
y va de mon honneur, dites-vous; il faut que
je me cache ou que je me venge. Eh! mon
cher frère! est-ce là qu'il faut penser à l'honneur, qu'il faut craindre les bruits et l'infamie? Sortez de votre oisiveté; quittez la
table et le jeu; ne vous contentez pas d'être
brave en paroles et en blasphêmes, en pa-
rures et en train; gardez les bienséances de
votre état; occupez-vous des exercices et des
soins qui en sont dignes. Là, Chrétiens, la
gloire et l'honneur. Vous le négligez cet hon-

neur jusque dans vos moindres plaisirs ; vous
l'avez perdu devant Dieu ; vous l'avez perdu
dans le public ; vous l'avez perdu dans votre
famille, au milieu de vos domestiques et de
vos propres amis, à la vue du monde entier.
Vous le perdez tous les jours par l'impureté,
la fourberie, l'avarice, la profusion, l'ingratitude, la paresse. Un mot désobligeant,
une raillerie vous font souvenir qu'il y a dans
la vie un honneur qu'il faut conserver, même
au péril de la vie. Il est bien temps de songer à
l'honneur! Décrié comme dissipateur, comme
fanfaron, comme joueur, comme homme de
mauvaise foi, de mauvaises mœurs, de mauvaise compagnie, vous voilà bien rétabli dans
l'opinion du public, quand, à tous ces titres
méprisables, vous aurez ajouté celui de gla-
diateur. Disons-le même de tous les cœurs
âpres à la vengeance et durs au pardon : la
bassesse est dans la vengeance ; la grandeur
d'âme, et l'honneur par conséquent, dans le
pardon.

À Dieu, contre l'enivrement des impies.

(Massillon, *Paraphrase des Psaumes.*)

Développemens pleins d'éloquence. Ceux de la première moitié sont peut-être plus ingénieux, ceux de la seconde plus véhémens.

Est-il étonnant, ô mon Dieu! que les hommes injustes et dissolus vous oublient dans la prospérité ? Tout ce qui les environne les séduit et les endort par des adulations éternelles. Leurs désirs les plus iniques, leurs démarches les plus criminelles trouvent toujours des éloges dans des bouches viles et mercenaires. On donne à leurs vices les plus crians les noms respectables de la vertu. Ils se croient tout permis, parce que tout ce qu'ils se permettent est applaudi. Vous le permettez ainsi, grand Dieu, et vous punissez la corruption de leur cœur par les applaudissemens même qui la justifient et qui la leur cachent. Ils ne méritent pas de connaître la vérité, parce qu'ils ne l'aiment pas. Vous les laissez s'applaudir eux-mêmes de leurs passions et jouir paisiblement de leur erreur ; ils aiment à être séduits, et la séduction des adulations ne manque jamais à ceux qui l'aiment, et qui peuvent se l'attirer par des récompenses.

Aussi, grand Dieu, l'homme criminel, dans l'élévation et dans la prospérité, est si enivré des éloges que l'adulation lui prostitue sans cesse, il se connaît si peu, ou plutôt il est si rempli de lui-même, qu'il vous regarde comme si vous n'étiez pas. Il ne compte pour rien de vous irriter tous les jours par de nouveaux outrages; rassasié de plaisirs, il cherche de nouveaux crimes dans le crime même. Les désordres ordinaires sont usés pour lui; il faut qu'il en cherche d'affreux par leur singularité pour réveiller ses passions; il se fait même honneur de cette distinction monstrueuse, comme si les crimes vulgaires ne vous offensaient qu'à demi; il s'applaudit d'avoir trouvé lui seul, pour vous outrager, des secrets inconnus au reste des hommes; il tâche de se persuader que tout le poids de votre colère n'est qu'un épouvantail dont on fait peur aux âmes simples et crédules; il débite tout haut que vous êtes trop grand pour vouloir abaisser votre majesté jusqu'à ce qui se passe parmi les hommes; que, loin de rechercher un jour la vie du pécheur, vous l'oublierez lui-même, comme s'il n'avait jamais été; que, content de jouir de vous-même, vous

n'avez préparé ni des châtimens au crime, ni
des récompenses à la vertu. C'est cette impiété, grand Dieu, qui outrage votre providence, qui déshonore votre sainteté et votre
justice, qui vous dégrade de tout ce que nous
adorons en vous de divin, et qui vous fait un
Dieu impuissant ou injuste. C'est elle qui
achève de vous rendre inexorable envers l'impie, et qui attire sur lui le plus redoutable
de vos châtimens. Vous l'abandonnez à lui-
même; vous le laissez marcher tranquillement dans ses voies; vous lui laissez goûter
à longs traits la douceur empoisonnée du
crime : mais vous lui ferez bientôt sentir que
vous êtes plus terrible quand vous soufirez
ici-bas, et que vous dissimulez les outrages
du pécheur, que lorsque vous les punissez.

Exhortation aux Pécheurs.

(Bossuet, *Réflexions sur l'état des pécheurs.*)

Pensées souvent exprimées, mais qui reçoivent une nouveauté toute éclatante de ce style si neuf, si original, si exclusivement propre à Bossuet.

Regardez-vous tandis que votre juge vous regarde. Voyez dans votre âme ce qu'il y voit, ce nombre innombrable de péchés invétérés, cet amas de corruption ancienne et nouvelle; toutes ces funestes dispositions que Dieu contemple dans vous, contemplez-les vous-même, ne vous cachez rien. Il connaît vos pensées; connaissez les siennes, et considérez ce qu'il médite. Au moins voyez ce qui est autour de vous, à l'heure que je vous parle : sa justice, qui vous environne, qui observe et qui écrit votre vie ; sa miséricorde, qui vous délaisse et qui vous livre à la mort; l'une et l'autre, qui, par des cris intérieurs, vous reprochent ce que vous êtes aujourd'hui, et vous annoncent ce que vous serez demain, ou cette nuit, et peut-être dans une heure; inopinément, au milieu de vos plaisirs, mort, jugé, condamné; en quelques minutes ce grand changement sera fait. C'est Dieu qui vous parle ; pesez ses paroles ; méditez et accordez à votre conscience la solitude où elle vous appelle, afin que vous réfléchissiez un peu sur ces grands objets, et que vous délibériez avec elle. Il est question de vous résoudre, ou à périr, en demeurant, par un choix de désespoir, dans le déplorable état où vous êtes ; ou bien à vous en retirer au plus tôt par la pénitence.

Peut-être que ni l'un ni l'autre ne vous plaît. Vous ne répondez que par des larmes, comme un malade désespéré, étendu sur son lit, et agité par la violence de son mal, qui ne peut s'exprimer que par des cris ou des soupirs. Il semble que la pensée vous vienne de faire comme le pécheur dont parle le prophète, et de vous informer s'il n'y a point quelqu'endroit au monde où Dieu ne soit point, et où vous puissiez n'être point vu de lui, et n'être point persécuté par sa voix foudroyante. Vous sentez combien il est terrible d'être vu d'un Dieu tandis qu'on est dans le péché, et qu'on ne fait aucun effort pour en sortir. Combien il est malheureux d'être appelé à une nouvelle vie par des inspirations si fortes et si douces, tandis qu'une longue habitude vous tient attaché à la vie mondaine, et qu'une cruelle et invincible passion vous engage à aimer la créature! Grand Dieu, dites-vous, ayez pitié de moi. Je ne vous demande qu'une grâce, qui est que vous me disiez ce que vous savez vous seul, en quel endroit du monde je pourrai m'enfuir pour me cacher à vos yeux, et pour ne plus entendre les menaces de votre justice ni le bruit des poursuites et des invitations de votre amour.

Voilà, certes, une résolution bien étrange, de demander à Dieu même ce qu'il faut faire, et où il faut aller pour s'enfuir de sa présence! Mais c'est une merveille plus admirable que ce grand Dieu ne refuse pas de répondre au pécheur et de l'instruire. La réponse qu'il lui donne et que je vous adresse, âme chrétienne, c'est d'aller à l'endroit où habite la miséricorde, c'est-à-dire, sur le Calvaire; que là, pourvu que vous disiez sincèrement ce qui doit être dit à la miséricorde souveraine, et que vous la laissiez faire ce qu'il lui plaira dans votre cœur, vous y trouverez le repos et la sûreté que vous désirez.

Exhortation aux Justes.

(Massillon, Sermon pour la fête de l'Incarnation.)

Que les Justes prennent courage ; le jour de l'éternité est proche ; ils vont recevoir leur récompense. Voilà l'exacte analyse de ce morceau. Mais quelle richesse et quelle pompe dans le développement d'un si petit nombre de pensées !

Vous qui êtes entrés depuis long-temps dans les voies de la justice et du salut, ne laissez point ralentir votre foi sous la pesanteur de la croix que vous avez embrassée ; ne vous découragez pas des rigueurs et de la durée du chemin ; ne vous lassez pas dans ces routes saintes. Ah ! les jours de votre pèlerinage vont bientôt finir ; vous touchez déjà à la couronne immortelle ; ces momens rapides de tribulation passeront comme un éclair : attendez encore un peu ; le Seigneur ne tardera pas, et il va paraître : vous le voyez aujourd'hui descendre dans notre infirmité ; ah ! vous le verrez bientôt venir dans sa gloire ! Qu'est-ce que le court espace de quelques jours de larmes et de deuil, qui vont aussitôt se perdre et s'anéantir dans l'abîme de l'éternité ? Mais, que dis-je, se perdre ? se chan-

ger en une vie nouvelle, en un jour serein
et éternel, où les larmes seront essuyées et le
deuil consolé ? Rien ne périt pour le juste ;
vivez donc de la foi ; attendez l'invisible comme
si vous le voyiez déjà ; pensez que toutes vos
violences les plus secrètes sont remarquées par
le témoin fidèle que vous avez dans le ciel ;
que toutes vos œuvres les plus légères sont
comptées ; que toutes vos peines sont mises
en dépôt dans les tabernacles éternels, et que
vos soupirs fervens sont conservés parmi ces
parfums précieux que les vieillards présentent autour de l'autel. Ainsi, plus vous avan-
cez vers le terme, plus vous sentez votre ardeur croître et vos forces se renouveler. Quel
bonheur de voir dans peu et comme en un
clin d'œil, ce nuage de notre mortalité dis-
paraître, et le jour de l'éternité commencer !

Merveilles de la Charité.

Devoirs des riches envers les pauvres.

(L'abbé Poulle , *Sermons.*)

Ce morceau me paraît de la plus haute éloquence. Conviction dans les pensées, verve dans la conception , mouvement et originalité dans les tournures et les expressions ; tout contribue à lui donner de l'éclat et de la vérité. Il commence par une sorte de dialogue hardi entre Dieu et le prédicateur, et à la fin, celui-ci s'adresse seul à Dieu. J'espère qu'on ne me saura pas mauvais gré d'avoir rangé cette belle péroraison parmi les *Discours.*

———

Il me semble en ce moment entendre la voix de Dieu qui me dit comme autrefois au prophète : Prêtre du Dieu vivant, que voyez-vous ? Seigneur, je vois, et je vois avec consolation un nombre prodigieux de grands, de riches émus, touchés, pour la première fois, du sort des misérables. Passez à un autre spectacle ; percez ces murs, percez ces voûtes : que voyez-vous ? Une foule d'infortunés plus malheureux peut-être que coupables. Ah ! j'entends leurs murmures confus, ces plaintes

de la misère délaissée, ces gémissemens de
l'innocence méconnue, ces hurlemens du désespoir. Qu'ils sont perçans! mon âme en est
déchirée! Descendez. Que trouvez vous? Une
clarté funèbre, des tombeaux pour habitation, l'enfer au-dessous, une nourriture qui
sert autant à prolonger les tourmens que la
vie, un peu de paille éparse çà et là, quelques haillons, des cheveux hérissés, des regards farouches, des voix sépulcrales qui,
semblables à la voix de la Pythonisse, s'exha-
lent en sanglots comme de dessous terre; les
contorsions de la rage, des fantômes hideux
se débattant dans des chaînes;....... des hommes....... l'effroi des hommes. Suivez ces victimes désolées jusqu'au lieu de leur immola-
tion. Que découvrez-vous? Au milieu d'un
peuple immense, la mort sur un échafaud,
armée de tous les instrumens de la douleur
et de l'infamie. Elle frappe : quelle couster-
nation de toutes parts! quelle terreur! un seul
cri, le cri de l'humanité entière, et point de
larmes. Comparez à présent ce que vous avez
vu de part et d'autre, et concluez vous-même...... Seigneur, plus je considère attenti-
vement, et plus je trouve que la compensa-
tion est exacte. Je vois un protecteur pour
chaque opprimé, un riche pour chaque pau-

vre, un libérateur pour chaque captif : ils
sont même presque en présence les uns des
autres ; il n'y a entre deux qu'un mur et le
cœur des riches. Un prodige de votre grâce,
ô mon Dieu ! et la charité ne fera bientôt plus
de ces deux visions qu'une seule vision. Le
prodige s'opère : les riches nous abandon-
nent ; ils se précipitent vers les prisons ; ils
fondent dans les cachots. Il n'y a plus de malheureux ; il n'y a plus de débiteurs ; il n'y
a plus de pauvres. Restent seulement quelques criminels dévoués au glaive de la justice pour l'intérêt général de la société, dont
ils ont violé les lois les plus sacrées ; mais
du moins, consolés, mais soulagés, mais
disposés à recevoir leurs supplices en esprit
de pénitence, et leur mort même en sacrifice
d'expiation. Ces monstres vont mourir en
Chrétiens. C'en est fait, aux approches de la
charité, tous ces objets lugubres qui affligeaient
l'humanité ont disparu, et je ne vois plus que
les cieux ouverts, où seront admises ces âmes
véritablement divines, puisqu'elles sont mi-
séricordieuses, dignes de régner éternellement avec vous, ô le rédempteur des captifs !
ô le consolateur des affligés ! ô le père des
pauvres ! ô le Dieu des miséricordes !

EXHORTATION aux Ministres du Seigneur.
(DE NOÉ.)

Force des contrastes ; intérêt et ingénieuse propriété dans le style.

———

MINISTRES de la pénitence, qui veillez aux barrières du sanctuaire, écartez ces profanes qui voudraient les franchir ; qu'ils frappent à la porte, mais qu'ils ne la brisent pas ; qu'ils se présentent à l'entrée du temple, mais qu'ils n'avancent pas ; qu'ils demandent avec humilité, qu'ils attendent avec patience, qu'ils sollicitent par leurs œuvres la grâce dont le dépôt est remis entre vos mains.

Si le Ciel, dans sa miséricorde, vous adresse un pécheur touché des premiers traits de sa grâce, et qui, plus faible que méchant, combat et cède, se relève et retombe, vaincu par la force de l'habitude et du penchant, tendez-lui une main secourable, soutenez ses premiers pas, mêlez la force et la douceur ; en lui appliquant la rigueur de votre ministère, qu'il sente vos entrailles s'émouvoir ; consolez-le, rassurez-le, priez-le surtout ; sollicitez le juste juge en faveur du coupable, et ne le quittez pas qu'il ne vous ait rendu ce fils de vos soins et de vos larmes.

Si, plus heureux dans les travaux de la moisson qui se prépare, vous voyez tomber à vos pieds un pécheur terrassé par la main du Tout-Puissant, qui porte dans ses yeux, sur son front, dans ses œuvres, le remords, la honte, le repentir, tous les caractères de la conversion, tous les présages de la persévérance, et qui vous dise: *Maître, que voulez-vous que je fasse?* bénissez le Seigneur Dieu d'Israël qui fait grâce et miséricorde, et recevez le pécheur au jour qu'il s'humilie et qu'il se convertit; accueillez-le comme l'enfant prodigue, à l'exemple du meilleur des pères; réjouissez-vous, parce que votre fils qui était mort est vivant, et que votre fils qui était perdu est retrouvé; ôtez-lui ses vêtemens de deuil et de tristesse; rendez-lui sa robe d'innocence; prononcez sur lui les paroles de réconciliation. C'est pour lui que les jours de miséricorde et de salut sont ouverts. Il ne vient point surprendre votre pitié pour se soustraire à de salutaires rigueurs; il veut au contraire que la pénitence égale son crime et son repentir. Mais si la mort le prévient, le Dieu clément a connu le désir de son cœur et ratifié votre pardon; il écrira son nom avec le nom des justes qui auront conservé ou recouvré leur première innocence.

Aux Chrétiens esclaves de l'opinion.

(MASSILLON , *Carême.*)

A sa fécondité ordinaire, l'orateur a joint dans
ce discours beaucoup de mouvement et de force.
Ces interpellations fréquentes, ces contrastes incessamment reproduits à dessein, montrent combien il trouve de folie dans l'asservissement à l'o-
pinion des hommes.

———

Quoi! mes frères! dans l'affaire de votre
éternité, vous adoptez sans attention des préjugés communs, seulement parce qu'ils sont
établis! vous suivez ceux qui marchent devant vous, sans examiner où conduit le sen-
tier qu'ils tiennent! Vous ne daignez pas
vous demander à vous-mêmes si vous ne vous
trompez point! Il vous suffit de savoir que
vous n'êtes pas les seuls à vous méprendre!
Quoi! dans l'affaire qui doit décider de vos
destinées éternelles, vous ne faites pas même
usage de votre raison! vous ne demandez
point d'autre garant de votre sûreté que l'erreur commune! vous ne doutez pas! vous ne
vous informez pas! vous ne vous défiez pas!
tout vous est bon! Vous qui êtes si épineux,
si difficiles, si défians, si pleins de précautions

quand il s'agit de vos intérêts terrestres, dans
cette grande affaire toute seule, vous vous
conduisez par instinct, par opinion, par impression étrangère ; vous n'y mettez rien du
vôtre, et vous vous laissez entraîner indolem-
ment à la multitude et à l'exemple ! Vous
qui, sur tout autre point, rougiriez de penser
comme la foule ; vous qui vous piquez de supériorité de génie, et de laisser au peuple et
aux esprits médiocres les préjugés vulgaires ;
vous qui outrez peut-être la singularité dans
votre façon de penser sur tout le reste, sur le
salut tout seul vous ne pensez qu'avec la
foule, et il semble que la raison ne vous est
pas donnée pour ce grand intérêt seulement.
Quoi ! mes frères ! quand on vous demande
tous les jours, dans les démarches que vous
faites pour le succès de vos affaires et de vos
espérances terrestres, les raisons que vous
avez eues de préférer un parti à un autre,
vous développez des motifs si sages et si so-
lides, vous justifiez votre choix par des vues
si sûres et si décisives, vous paraissez avoir
pensé si mûrement avant que d'entreprendre ;
et lorsque nous vous demandons tous les jours
d'où vient que, dans l'affaire du salut éternel, vous préférez les abus, les usages, les
maximes du monde aux exemples des saints,

qui n'ont pas vécu certainement comme vous,
et aux règles de l'Évangile, qui condamnent
tous ceux qui vivent comme vous; vous n'a-
vez rien à nous répondre, sinon que vous
n'êtes pas le seul, et qu'il faut vivre comme
tout le monde vit? Grand Dieu! Et que servent les grandes lumières pour conduire des
projets qui périront avec nous? Nous avons
de la raison pour la vanité; nous sommes des
enfans pour la vérité. Nous nous piquons de
sagesse dans les affaires du monde; dans celle
du salut éternel, nous sommes des insensés.

Aux Riches sur leurs obligations.

(L'abbé Poulle, *Sermons.*)

Eloquence vive et pressante; tableau animé.
Vigueur et rapidité de style.

Divinités inférieures de la terre, souffrez
que nous vous interrogions. Le zèle du bien
public et de votre propre salut nous en inspire
la hardiesse. Tout s'agite, tout est en mouvement autour de vous; pourquoi seuls crou-
pissez-vous dans le repos? N'êtes-vous pas
pécheurs? pourriez-vous le nier? et le joug

du travail n'a-t-il pas été imposé à tous les enfans d'Adam , comme la pénitence de leur pré-
varication ? N'êtes-vous pas citoyens ? Est-il
juste que vous dévoriez tout le fruit des travaux des autres, et que vous ne preniez nulle
part à ces mêmes travaux ? Avec tant d'orgueil,
vous croyez-vous assez peu nécessaires à la société pour qu'elle ne souffre aucun dommage de
votre inaction ? Répondez : quels sont les titres légitimes qui vous dispensent de la loi
générale ? Notre naissance , notre rang.... Que
vous connaissez mal votre destination ! La
Providence ne vous a pas faits pour le spectacle; elle vous a faits pour le besoin. Elle ne
vous exempte des travaux serviles que pour
en substituer de plus intéressans ; elle ne vous
approche de plus près du trône qu'afin que
vous y portiez les vœux et les gémissemens
des peuples; elle ne vous confie le crédit et
l'autorité qu'afin que vous protégiez le mérite et l'innocence ; elle ne vous donne plus de
richesses qu'afin que vous soulagiez plus de
misérables. L'éclat, la pompe, les hommages
qui vous suivent en tous lieux ne sont que les
adoucissemens des peines de votre condition :
les services importans en sont le fond et l'es-
sence. De si nobles soins ne vous touchent-ils
pas ? Non, vous n'êtes plus grands; votre seule

inutilité vous dégrade, et la religion ne vous
distinguera de la foule que vous méprisez, que
par l'excès des châtimens qu'elle prépare à
votre indolence.

Apostrophe à Scipion.

(De Noé.)

Supériorité du guerrier chrétien sur les guerriers même les plus illustres parmi les païens.

Style imposant et soutenu. Variété, élégance,
harmonie.

Si je ne craignais dans le lieu saint de citer
un exemple profane, si je ne craignais de louer
dans la chaire de vérité une vertu que la vraie
religion n'aurait pas consacrée, je vous pro-
poserais pour modèle à nos guerriers, jeune
Scipion, non moins célèbre dans l'univers par
votre continence que par votre valeur (1).

(1) Après la prise de Carthagène, on amena à Scipion
une captive d'une rare beauté. Instruit qu'elle était promise au jeune prince des Celtibériens, il envoya chercher
ce prince, lui rendit son épouse, et joignit à sa dot le
prix de la rançon que ses parens venaient de payer (Tite-
Liv., liv. xxvi, chap. L.)

Oui, vous avez montré tout ce qu'un héros peut exercer d'empire sur lui-même ; vous avez rendu une épouse à son époux, une fille à son père, et fait trouver dans votre camp, à la beauté captive, un asile aussi sûr et aussi sacré qu'un sanctuaire. Que l'univers célèbre donc votre victoire, que les siècles en perpétuent le souvenir, et que nos jeunes guerriers s'honorent de marcher sur vos traces, ou rougissent de ne pas vous imiter. Mais quelque grande que soit votre action, quelque sublime que soit la vertu qui l'a produite, la vertu du Chrétien est encore plus noble et plus pure. Les soins d'une guerre importante dont vous étiez chargé ont pu distraire votre grande âme des plaisirs vulgaires ; les ennemis de votre nom qu'il fallait réduire au silence, deux illustres rivaux, un oncle et un père, qu'il fallait atteindre et surpasser, des peuples qu'il fallait vaincre par les armes, gagner par les bienfaits, étonner du moins par votre générosité, étaient autant de motifs qui pouvaient vous amener à ce sacrifice. Mais ce Chrétien obscur, ce soldat perdu dans les derniers rangs de sa légion, qui n'a rien à espérer ni à redouter de la part des hommes, qui ne sera ni puni de son crime ni loué de sa vertu, ne se montrera ni moins pur ni moins retenu dans le tumulte et le dé-

sordre qui favoriseraient sa licence, dans le silence et les ténèbres qui cacheront sa retraite,
que si l'univers avait les yeux fixés sur lui
pour applaudir à sa réserve, et que la renommée se tînt prête à la publier.

~~~~~~~~~~~~~~~

Aux Chrétiens.

(L'Abbé Poulle, *Sermons.*)

L'orateur montre qu'en sacrifiant à Dieu tout
ce qui peut lui déplaire, on s'amasse un trésor
bien plus précieux.

———

Ce morceau est empreint de deux caractères.
Il y a de l'habileté et de la justesse dans les al-
légories qui remplissent la première moitié; la
seconde est pleine d'un saint enthousiasme. Aussi
le style, dans cette partie, devient-il plus solennel et plus hardi, pour monter au niveau de
la pensée.

———

Venez, ô nation sainte! venez vous enrichir; apportez sur les autels du Seigneur vos
offrandes et vos victimes; mais apportez-les,
suivant le conseil du sage, avec les dispositions
de celui qui laboure et qui sème, ou de celui
qui charge un vaisseau des marchandises de

son pays pour les envoyer dans des régions
éloignées. Croient-ils sacrifier, l'un, ce qu'il
confie à la terre; l'autre, ce qu'il expose au
danger de la mer? Non, sans doute. Le premier sait que les grains de froment qu'il répand dans les sillons ne sont perdus que pour
quelques jours, qu'ils reparaîtront bientôt ra-
nimés et embellis par un principe de vie,
figure de la grâce; qu'ils formeront ensuite des
épis, qu'au temps marqué ces épis jauniront,
et qu'à la moisson il remplira ses greniers de
leurs dépouilles abondantes et fécondes. Le second se tient sans cesse sur le port pour hâter
le départ du vaisseau qu'il a fait construire;
il le voit avec joie s'éloigner du rivage; il
le suit de la pensée lorsqu'il ne peut plus le
suivre des yeux; il attend avec impatience
l'heureux moment du retour qui lui procurera
les richesses du Nouveau-Monde; et cependant
mille accidens fâcheux peuvent dans un instant
détruire leurs espérances les mieux fondées,
au lieu que le trésor de salut que vous amas-
sez par vos sacrifices est à couvert de toutes
les vicissitudes. Ni les puissances du monde,
ni les persécutions, ni la mort même ne sont
pas capables de vous le ravir; vous ne sau-
riez le perdre que par le péché, et vous pouvez le recouvrer de nouveau par la grâce.

Et comment craindriez-vous que vos sacrifices fussent infructueux ? N'êtes-vous pas prophètes ? la foi n'est-elle pas une révélation expresse des secrets de l'avenir ? n'avance-t-elle pas votre bonheur en mettant sous vos yeux l'histoire et le tableau du siècle futur ? A la faveur de ces peintures vraies, quoique imparfaites, nous connaissons, pour ainsi dire, jusqu'aux dimensions de la céleste Jérusalem, l'immensité de son enceinte, la régularité de sa structure, la magnificence et la variété de ses ornemens, le nouvel ordre de citoyens qui la peuplent, la société des élus consommée dans l'unité de Dieu, les noces mystérieuses de l'agneau qu'ils célèbrent par des chants d'allégresse, et la splendeur de la divinité réfléchie sur tous les enfans du Seigneur. Si, comme Abraham, nous n'habitons pas encore cette terre de délices, du moins, comme lui, nous avons la consolation de pouvoir la saluer de loin. Oui, céleste Jérusalem, patrie éternelle, nous vous saluons; recevez tous nos désirs, en attendant que vous nous receviez nous mêmes.

Aux Israélites.

(De Noé.)

Style plein de dignité, d'onction et de douceur.

———

Heureux, s'écrie le grand Bossuet, *heu-reux les yeux qui verront l'Orient et l'Oc-cident se réunir pour faire les beaux jours de l'Église!* Beaux jours, je ne vous verrai pas ; mais vous êtes prédits, vous arriverez ; et comme saint Pierre s'est réjoui en appre-nant par une vision mystérieuse la vocation des Gentils, je me rejouis en lisant dans les prophètes, et en contemplant dans l'avenir la conversion et le rétablissement du peuple juif.

Et vous, malheureux restes de ce peuple traîné dans la poussière et foulé aux pieds des nations, je ne suis pas complice des injustes mépris dont elles vous accablent. J'adore la main du Tout-Puissant, qui pèse sur vous depuis plus de dix-sept siècles, mais j'espère toujours en sa miséricorde. Je considère le rang dont vous êtes déchus, et celui auquel vous êtes appelés ; je vois en vous les restes des enfans d'Abraham selon la chair, les

pères des enfans d'Abraham selon l'esprit,
qui doivent naître de vous, et, plein d'admiration pour de si hautes destinées, je me joins
à l'Église pour demander avec elle chaque
jour à Dieu qu'il daigne accomplir ses miséricordes, vous rappeler à lui, et par votre
retour remplir ses promesses, faire taire nos
ennemis, assurer le repos, la gloire et la
durée de son Église.

Bossuet à ses auditeurs.

(Bossuet, *Eloge funèbre de Condé*.)

Tous les mérites du grand orateur et du grand
écrivain sont réunis dans cet admirable morceau. Il est au même degré solennel, véhément,
touchant, énergique, et l'expression y est, pour
toutes ces nuances si diverses, le digne auxiliaire
de la pensée.

Argument. L'orateur, au nom de ses auditeurs et en
son propre nom, fait ses derniers adieux à la mémoire
du grand Condé. La péroraison de ce chef-d'œuvre de
Bossuet m'ayant paru composer un tout complet, et qui
peut être lu indépendamment de tout le reste, j'ai cru
pouvoir le ranger parmi des discours.

Jetez les yeux de toutes parts; voilà tout
ce qu'a pu la magnificence et la piété pour

honorer un héros ; des titres , des inscriptions,
vaines marques de ce qui n'est plus ; des figures qui semblent pleurer autour d'un tombeau ,
et de fragiles images d'une douleur que le
temps emporte avec tout le reste ; des colonnes qui semblent vouloir porter jusqu'au ciel
le magnifique témoignage de notre néant, et
rien enfin ne manque dans tous ces honneurs
que celui à qui on les rend.

Pleurez donc sur ces faibles restes de la vie
humaine, pleurez sur cette triste immortalité
que nous donnons aux héros ; mais approchez
en particulier, ô vous qui courez avec tant
d'ardeur dans la carrière de la gloire , âmes
guerrières et intrépides! Quel autre fut plus digne de vous commander ? Mais dans quel autre
avez-vous trouvé le commandement plus honnête? Pleurez donc ce grand capitaine, et dites en gémissant : voilà celui qui nous menait
dans les hasards ! Sous lui se sont formés tant
de renommés capitaines que ses exemples ont
élevés aux premiers honneurs de la guerre !
son ombre eût pu encore gagner des batailles,
et voilà que dans son silence son nom même
nous anime, et ensemble il nous avertit que,
pour trouver à la mort quelque reste de nos
travaux , et n'arriver pas sans ressource à
notre éternelle demeure avec le roi de la terre,

il faut encore servir le roi du ciel. Servez
donc ce roi immortel et si plein de miséricorde, qui vous comptera un soupir et un
verre d'eau donné en son nom, plus que tous
les autres ne feront jamais tout votre sang
répandu, et commencez à compter le temps
de vos utiles services du jour que vous vous
serez donnés à un maître si bienfaisant.

Et vous, ne viendrez-vous pas à ce triste monument, vous, dis-je, qu'il a bien voulu
mettre au rang de ses amis ? Tous ensemble,
en quelque degré de sa confiance qu'il vous
ait reçus, environnez ce tombeau, versez des
larmes avec des prières, et admirant dans un
si grand prince une amitié si commode et
un commerce si doux, conservez le souvenir
d'un héros dont la bonté avait égalé le courage. Ainsi puisse-t-il toujours vous être un
cher entretien ! ainsi puissiez-vous profiter de
ses vertus, et que sa mort, que vous dé-
plorez, vous serve à la fois de consolation et
d'exemple !

Pour moi, s'il m'est permis, après tous les
autres, de venir rendre les derniers devoirs à
ce tombeau, ô prince, le digne sujet de nos
louanges et de nos regrets ! vous vivrez éternellement dans ma mémoire ; votre image y
sera tracée, non point avec cette audace qui

promettait la victoire ; non , je ne veux rien
voir en vous de ce que la mort y efface ; vous
aurez dans cette image des traits immortels ;
je vous y verrai tel que vous étiez à ce dernier
jour sous la main de Dieu, lorsque sa gloire
sembla commencer à vous apparaître. C'est là
que je vous verrai plus triomphant qu'à Fribourg et à Rocroy ; et, ravi d'un si beau triomphe, je dirai en actions de grâces ces belles
paroles du bien aimé disciple : la véritable victoire, celle qui met sous nos pieds le monde
entier, c'est notre foi.

Jouissez, prince , de cette victoire, jouissez-
en éternellement par l'immortelle vertu de ce
sacrifice ; agréez ces derniers efforts d'une voix
qui vous fut connue ; vous mettrez fin à tous
ces discours ; au lieu de déplorer la mort des
autres, grand prince, dorénavant je veux apprendre de vous à rendre la mienne sainte :
heureux si , averti par ces cheveux blancs du
compte que je dois rendre de mon administration, je réserve au troupeau que je dois
nourrir de la parole de vie, les restes d'une
voix qui tombe et d'une ardeur qui s'éteint.

SECTION II.

SUJETS PHILOSOPHIQUES ET MORAUX.

Arcésius à Télémaque.

(Fénélon, *Télémaque*, liv. xix.)

L'éloquence de ce morceau a quelque chose de céleste. On sent bien que ce n'est pas le discours d'un habitant de ce monde. La gravité solennelle et imposante du style, si bien d'accord avec la pensée, complète l'illusion.

Argument. Tandis que Télémaque cherche en vain dans les enfers son père Ulysse, ou du moins Laerte, son grand-père, il voit un vieillard vénérable qui s'avance vers lui; ses traits lui sont inconnus. C'était Arcésius, père de Laerte, qui fait cesser par ces paroles l'incertitude qu'il éprouve :

Je te pardonne, ô mon cher fils! de ne me point reconnaître; je suis Arcésius, père de Laerte. J'avais fini mes jours avant qu'Ulysse, mon petit-fils, partît pour le siége de Troie: alors tu étais encore un petit enfant entre les bras de ta nourrice. Dès-lors j'avais conçu de toi de grandes espérances ; elles n'ont point été trompeuses, puisque je te vois descendre dans le royaume de Pluton pour chercher ton père, et que les dieux te soutiennent dans cette entreprise. O heureux enfant! les dieux t'aiment et te préparent une gloire égale à celle de ton père. O heureux moi-même de te revoir! Cesse de chercher Ulysse en ces lieux, il vit encore; il est réservé pour relever notre maison dans l'île d'Ithaque. Laerte même, quoique le poids des années l'ait abattu, jouit encore de la lumière, et attend que son fils revienne pour lui fermer les yeux. Ainsi les hommes passent comme les fleurs qui s'épanouissent le matin, et qui le soir sont flétries et foulées aux pieds. Les générations des hommes s'écoulent comme les ondes d'un fleuve rapide; rien ne peut arrêter le temps, qui entraîne après lui tout ce qui paraît le plus immobile. Toi-même, ô mon fils! mon cher fils! toi-même, qui jouis maintenant d'une jeunesse si vive et si féconde en plaisirs, souviens-toi que ce bel âge n'est qu'une fleur qui sera presque aussitôt séchée qu'éclose; tu te verras changer insensiblement; les grâces riantes, les doux plaisirs qui t'accompagnent, la force, la santé, la joie, s'évanouiront comme un beau songe; il ne t'en restera qu'un triste souvenir; la vieillesse lan-

guissante et ennemie des plaisirs viendra rider
ton visage, courber ton corps, affaiblir tes
membres, faire tarir dans ton cœur la source
de la joie, te dégoûter du présent, te faire
craindre l'avenir, te rendre insensible à tout,
excepté à la douleur.

Ce temps te paraît éloigné. Hélas! tu te
trompes, mon fils; il se hâte, le voilà qui
arrive : ce qui vient avec tant de rapidité n'est
pas loin de toi; et le présent qui s'enfuit est
déjà bien loin, puisqu'il s'anéantit dans le
moment que nous parlons, et ne peut plus se
rapprocher. Ne compte donc jamais, mon fils,
sur le présent; mais soutiens-toi dans le sen-
tier âpre et rude de la vertu par la vue de
l'avenir. Prépare-toi, par des mœurs pures et
par l'amour de la justice, une place dans
l'heureux séjour de la paix. Tu reverras enfin
bientôt ton père reprendre l'autorité dans
Ithaque. Tu es né pour régner après lui. Mais,
hélas! ô mon fils! que la royauté est trompeuse! Quand on la regarde de loin, on ne
voit que grandeur, éclat et délices; mais de
près tout est épineux. Un particulier peut,
sans déshonneur, mener une vie douce et
obscure : un roi ne peut, sans se déshonorer,
préférer une vie douce et oisive aux fonctions
pénibles du gouvernement. Il se doit à tous

les hommes qu'il gouverne, et il ne lui est jamais permis d'être à lui-même ; ses moindres fautes sont d'une conséquence infinie, parce qu'elles causent le malheur des peuples, et quelquefois pendant plusieurs siecles ; il doit réprimer l'audace des méchans, soutenir l'innocence, dissiper la calomnie. Ce n'est pas assez pour lui de ne faire aucun mal ; il faut qu'il fasse tous les biens possibles dont l'État a besoin : ce n'est pas assez de faire le bien par soi-même ; il faut encore empêcher tous les maux que les autres feraient s'ils n'étaient retenus. Crains donc, mon fils, crains une condition si périlleuse ; arme-toi de courage contre toi - même, contre tes passions et contre les flatteurs.

A ZÉNOBIE, reine de Palmyre.

(LABRUYÈRE, *Caractères.*)

Conception forte et ingénieuse. L'effet que produisent les dernières phrases est ménagé avec un art merveilleux, et le style a beaucoup de grâce et de vigueur.

———

ARGUMENT. Pour fronder le faste insolent et scandaleux des parvenus, l'auteur suppose ce discours adressé à la fameuse Zénobie :

Ni les troubles, Zénobie, qui agitent votre empire, ni la guerre que vous soutenez virilement contre une nation puissante (1) depuis la mort du Roi votre époux (2), ne diminuent rien de votre magnificence ; vous avez préféré à toute autre contrée les rives de l'Euphrate, pour y élever un superbe édifice : l'air y est sain et tempéré, la situation en est riante, un bois sacré l'ombrage du côté du couchant ; les dieux de Syrie qui habitent quelquefois la terre, n'y auraient pu choisir une plus belle demeure ; la campagne autour est couverte d'hommes qui taillent et qui coupent, qui vont et qui viennent, qui roulent

———

(1) Les Romains.
(2) Odenat.

34

ou qui charrient le bois du Liban, l'airain et le porphyre; les grues et les machines gémissent dans l'air, et font espérer à ceux qui voyagent vers l'Arabie de revoir, à leur retour en leurs foyers, ce palais achevé, et dans cette splendeur où vous désirez le porter avant de l'habiter, vous et les princes vos enfans. N'y épargnez rien, grande reine; employez-y l'or, et tout l'art des plus excellens ouvriers; que les Phidias et les Zeuxis de votre siècle déploient toute leur science sur vos plafonds et sur vos lambris; tracez-y de vastes et délicieux jardins, dont l'enchantement soit tel qu'ils ne paraissent pas faits de la main des hommes. Épuisez vos trésors et votre industrie sur cet ouvrage incomparable; et après que vous y aurez mis, Zénobie, la dernière main, quelqu'un de ces pâtres qui habitent les sables voisins de Palmyre, devenu riche par les péages de vos riviéres, achètera un jour à deniers comptans cette royale maison, pour l'embellir et la rendre plus digne de lui et de sa fortune.

Un Spartiate à ses compatriotes.

(Rousseau.)

Ironie pleine de verve. Il était difficile de faire
mieux sentir ce qu'il y a de vain et de vide dans
l'empire de l'opinion.

———————

Argument. Pour tourner en ridicule l'opinion de ceux
qui, voulant donner à Athènes la préférence sur Lacédémone, attestent les lettres et les arts ignorés dans
cette dernière ville, et dont la première nous a laissé
de glorieux monumens, l'auteur met ironiquement ce
discours dans la bouche d'un Spartiate, au milieu de
ses concitoyens réunis :

Citoyens, ouvrez les yeux et sortez de
votre aveuglement. Je vois avec douleur que
vous ne travaillez qu'à acquérir de la vertu,
qu'à exercer votre courage et maintenir votre
liberté ; et cependant vous oubliez le devoir
plus important d'amuser les oisifs des races
futures. Dites-moi, à quoi peut être bonne
la vertu, si ce n'est à faire du bruit dans le
monde ? Que vous aura servi d'être gens de
bien, quand personne ne parlera de vous ?
Qu'importe aux siècles à venir que vous vous
soyez dévoués à la mort aux Thermopyles
pour le salut des Athéniens, si vous ne laissez
comme eux ni systèmes de philosophie, ni

vers, ni comédies, ni statues? Hâtez-vous
donc d'abandonner des lois qui ne sont bonnes
qu'à vous rendre heureux ; ne songez qu'à faire
beaucoup parler de vous quand vous ne serez
plus ; et n'oubliez jamais que si l'on ne célé-
brait les grands hommes, il serait inutile de
l'être.

LA PATRIE à ses enfans.

(BARTHÉLEMY, *Voyage d'Anacharsis.*)

Ce discours est d'une éloquence noble et facile. Il est rempli de traits tantôts forts, tantôt
ingénieux, et le style est digne des pensées.

ARGUMENT. A l'imitation de Socrate, qui dans le Criton
suppose un discours des lois d'Athènes, l'auteur met
ces paroles dans la bouche de la Patrie, qui reproche à
ses enfans la dissolution des mœurs.

C'EST ici que vous avez reçu la vie, et que
de sages institutions ont perfectionné votre
raison. Mes lois veillent à la sûreté du moindre des citoyens, et vous avez tous fait un
serment formel ou tacite de consacrer vos
jours à mon service. Voilà mes titres : quels
sont les vôtres pour donner atteinte aux mœurs
qui servent mieux que les lois de fondement
à mon empire ? Ignorez-vous qu'on ne peut

les violer sans entretenir dans l'État un poi-
son destructeur ; qu'un seul exemple de dissolution peut corrompre une nation et lui
devenir plus funeste que la perte d'une bataille ; que vous respecteriez la décence publique s'il vous fallait du courage pour la
braver ; et que le faste avec lequel vous étalez
des excès qui restent impunis est une lâcheté
aussi méprisable qu'insolente ?

Cependant vous osez vous approprier ma
gloire, et vous enorgueillir, aux yeux des
étrangers, d'être nés dans cette ville, qui a
produit Solon et Aristide, de descendre de
ces héros qui ont fait si souvent triompher
mes armes. Mais quels rapports y a-t-il de
communs entre ces sages et vous ? Je dis plus :
qu'y a-t-il de commun entre vous et vos aïeux ?
Savez-vous qui sont les compatriotes et les
enfans de ces grands hommes ? Les citoyens
vertueux, dans quelqu'état qu'ils soient nés,
dans quelque intervalle de temps qu'ils puissent naître.

Heureuse leur patrie si, aux vertus dont
elle s'honore, ils ne joignaient pas une indulgence qui concourt à sa perte ! Écoutez
ma voix à votre tour, vous qui, de siècle en
siècle, perpétuez la race des hommes précieux à l'humanité. J'ai établi des lois contre

les crimes; je n'en ai point décerné contre les vices, parce que ma vengeance ne peut être qu'entre vos mains, et que vous seuls pouvez les poursuivre par une haine vigoureuse. Loin de la contenir dans le silence, il faut que votre indignation tombe en éclats sur la licence qui détruit les mœurs, sur les violences, les injustices et les perfidies qui se dérobent à la vigilance des lois, sur la fausse probité, la fausse modestie, la fausse amitié, et toutes ces viles impostures qui surprennent l'estime des hommes; et ne dites pas que les temps sont changés, et qu'il faut avoir plus de ménagemens pour le crédit des coupables : une vertu sans ressources est une vertu sans principes; dès qu'elle ne frémit pas à l'aspect des vices, elle en est souillée.

Songez quelle ardeur s'emparerait de vous, si tout-à-coup on vous annonçait que l'ennemi prend les armes, qu'il est sur vos frontières, qu'il est à vos portes. Ce n'est pas là qu'il se trouve aujourd'hui; il est au milieu de vous, dans le sénat, dans les assemblées de la nation, dans les tribunaux, dans vos maisons. Ses progrès sont si rapides qu'à moins que les dieux ou les gens de bien n'arrêtent ses entreprises, il faudra bientôt renoncer à tout espoir de réforme et de salut.

Prosopopée de Fabricius.

(Rousseau.)

Outre le bonheur de l'idée principale, on doit admirer dans ce morceau l'éloquente rapidité du style, et le choix des détails les plus propres à faire ressortir un grand contraste.

Argument. A la vue de Rome corrompue, l'auteur, par un mouvement d'enthousiasme, s'adresse à Fabricius et s'écrie :

O Fabricius! qu'eût pensé votre grande âme si, pour votre malheur, rappelé à la vie, vous eussiez vu la face pompeuse de cette Rome sauvée par votre bras, et que votre nom respectable avait plus illustrée que toutes ses conquêtes? Dieux! eussiez-vous dit, que sont devenus ces toits de chaume et ces foyers rustiques qu'habitaient jadis la modération et la vertu? quelle splendeur funeste a succédé à la simplicité romaine! Quel est ce langage étrange? quelles sont ces mœurs efféminées? que signifient ces statues, ces tableaux, ces édifices? Insensés! qu'avez-vous faits? Vous, les maîtres des nations, vous vous êtes rendus les esclaves des hommes frivoles que vous avez vaincus. Ce sont des rhéteurs qui vous gouvernent; c'est pour enrichir des architectes, des peintres, des statuaires et des histrions que vous avez arrosé de votre sang la Grèce et l'Asie. Les dépouilles de Carthage sont la proie d'un joueur de flûte.

Romains! hâtez-vous de renverser ces amphithéâtres, brisez ces marbres, brûlez ces tableaux, chassez ces esclaves qui vous subjuguent, et dont les funestes arts vous corrompent. Que d'autres mains s'illustrent par de vains talens; le seul talent digne de Rome est celui de conquérir le monde et de faire régner la vertu. Quand Cynéas prit notre sénat pour une assemblée de rois, il ne fut ébloui ni par une pompe vaine, ni par une élégance recherchée; il n'y entendit point cette éloquence frivole, l'étude et le charme des hommes futiles. Que vit donc Cynéas de majestueux. O citoyens! il vit un spectacle que ne donneront jamais vos richesses ni tous vos arts, le plus beau spectacle qui ait jamais paru sous le ciel, l'assemblée de deux cents hommes vertueux, dignes de commander à Rome et de gouverner la terre.

AUX AMBITIEUX, sur leurs véritables intentions.

(FLÉCHIER, *Sermon pour le 3ᵉ dimanche de l'Avent.*

Observations ingénieuses et vraies, présentées dans un style clair et animé. Comme ce sont des idées purement morales, j'ai cru devoir ranger ce discours parmi les sujets philosophiques ou moraux.

————

QUELLE pensez-vous que soit la vue et la fin de ceux qui courent après les biens et après les honneurs du monde ? Demandez-leur pourquoi ils briguent cette charge, pourquoi ils sollicitent cet emploi, pourquoi ils veulent avoir du crédit et de la faveur ? Ils vous répondront, l'un, qu'il veut se donner une occupation, et se rendre la vie moins ennuyeuse; l'autre, qu'il suit le conseil de ses amis, ou le plan qu'on lui a dressé dans sa famille; celui-ci, qu'il veut sortir d'un état de médiocrité, et se mettre en quelque considération dans le monde par le poste qu'il y occupera; celui-là prétend servir le public, et faire valoir les talens qu'il a, ou qu'il croit avoir; chacun a sa raison honnête pour acquérir et pour s'avancer; mais il y a une raison commune pour tous, qu'aucun ne dit, et

que chacun a dans son cœur : c'est qu'on veut
se donner plus de liberté et plus de moyens
de satisfaire ses passions ; on veut sortir de
cette voie étroite dont parle Jésus-Christ dans
l'Évangile, c'est-à-dire, de cette pureté de religion qui resserre la cupidité des hommes, et
les réduit, autant qu'elle peut, à la charité de
Dieu, et l'on veut entrer dans cette voie large
qui mène à la mort et à la perdition, en donnant aux pécheurs les occasions et les facilités
de pécher. Ainsi, quand vous travaillez à vous
agrandir, à devenir puissans, à faire fortune,
j'en appelle à votre conscience, vous travaillez,
même sans y penser, à vous donner une malheureuse commodité de faire le mal, et à étendre cette inclination naturelle que vous avez
à le commettre ; vos passions sont trop resserrées dans votre cœur ; vous voulez les élar-
gir au dehors, avoir de quoi fournir ample-
ment à votre luxe et à vos délicatesses ; attirer
les yeux du public par le nombre de vos va-
lets, et par la magnificence de vos équipages,
avoir autour de vous quelques flatteurs de plus
qui rendent hommage à votre fortune, appuyer de votre crédit les passions de vos amis,
comme si ce n'était pas assez des vôtres, et
faire sentir, quand il vous plaira, le poids de
votre colère, lorsque vous vous croirez of-

fensés; c'est ce que vous prétendez; du moins c'est à quoi vous vous exposez quand vous aspirez aux grandeurs humaines, et quand vous y arrivez par vos soins et par vos poursuites.

~~~~~~~~~~~~~~~~~~~~~~~~~~~~~~~~~~~~~~

SECTION III.

SUJETS POLITIQUES.

———

RÉPONSE d'un Catholique français à un apologiste des Ligueurs (1).

(*Mémoires de la Ligue.*)

Ce morceau me paraît très-énergique, et très-ingénieux dans sa brusque rudesse. Les raisonnemens y sont serrés et pressans, et les antithèses multipliées ne sont pas déplacées dans une réfutation. La réfutation vit de contrastes.

———

ARGUMENT. L'apologiste paraît avoir dit dans son discours que sa patience était fatiguée. L'auteur du morceau que nous donnons ici prend son exorde de cette expression, et réplique en ces termes :

AMI, je crois que tu dis vrai, tu as perdu la patience, aussi ne pouvais-tu être patient et ligueur tout ensemble; ton discours fait

———

(1) J'ai changé à peine cinq ou six expressions vieillies dans ce morceau, écrit avec une pureté remarquable.

assez connaître que d'impatience tu es tombé
en fureur, et de fureur en rage. Ce sont les
degrés par lesquels il faut monter à cette sainte
ligue, et voilà un très-beau progrès pour prendre la défense de notre religion. Les impatiens
veulent maintenir la patience même, les furieux la sagesse, les enragés la modestie. Je
suis catholique, apostolique et romain, et
aussi soigneux de ma religion que tu pourrais
être; je voudrais qu'il n'y en eût point d'autre
en France; mais je suis contraint de vouloir
ce que je puis, ne pouvant ce que je veux; je
suis contraint de désirer un commencement
d'une heureuse paix, ne voyant ni fin ni profit dans cette guerre. Je suis la volonté de mon
roi, les prières de mes compagnons, et désire
avec eux le rétablissement de cet État; je condamne, j'ai en horreur la ligue, qui en porte
la ruine. Je ne saurais reconnaître pour sujets
et serviteurs du Roi ceux qui ont entrepris sur
sa personne; je ne puis reconnaître pour Français ceux qui ont le cœur en Espagne. Je loue
la bonne volonté de ceux qui s'opposent à vos
desseins, et qui s'unissent pour vous désunir;
j'approuve ce remède, quoiqu'avec regret, à
cause des cuisantes douleurs qu'il apporte à
ce pauvre État. Que maudite soit la ligue qui
nous fait avoir recours aux ligues; maudites

soient les armes qui nous contraignent de prendre les armes. Ami, il ne suffit pas pour rendre une action bonne de se proposer une bonne
fin. Celui qui coupe la gorge à son prochain
pour donner l'aumône à son prochain, ne
laisse pas pour ce dessein d'être meurtrier et
larron. La ligue qui trouble l'État, et qui le
divise, ne laisse pas d'être à condamner, quoiqu'elle se propose la défense de la religion ;
c'est un beau titre, mais voilà tout; c'est un
superbe portail à un bâtiment de terre ; je t'en
veux faire manier l'étoffe, et voir à l'œil les
architectes.... Ceux de Guise en ont jeté le fondement; tu serais fâché de les priver de cet
honneur; mais je te demande s'il leur est licite
de se liguer avec les ennemis de ce royaume
sans l'aveu de leur roi. Je m'assure que tu ne
seras pas impudent à ce point, et que tu me
confesseras qu'ils ont eu tort, surtout leur roi
étant roi catholique, et le plus religieux qui
fut jamais. Voilà donc le premier fondement
de la ligue; c'est un crime de lèse-majesté,
plein de trahison, plein d'audace, plein de
mépris, et voici les crimes que ce crime nous
a enfantés, voici les beaux étages que vous
avez bâtis sur ce beau fondement. La ligue est
faite pour défendre la religion, et le commencement de cette défense est une entreprise gé-

nérale sur les principales et plus catholiques villes de ce royaume. Les Huguenots étaient en Guyenne, ceux de Guise dressaient la tête de leur armée vers Paris; les Hérétiques vivaient à la Rochelle, ceux-ci entreprenaient sur Nantes; le prêche se disait à Montpellier, ceux-ci le voulaient chasser de Marseille; la source de l'hérésie était à Genève, et ils la cherchaient à Lyon; voilà le chemin qu'ils prenaient pour exterminer l'hérésie. Je laisse les cruautés infinies qui ont été commises par ces nouveaux défenseurs de religion sur les prêtres même de notre religion; je me contente d'avoir le cœur de toucher en gros ce que j'aurais peine et horreur à te rappeler dans le détail. Toute la France sent assez le mal que la ligue lui fait, sans qu'il faille que j'en rafraîchisse la mémoire par mon discours. Eh bien! dis-moi; à quel titre de la ligue rapporteras-tu l'entreprise formée contre ces villes, et l'exécution qui s'est faite sur plusieurs autres? A quel titre rapporteras-tu le nouveau et secret traité de Nanci, dont le premier article est de se saisir de la personne du Roi, s'il est possible? Tout cela n'a nulle conformité avec le premier titre, qui est, selon toi, qu'il n'y ait qu'une religion en France; encore moins le pourras-tu rapporter

à l'autre; car à quel propos conspirer contre
un roi et saint et catholique, pour empêcher
qu'un hérétique ne soit roi? Que ne laisses-tu
au Roi le soin de son royaume? Penses-tu
que, sans ton aide, Dieu n'ait pas le moyen
de nous pourvoir d'un roi chrétien, comme
il a fait jusqu'ici? Nous avons, dis-tu, un
roi plein de santé, pourquoi donc cherches-
tu à précipiter ses jours? Tu espères qu'il sur-
vivra et aux uns et aux autres; et pourquoi
t'armes-tu pour sa mort, si tu attends de lui
une si heureuse vie? Certes, tu ne pourrais
mieux ni plus vivement assaillir notre religion catholique, qu'en conspirant contre un
roi qui l'a si bien maintenue jusqu'ici; tu ne
convertiras jamais un hérétique par une si
malheureuse conspiration; tu ne conserveras
jamais cet État en le divisant; tu ne tireras
jamais une bonne paix d'une si injuste guerre;
ton beau prétexte ne couvrira jamais tes malheureux desseins.

Ne vas pas te prévaloir de la volonté du Roi.
J'étais près de lui quand la paix fut faite; je
l'ai vu pleurer de se voir forcé de hasarder
son État pour conserver sa vie. Il me souvient
encore du jour que la nouvelle arriva de la
délivrance de Marseille. Le Roi vit les députés
de cette ville dans sa salle; il fendit aussitôt la

presse, et s'approcha d'eux : Mes amis, dit-il,
je vous accorde ce que vous m'avez demandé,
et davantage, s'il est besoin; ma libéralité ne
suffira jamais pour reconnaître votre fidélité.
Qu'en dis-tu ? C'est le Roi qui parle; il déclare
de sa bouche fidèles ceux qui ont fait pendre un de tes compagnons. N'as-tu point peur,
ou n'as-tu point de honte d'appeler légitimement ligués ceux qu'on peut légitimement attacher à un gibet ?

Je me tourne de tout côté pour trouver quelque chose de meilleur en ta ligue; mais j'y
perds mon temps, je n'y vois que mal, et ne
vois point d'espérance qu'il doive sortir aucun
bien de ces maux; et pour te le faire connaître, je veux répondre à ce bel argument sur
lequel tu bâtis et ta ligue et son apologie. Tu
dis que le roi de Navarre ne se doit point offenser de la ligue s'il est catholique; tu devais
dire : s'il est Français, comment ne s'en offen-
serait-il pas, puisqu'elle ruine un État où
Dieu l'appelle à la succession au trône, et
puisque le Roi s'en est offensé lui-même ? Qui
veux-tu qui l'approuve, après que le Roi l'a
publiquement condamnée ? Qui veux tu qui
la défende, après que le Roi s'est armé contre
elle, après qu'il l'a attaquée, et qu'il s'est mis
en devoir de la vaincre, si son conseil eût se-

condé son courage, si ses conseillers eussent
été aussi fidèles à leur maître qu'il était fidèle
à son royaume ? Les serviteurs lui manquèrent,
et non pas lui à ses serviteurs ; la fortune le
délaissa, et non pas la vertu ; et nous savons
combien encore aujourd'hui il désire de recouvrer ce que ces traîtres lui ont fait perdre.
Puisses-tu, ô mon Roi ! remettre ton royaume
en paix, ta personne en sûreté, et le service
de Dieu en son entier !

Apollonius à Commode.

(THOMAS, *Eloge de Marc-Aurèle.*)

Paroles graves et affectueuses, comme il convenait dans le discours d'un vieillard qui avait vu
naître Commode. Mouvement et éclat dans le
style.

ARGUMENT. Après avoir fait l'éloge de Marc Aurèle,
Apollonius s'adresse à Commode, fils de cet empereur,
et lui dit :

Toi qui vas succéder à ce grand homme, ô
fils de Marc-Aurèle ! ô mon fils ! permets ce
nom à un vieillard qui t'a vu naître, et qui
t'a tenu enfant dans ses bras ; songe au fardeau
que t'ont imposé les dieux ; songe aux devoirs
de celui qui commande, aux droits de ceux

qui obéissent. Destiné à régner, il faut que tu sois ou le plus juste ou le plus coupable des hommes. Le fils de Marc-Aurèle aurait-il à choisir?

On te dira bientôt que tu es tout-puissant; on te trompera : les bornes de ton autorité sont dans la loi. On te dira encore que tu es grand, que tu es adoré de tes peuples. Écoute. Quand Néron eut empoisonné son frère, on lui dit qu'il avait sauvé Rome; quand il eut fait égorger sa femme, on loua devant lui sa justice; quand il eut assassiné sa mère, on baisa sa main parricide, et l'on courut aux temples remercier les dieux. Ne te laisse pas éblouir par des respects. Si tu n'as des vertus, on te rendra des hommages, et l'on te haïra. Crois-moi : on n'abuse point les peuples; la justice outragée veille dans les cœurs. Maître du monde, tu peux m'ordonner de mourir; mais non de t'estimer. O fils de Marc-Aurèle! pardonne : je te parle au nom des dieux, au nom de l'univers qui t'est confié; je te parle pour le bonheur des hommes et pour le tien. Non, tu ne seras point insensible à une gloire si pure. Je touche au terme de ma vie; bientôt j'irai rejoindre ton père. Si tu dois être juste, puissé-je vivre encore assez pour contempler tes vertus! Si tu devais un jour......

(*Tout-à-coup, Commode, qui était en ha-*
bits de guerrier, agita sa lance d'une manière
terrible. Tous les Romains pâlirent. Apollo-
nius fut frappé des malheurs qui menaçaient
Rome : il ne put achever. Ce vénérable vieil-
lard se voila le visage. La pompe funèbre,
qui avait été suspendue, reprit sa marche.
Le peuple suivit consterné et dans un profond
silence : il venait d'apprendre que Marc-Au-
rèle était tout entier dans le tombeau.

Lycurgue aux Spartiates.

(Mably, *Observations sur l'Histoire de la Grèce.*)

Eloquence grave et austère. Ce discours n'est
pas indigne d'être attribué à Lycurgue, dont il
exprime dignement les pensées dans un style noble
et élevé.

Argument. Après avoir blamé les Spartiates de n'a-
voir jamais songé à introduire chez les autres peuples de
la Grèce des lois plus justes et des mœurs plus pures, l'auteur regrette que Lycurgue, en leur donnant ses sages
lois, n'en ait pas développé les conséquences les plus
éloignées, et qu'il ne leur ait pas tenu à-peu-près ce discours :

Pratiquez religieusement les lois dont
vous venez de jurer l'observation en présence

des dieux; elles seront votre sûreté, et vous
ne serez exposés à aucun des revers qu'éprou-
vent les autres peuples. Je vous promets même
qu'en vous rendant dignes de la confiance de
la Grèce, elles vous en mériteront l'empire;
mais alors, craignez de vous laisser corrompre
par ce commencement de prospérité. Les vices
des Grecs les subordonneront à votre autorité; mais gardez-vous de croire que ces vices
soient nécessaires à votre grandeur. Vous for-
mez une république trop excellente pour que
vos voisins puissent vous égaler; et quand
tous les Grecs deviendraient des Spartates,
votre bonheur n'en serait-il pas plus affermi,
puisque vous vous trouveriez entourés de
peuples qui, sans avarice et sans ambition,
se feraient une loi de respecter et de défendre
votre liberté?

Si vous craignez de voir naître de nouvelles vertus dans la Grèce, soyez sûrs que,
vous défiant de votre vertu même, vous aurez
bientôt recours à cette politique frauduleuse,
dont les ressources et les moyens sont d'abord
équivoques, incertains, et à la fin ruineux.
Soyez sûrs que plus vous ferez d'efforts pour
corriger les mœurs des Grecs et faire régner
la justice dans leurs villes, plus vous les trouverez dociles à votre empire, parce qu'aucun

soupçon, aucune crainte ne les empêchera
de se livrer sans réserve à leur reconnaissance
et à votre générosité.

Je vous ordonne de travailler à rendre tous
les Grecs vertueux, et ce n'est que par là que
vous pourrez vous-mêmes ne vous pas lasser
de votre vertu. Je veux qu'on regarde comme
traître à la patrie commune, et à Lacédémone
en particulier, quiconque voudrait vous persuader qu'il vous importe que les Grecs ne
soient ni aussi courageux, ni aussi justes que
vous l'êtes. Si les vices de vos voisins peuvent
vous donner de la considération, elle sera
passagère; et dans mille occasions, ces vices
vous inquièteront et vous gêneront. Si, pour
dominer dans la Grèce, vous l'empêchez de
devenir aussi forte qu'elle peut l'être, vous
ressemblerez à un despote imbécille, qui,
pour opprimer plus aisément ses sujets, les
met dans l'impuissance de le servir. Votre
empire sera mal affermi, et vous le perdrez
si un ennemi étranger vous attaque avec des
forces considérables.

~~~~~~

Au Roi Louis XV encore enfant.

(MASSILLON, *Petit Carême.*)

Noble et beau développement d'une vérité courageuse. Langage d'un homme vertueux et d'un philosophe chrétien.

ARGUMENT. L'orateur prouve que la puissance royale doit s'appuyer sur le respect des lois.

LA liberté, Sire, que les princes doivent à leurs peuples, c'est la liberté des lois. Vous êtes le maître de la vie et de la fortune de vos sujets; mais vous ne pouvez en disposer que selon les lois. Vous ne connaissez que Dieu seul au-dessus de vous, il est vrai; mais les lois doivent avoir plus d'autorité que vous-même. Vous ne commandez pas à des esclaves, vous commandez à une nation libre et belliqueuse, aussi jalouse de sa liberté que de sa fidélité, et dont la soumission est d'autant plus sûre qu'elle est fondée sur l'amour qu'elle a pour ses maîtres. Ses rois peuvent tout sur elle, parce que sa tendresse et sa fidélité ne mettent point de bornes à son obéissance; mais il faut que ses rois en mettent eux-mêmes à leur autorité, et que plus son amour ne connaît point d'autre loi qu'une soumission aveugle, plus ses rois n'exigent de sa soumission que ce que les lois leur permettent d'en exiger : autrement ils ne sont plus les pères et les protecteurs de leurs peuples ; ils en sont les ennemis et les oppresseurs ; ils ne règnent pas sur leurs sujets, ils les subjuguent.

La puissance de votre auguste bisaïeul sur la nation a passé celle de tous les rois vos ancêtres : un règne long et glorieux l'avait affermie ; sa haute sagesse la soutenait, et l'amour de ses sujets n'y mettait presque plus de bornes. Cependant, il a su plus d'une fois la faire céder aux lois, les prendre pour arbitres entre lui et ses sujets, et soumettre noblement ses intérêts à leurs décisions.

Ce n'est donc pas le souverain ; c'est la loi, Sire, qui doit régner sur les peuples. Vous n'en êtes que le ministre et le premier dépositaire. C'est elle qui doit régler l'usage de l'autorité, et c'est par elle que l'autorité n'est plus un joug pour les sujets, mais une règle qui les conduit, un secours qui les protège, une vigilance paternelle qui ne s'assure leur soumission que parce qu'elle s'assure leur tendresse.

Les hommes croient être libres quand ils ne sont gouvernés que par les lois ; leur soumission fait alors tout leur bonheur, parce

qu'elle fait toute leur tranquillité et toute leur
confiance. Les passions, les volontés injustes,
les désirs excessifs et ambitieux que les princes mêlent à l'usage de l'autorité, loin de l'é-
tendre, l'affaiblissent ; ils deviennent moins
puissans dès qu'ils veulent l'être plus que
les lois ; ils perdent en croyant gagner. Tout
ce qui rend l'autorité injuste et odieuse l'é-
nerve et la diminue ; la source de leur puissance est dans le cœur de leurs sujets, et,
quelque absolus qu'ils paraissent, on peut
dire qu'ils perdent leur véritable pouvoir
dès qu'ils perdent l'amour de ceux qui les
servent.

SECTION IV.

SUJETS CIVILS

OU TIRÉS DES SITUATIONS DIVERSES DES PARTICULIERS,

PLAINTES de Nestor.

(FÉNÉLON , *Télémaque* , liv. xx.)

Peinture vive et frappante de la douleur. Elle aime à se répéter, et à multiplier les tours brusques et rapides.

ARGUMENT. Pisistrate, second fils de Nestor, est frappé à mort par le terrible Adraste. Le vieillard tenait serré entre ses bras le corps de son fils, et faisait entendre ces cris douloureux :

MALHEUREUX, d'avoir été père et d'avoir vécu si long-temps! Hélas! cruelles destinées, pourquoi n'avez-vous pas fini ma vie ou à la chasse du sanglier de Calydon (1), ou au voyage de Colchos (2), ou au premier siége

---

(1) Calydon était une ville d'Etolie. Ce fut Méléagre, qui, avec le secours de Thésée, tua le sanglier dont il est ici question.

(2) La fameuse expédition des Argonautes.

de Troie (1)? Je serais mort avec gloire et
sans amertume : maintenant je traîne une
vieillesse douloureuse, méprisée et impuis-
sante ; je ne vis plus que pour les maux, et
je n'ai plus de sentiment que pour la tristesse.
O mon fils ! ô cher Pisistrate ! quand je per-
dis ton frère Antiloque (2), je t'avais pour
me consoler : je ne t'ai plus ; je n'ai plus rien,
et rien ne me consolera ; tout est fini pour
moi. L'espérance, seul adoucissement des
peines des hommes, n'est plus un bien qui
me regarde. Antiloque, Pisistrate, ô chers
enfans ! je crois que c'est aujourd'hui que je
vous perds tous deux ; la mort de l'un rouvre
la plaie que l'autre avait faite au fond de
mon cœur. Je ne vous verrai plus ! qui fer-
mera mes yeux ? qui recueillera mes cendres ?
O Pisistrate ! tu es mort comme ton frère,
en homme courageux ; il n'y a que moi qui
ne puis mourir.

---

(1) Hercule prit la ville de Troie, sous Laomédon, qui
lui avait manqué de parole, et le détrôna.

(2) Tué par Memnon au siége de Troie.

TÉLÉMAQUE aux mânes de Pisistrate.

(FÉNÉLON, *Télémaque*, liv. xxi.)

Ce n'est plus ici la douleur paternelle. C'est une douleur non moins profonde, mais qui éclate moins au dehors. Les souvenirs touchans des vertus et des talens de Pisistrate répandent sur ce morceau une mélancolie qui a des charmes.

ARGUMENT. Télémaque, auprès du corps de Pisistrate, répandait sur lui des fleurs à pleines mains ; il y ajoutait des parfums exquis, et versait des larmes amères ; il s'écriait :

O mon cher compagnon ! je n'oublierai jamais de t'avoir vu à Pylos, de t'avoir suivi à Sparte, de t'avoir retrouvé sur les bords de la grande Hespérie ; je te dois mille et mille soins ; je t'aimais, tu m'aimais aussi. J'ai connu ta valeur : elle aurait surpassé celle de plusieurs Grecs fameux. Hélas ! elle t'a fait périr avec gloire ; mais elle a dérobé au monde une vertu naissante qui eût égalé celle de ton père. Oui, ta sagesse et ton éloquence, dans un âge mûr, auraient été semblables à celles de ce vieillard, l'admiration de toute la Grèce. Tu avais déjà cette douce insinuation à laquelle on ne peut résister quand il parle, ces

manières naïves de raconter, cette sage modération qui est un charme pour apaiser les
esprits irrités, cette autorité qui vient de la
prudence et de la force des bons conseils.
Quand tu parlais, tous prêtaient l'oreille,
tous étaient prévenus, tous avaient envie de
trouver que tu avais raison ; ta parole simple
et sans faste coulait doucement dans les cœurs
comme la rosée sur l'herbe naissante. Hélas !
tant de biens que nous possédions il y a quelques heures, nous sont enlevés à jamais. Pisistrate, que j'ai embrassé ce matin, n'est
plus ; il ne nous en reste qu'un douloureux
souvenir. Au moins si tu avais fermé les
yeux de Nestor avant que nous eussions fermé les tiens, il ne verrait pas ce qu'il voit ;
il ne serait pas le plus malheureux de tous
les pères.

LA PUCELLE D'ORLÉANS SUR LE BÛCHER.

(MÉZERAI, *Histoire de France*, Charles VII.)

Ces dernières paroles d'une héroïne sont d'une éloquence véhémente et solennelle à la fois. Après avoir fait rougir ses bourreaux de leur lâcheté cruelle, Jeanne-d'Arc semble leur parler sous la dictée d'une sublime inspiration. Son caractère se peint fidèlement et énergiquement dans ce discours.

———

ARGUMENT. Prise par les Anglais, qu'elle avait vaincus, la pucelle d'Orléans est condamnée par eux à être brûlée comme hérétique. Du haut de son bûcher cette admirable héroïne insulte à ses bourreaux :

Eh bien ! êtes-vous à la fin de vos souhaits ? m'avez-vous enfin amenée à un endroit où vous pensez que je ne vous serai plus redoutable ? Lâches que vous êtes, qui avez eu peur d'une fille, et qui, n'ayant pu être soldats, êtes devenus bourreaux ; impies et impitoyables, qui vous efforcez en vain de combattre contre Dieu, dites-moi, pensez-vous par votre tyrannie détourner les secrets de sa toute-puissance ? Ne restait-il plus pour comble à votre orgueil et à vos injustices, qui veulent, en dépit de la Providence divine, ravir la couronne de France au légitime héritier, que de faire

mourir une innocente prisonnière de guerre
par un supplice digne de votre cruauté ? Celui même qui m'a donné la force de vous châ-
tier en tant de rencontres, de vous chasser
de tant de villes, et de vous mener battant
aussi facilement que j'ai mené autrefois un
troupeau de moutons, m'a encore, par sa divine bonté, donné le courage de craindre
aussi peu vos flammes que j'ai redouté vos
épées. Vous ne me faites point injure, parce
que je suis disposée à tout souffrir pour sa
gloire ; mais votre crime s'élevant contre sa
majesté, vous sentirez bientôt la pesanteur
de sa justice, dont je n'étais qu'un faible ins-
trument. De mes cendres naîtront vos malheurs et la punition de vos crimes. Ne vous
mettez pas dans l'esprit qu'avec moi la vengeance de Dieu soit étouffée ; ces flammes ne
feront qu'allumer sa colère, qui vous dévo-
rera ; ma mort vous coûtera deux cent mille
hommes, et, quoique morte, je vous chasse-
rai de Paris, de la Normandie et de la Guyenne, où vous ne remettrez jamais le pied. Et
après que vous aurez été battus en mille endroits et chassés de toute la France, vous
n'emporterez avec vous en Angleterre que la
colère divine, qui, vous poursuivant toujours
sans relâche, remplira votre pays de beaucoup

plus grandes calamités, meurtres et discordes, que votre tyrannie n'en a fait naître dans ce royaume ; et sachez que vos rois perdront le leur avec la vie pour avoir voulu usurper celui d'autrui. C'est le Dieu des armées, protecteur des innocens et sévère vengeur des outrages, qui vous l'annonce par ma bouche.

Chant de Mort d'un vieillard indien.

(Marmontel, *les Incas*, chap. xvii.)

Le langage des peuples sauvages, plein de figures et de mouvement, est heureusement conservé dans ce morceau. La première partie est toute poétique ; la seconde, qui est une imprécation, est d'une véhémence éloquente.

Argument. Les soldats de Pizarre avaient pris un vieux Cacique indien. Comme il ne répondait à leurs questions que par une amère ironie, outrés de ses insultes, ils le livrent aux flammes du bûcher. Le vieillard, dès qu'il sent les atteintes du feu, s'arme d'un courage invincible. Son visage devient auguste et radieux : il commence son chant de mort :

Quand je vins au monde, la douleur se saisit de moi, et je pleurais, car j'étais enfant. J'avais beau voir que tout souffrait, que tout mourait autour de moi , j'aurais voulu moi seul ne pas souffrir , j'aurais voulu ne pas mourir, et, comme un enfant que j'étais, je me livrais à l'impatience. Je devins homme, et la douleur me dit : luttons ensemble : si tu es le plus fort, je céderai ; mais si tu te laisses abattre, je te déchirerai, je planerai sur toi, et je battrai des ailes comme le vautour sur sa proie. S'il est ainsi, dis-je à mon tour, il faut lutter ensemble, et nous nous prîmes corps à corps. Il y a soixante ans que ce combat dure, et je suis debout, et je n'ai pas versé une larme. J'ai vu mes amis tomber sous vos coups, et dans mon cœur j'ai étouffé la plainte. J'ai vu mon fils écrasé à mes yeux, et mes yeux paternels ne se sont pas mouillés. Que me veut encore la douleur ? ne sait-elle pas qui je suis ? La voilà qui, pour m'ébranler, rassemble enfin toutes ses forces, et moi je l'insulte et je ris de lui voir hâter mon trépas, qui me délivre à jamais d'elle : viendra-t-elle encore agiter ma cendre ? La cendre des morts est impalpable à la douleur. Et vous, lâches, vous qu'elle emploie à m'éprouver, vous vivrez, vous serez sa proie à votre tour. Vous venez pour nous dépouiller, vous vous arracherez nos misérables dépouilles. Vos mains trempées dans le sang indien se laveront dans votre sang, et

vos ossemens et les nôtres, confusément épars
dans nos champs désolés, feront la paix, re-
poseront ensemble, et mêleront leur poussière comme des ossemens amis. En attendant,
brûlez, déchirez, tourmentez ce corps que je
vous abandonne, dévorez ce que la vieillesse
n'en a pas consumé. Voyez-vous ces oiseaux
voraces qui planent sur nos têtes? vous leur
dérobez un repas, mais vous leur engraissez
une autre proie : ils vous laissent encore aujourd'hui vous repaître; mais demain ce sera
leur tour.

Un Guerrier sauvage au Roi de France.

(Lettres édif., *Mém. des Indes et de la Chine.*)

Eloquence d'une naïveté originale. Ce devoue-
ment singulier d'un sauvage à un prince qu'il n'a
jamais connu et ne connaîtra jamais, est représenté avec toute la vivacité de mouvemens et de
couleurs qui animent ordinairement le langage
de ces hommes de la nature.

———

Argument. Un missionnaire avait amené plusieurs
nations sauvages du Canada à reconnaître pleinement
l'autorité du roi Louis XV. Lorsque la guerre fut déclarée en 1742 entre les Français et les Anglais, ces sauvages montrèrent beaucoup d'attachement pour la France
et pour son roi. L'un d'eux, dans son enthousiasme,
adressait à Louis XV le discours suivant, que le gouverneur envoya en France :

Mon père, fais moins attention à ma façon
de parler qu'aux sentimens de mon cœur ; jamais nation ne fut capable de me dompter, ni
digne de me commander. Tu es seul dans le
monde qui puisses régner sur moi, et je préfère
à tous les avantages que l'Anglais peut m'offrir pour me faire vivre avec lui, la gloire de
mourir à ton service.

Tu es grand dans ton nom, je le sais ; On-

nontio (1) qui me porte la parole, et la Robe-
Noire (2) qui m'annonce celle du Grand-Esprit,
m'ont dit que tu étais le fils aîné de l'épouse de
Jésus, le grand maître de la vie, que tu com-
mandes un monde de guerriers; que ta nation
est innombrable; que tu es plus maître et plus
absolu que les autres chefs qui commandent
des hommes et gouvernent le reste de la terre.

Maintenant que le bruit de ta marche frappe
mes deux oreilles, que j'apprends de ton ennemi même que tu n'as qu'à paraître, et les
forts tombent en poussière, et ton ennemi à
la renverse; que la paix de la nuit et les plaisirs du jour cèdent à la gloire qui t'emporte;
que l'œil pourrait à peine te suivre dans tes
courses et au travers de tes victoires; je dis
que tu es grand dans ton nom, et plus grand
par le cœur qui t'anime; que ta vertu guerrière surpasse même la mienne. Les nations
me connaissent; ma mère m'a conçu dans le
feu d'un combat, m'a mis au jour avec le casse-
tête à la main, et ne m'a nourri qu'avec du
sang ennemi.

Eh! mon père, quelle joie pour moi si
je pouvais à ta suite soulager un peu ton bras,

---

(1) Le général.
(2) Le missionnaire.

et considérer moi-même le feu que la guerre allume dans tes yeux !

Mais il faut que mon sang répandu pour ta gloire sous ce soleil te réponde de ma fidélité, et la mort de l'Anglais de ma bravoure. J'ai la hache de guerre à la main, et l'œil fixé sur Onnontio, qui me gouverne ici en ton nom. J'attends, sur un pied seulement et la main levée, le signal qu'il me doit donner pour frapper ton ennemi et le sien. Tel est, mon père, ton guerrier du lac des deux montagnes.

Un Sauvage Abnakis au marquis de Moncalm.

(LETTRES ÉDIFIANTES, *Mémoires d'Amérique.*)

Ce peu de paroles est plein de délicatesse et de grâce; on y trouve un degré d'urbanité qui peut étonner dans le discours d'un sauvage.

ARGUMENT. Les Anglais étaient en guerre avec les Français, et ces derniers étaient commandés par le marquis de Moncalm. Les sauvages Abnakis, alliés des Français, se réunirent à eux dans un lieu assigné pour le rendez-vous général des troupes. Ils crurent devoir se présenter d'abord au marquis, et leur orateur lui adressa cette courte harangue :

Mon père, n'appréhende pas, ce ne sont pas des éloges que je viens te donner; je connais ton cœur, il les dédaigne; il te suffit de les mériter. Eh bien! tu me rends service, car je n'étais pas dans un petit embarras de pouvoir te marquer tout ce que je sens. Je me contente donc de t'assurer que voici tes enfans tous prêts à partager tes périls, bien sûrs qu'ils ne tarderont pas à en partager la gloire.

SECTION V.

SUJETS JUDICIAIRES.

———

LES MAGISTRATS des siècles précédens aux
jeunes magistrats qui n'imitent pas
leurs exemples.

(D'AGUESSEAU, Mercuriale IV, *Mœurs du Magistrat.*)

Pensées nobles et élevées, rendues dans un
style ingénieux et brillant.

———

ÉPARGNONS ceux qui ne sont que la moindre cause de nos disgrâces ; excusons ceux
qu'une naissance différente a privés des avantages d'une éducation patricienne. On n'a pu
les tourner de bonne heure vers les images
de leurs ancêtres, et faire croître leur vertu à
l'ombre des exemples domestiques. Ils n'ont
rien vu dans leur enfance qui pût exciter en
eux cette noble émulation qui a formé tant
de grands hommes, et souvent, dans toute
la vie de leurs pères, ils n'ont trouvé à imiter
que leur fortune.

Mais vous, généreux sang des anciens sénateurs, vous que la justice a portés dans son

sein, qu'elle a vu croître sous ses yeux, et qu'elle a regardés comme ses dernières espérances ; vous, pour qui la sagesse des mœurs était un bien acquis et héréditaire que vous aviez reçu de vos pères et que vous deviez transmettre à vos enfans, qu'est devenu ce grand dépôt que l'on vous avait confié ? Enfans des patriarches, héritiers de leur nóm, successeurs de leurs dignités, qu'avez-vous fait de la plus précieuse portion de leur héritage, de ce patrimoine de pudeur, de modération, de simplicité, qui était le caractère et comme le bien propre de l'ancienne magistrature ? Faut-il que cette longue suite, cette succession non interrompue de vertueux magistrats, qui devait faire toute votre gloire, s'arrête en votre personne, et que l'on puisse dire de vous : ils ont cessé de marcher dans la voie de leurs pères ; ils ont abandonné la trace de leurs pas ; ils ont effacé cette distinction glorieuse ; ils ont confondu ces limites respectables qui devaient séparer à jamais les véritables enfans de la justice de ceux qu'elle n'a adoptés qu'à regret. Malheureux d'attirer sur leurs tètes les malédictions que l'Écriture prononce contre les enfans qui osent arracher les bornes que la sagesse de leurs pères avait posées !

Aux Juges criminels, sur l'accueil qu'ils doivent faire à un accusé.

(Servan, *Discours sur l'Administration de la Justice criminelle.*)

Peinture éloquente et fortement dramatique. Beaucoup d'énergie et d'effet dans les détails.

———

Le moment critique est arrivé où l'accusé va paraître aux yeux de ses juges. Je me hâte de le demander, quel est l'accueil que vous lui destinez? Le recevrez-vous en magistrat ou bien en ennemi? Prétendez-vous l'épouvanter ou vous instruire? Que deviendra cet homme enlevé subitement à son cachot, ébloui du jour qu'il revoit, et transporté tout-à-coup au milieu des hommes qui vont traiter de sa mort? Déjà tremblant, il lève à peine un œil incertain sur les arbitres de son sort, et leurs sombres regards épouvantent et repoussent les siens. Il croit lire d'avance son arrêt sur les replis sinistres de leurs fronts; ses sens, déjà troublés, sont frappés par des voix rudes et menaçantes; le peu de raison qui lui reste achève de se confondre; ses idées s'effacent; sa faible voix pousse à peine une parole hésitante; et, pour comble de maux, ses juges

imputent peut-être au trouble du crime un désordre que produit la terreur seule de leur aspect. Quoi ! vous vous méprenez sur la consternation de cet accusé, vous qui n'oseriez
peut-être parler avec assurance devant quelques hommes assemblés ! Éclaircissez ce front
sévère ; laissez lire dans vos regards cette tendre inquiétude pour un homme qu'on désire
de trouver innocent ; que votre voix, douce
dans sa gravité, semble ouvrir avec votre bouche un passage à votre cœur ; contraignez cette
horreur secrète que vous inspire la vue de ces
fers et les dehors affreux de la misère. Gárdez-
vous de confondre ces signes équivoques du
crime avec le crime même, et songez que ces
tristes apparences cachent peut-être un homme
vertueux. Quel objet ! Levez les yeux, et voyez
sur vos têtes l'image de votre Dieu qui fut
innocent accusé. Vous êtes homme, soyez humain ; vous êtes juge, soyez modéré ; vous
êtes Chrétien, soyez charitable. Homme, juge,
Chrétien, qui que vous soyez, respectez le
malheur ; soyez doux et compâtissant pour un
homme qui se repent, et qui peut-être n'a
point à se repentir.

SECTION VI.

SUJETS ACADÉMIQUES OU D'APPARAT.

Discours du Grand-Prêtre de Memphis.

(TERRASSON , *Séthos* , liv. 1.)

Cet éloge funèbre consiste seulement dans une exposition rapide et animée des faits qui recommandent la mémoire de Nephté. Il n'y a pas lieu ici à de grands mouvemens oratoires. Mais cette noble simplicité a aussi son éloquence.

ARGUMENT. Nephté , reine d'Egypte , étant morte, son corps est porté devant le tribunal des juges qui devaient approuver ou blâmer son règne. Le grand-prêtre de Memphis , conducteur du convoi, monte sur le pied du char , et se tenant debout et la tête nue, il prononce ce discours :

INEXORABLES dieux des enfers , voilà notre reine que vous avez demandée pour victime dans le printemps de son âge et dans le plus grand besoin de ses peuples. Nous venons vous prier de lui accorder le repos dont sa perte va peut-être nous priver nous-mêmes.

Elle a été fidèle à tous ses devoirs envers les dieux. Elle ne s'est point dispensée des pratiques extérieures de la religion, sous le prétexte des occupations de la royauté, et les seules pratiques extérieures ne lui ont point tenu lieu de vertu. On apercevait au travers des soins qui l'occupaient dans ses conseils, ou de la gaîté à laquelle elle se prêtait quelquefois dans sa cour, que la loi divine était toujours présente à son esprit et régnait toujours dans son cœur. De toutes les fêtes auxquelles la majesté de son rang, le succès de ses entreprises ou l'amour de ses peuples l'ont engagée, il a paru que celles qui l'amenaient dans nos temples étaient pour elle les plus agréables et les plus douces. Elle ne s'est point laissée aller, comme bien des rois, aux injustices, dans l'espoir de les racheter par ses offrandes; et sa magnificence envers les dieux a été le fruit de sa piété et non le tribut de ses remords. Au lieu d'autoriser l'animosité, la vexation, la persécution, par les conseils d'une piété mal entendue, elle n'a voulu tirer de la religion que des maximes de douceur, et elle n'a fait usage de la sévérité que suivant l'ordre de la justice générale et par rapport au bien de l'État. Elle a pratiqué toutes les vertus des bons rois avec une défiance modeste qui

la laissait à peine jouir du bonheur qu'elle
procurait à ses peuples. La défense glorieuse
des frontières, la paix affermie au dehors et
au dedans du royaume, les embellissemens et
les établissemens de différente espèce ne sont
ordinairement, de la part des autres princes,
que des effets d'une sagesse politique, que les
dieux, juges du fond des cœurs, ne récom-
-pensent pas toujours ; mais, de la part de notre
reine, toutes ces choses ont été des actions
de vertu, parce qu'elles n'ont eu pour principe que l'amour de ses devoirs et la vue du
bonheur public. Bien loin de regarder la souveraine puissance comme un moyen de satisfaire ses passions, elle a conçu que la tranquillité du gouvernement dépendait de la tranquillité de son âme, et qu'il n'y a que les esprits
doux et patiens qui sachent se rendre véritablement maîtres des hommes. Elle a éloigné
de sa pensée toute vengeance ; et, laissant à
des hommes privés la honte d'exercer leur
haine dès qu'ils le peuvent, elle a pardonné
comme les dieux avec un plein pouvoir de
punir. Elle a réprimé les esprits rebelles,
moins parce qu'ils résistaient à ses volontés,
que parce qu'ils faisaient obstacle au bien
qu'elle voulait faire. Elle a soumis ses pensées aux conseils des sages, et tous les ordres

du royaume à l'équité de ses lois. Elle a désarmé les ennemis étrangers par son courage et
par la fidélité à sa parole, et elle a surmonté
les ennemis domestiques par sa fermeté et par
l'heureux accomplissement de ses projets. Il
n'est jamais sorti de sa bouche ni un secret ni
un mensonge, et elle a cru que la dissimula-
tion nécessaire pour régner ne devait aller que
jusqu'au silence. Elle n'a point cédé aux im-
portunités des ambitieux, et les assiduités des
flatteurs n'ont point enlevé les récompenses
dues à ceux qui servaient leur patrie loin de
sa cour. La faveur n'a point été en usage sous
son règne; l'amitié même qu'elle a connue et
cultivée ne l'a point emporté auprès d'elle sur
le mérite, souvent moins affectueux et moins
prévenant. Elle a fait des grâces à ses amis, et
elle a donné les postes importans aux hommes
capables. Elle a répandu des honneurs sur les
grands sans les dispenser de l'obéissance, et
elle a soulagé le peuple sans lui ôter la nécessité du travail. Elle n'a point donné lieu à des
hommes nouveaux de partager avec le prince,
et inégalement pour lui, les revenus de son
État, et les derniers du peuple ont satisfait
sans regret aux contributions proportionnées
qu'on exigeait d'eux, parce qu'elles n'ont point
servi à rendre leurs semblables plus riches,

plus orgueilleux et plus méchans. Persuadée
que la providence des dieux n'exclue point la
vigilance des hommes, qui est un de ses présens, elle a prévenu les misères publiques par
des provisions régulières, et, rendant ainsi
toutes les années égales, sa sagesse a maîtrisé
en quelque sorte les saisons et les élémens.
Elle a facilité les négociations, entretenu la
paix et porté le royaume au plus haut point
de la richesse et de la gloire, par l'accueil
qu'elle a fait à tous ceux que la sagesse de son
gouvernement attirait des pays les plus éloignés, et elle a inspiré à ses peuples l'hospitalité, qui n'était point encore assez établie
chez les Égyptiens. Quand il s'est agi de mettre
en œuvre les plus grandes maximes du Gouvernement, et d'aller au bien général malgré
les inconvéniens particuliers, elle a subi avec
une généreuse indifférence les murmures
d'une populace aveugle, souvent animée par
les calomnies secrètes de gens plus éclairés qui
ne trouvent pas leur avantage dans le bonheur
public. Hasardant quelquefois sa propre gloire
pour l'intérêt d'un peuple méconnaissant, elle
a attendu sa justification du temps; et, quoique enlevée au commencement de sa course,
la pureté de ses intentions, la justesse de ses
vues et la diligence de l'exécution lui ont pro-

curé l'avantage de laisser une mémoire glorieuse et un regret universel. Pour être plus en
état de veiller sur le total du royaume, elle a
confié les premiers détails à des ministres sûrs,
obligés de choisir des subalternes qui en choi-
sissaient encore d'autres, dont elle ne pouvait
plus répondre elle-même, soit par l'éloignement, soit par le nombre. Ainsi, j'oserai le
dire devant nos juges et devant ses sujets qui
m'entendent : si, dans un peuple innombrable, tel que l'on connaît celui de Memphis, et
des cinq mille villes de la dynastie, il s'est
trouvé, contre son intention, quelqu'un d'opprimé, non-seulement la reine est excusable
par l'impossibilité de pourvoir à tout, mais
elle est digne de louange, en ce que, connais-
sant les bornes de l'esprit humain, elle ne
s'est point écartée du centre des affaires publiques, et qu'elle a réservé toute son attention pour les premières causes et pour les premiers mouvemens. Malheur aux princes dont
quelques particuliers se louent, quand le public a lieu de se plaindre; mais les particuliers
même qui souffrent n'ont pas droit de condamner le prince, quand le corps de l'État est
sain et que les principes du Gouvernement
sont salutaires. Cependant, quelque irréprochable que la Reine nous ait paru à l'égard des

hommes, elle n'attend, par rapport à vous,
ô justes dieux! son repos et son bonheur que
de votre clémence.

~~~~~~~~~~~~~~~~~~~~~~~~

DISCOURS prononcé par **D'Aguesseau** à la
Chambre de justice, en annonçant la
suppression de cette chambre.

(D'AGUESSEAU.)

Style pompeux et périodique, convenable à
la solennité de la circonstance.

————

JE viens vous annoncer la fin de vos travaux, et vous marquer en même temps la satisfaction que le Roi et M. le Régent conserveront toujours du zèle et du courage avec
lesquels vous avez fourni une triste et pénible
carrière.

Les peuples de ce royaume, depuis long-
temps en proie à l'avidité de leurs propres
citoyens (1), demandaient des vengeurs; vous
avez été choisis pour exercer ce ministère redoutable, et le public a applaudi à un choix
qui remettait ses intérêts à de si dignes mains.

————————

(1) Les Traitans.

Mais vous savez que les remèdes mêmes peuvent quelquefois devenir des maux quand ils durent trop long-temps. A la vue d'une multitude de criminels qui, par le mélange du sang et des fortunes, ont su intéresser jusqu'aux parties saines de l'État, le public effrayé tombe dans une espèce de consternation et d'abattement qui retarde les opérations, et qui fait languir tous les mouvemens du corps politique. Tel est même le caractère du peuple, qui, toujours sujet à l'inconstance, passe aisément de l'excès de la haine à l'excès de la compassion ; il aime le spectacle d'un châtiment prompt et rigoureux, mais il ne peut en soutenir la durée, et laissant bientôt affaiblir sa première indignation contre les coupables, il s'accoutume presque à les croire innocens lorsqu'il les voit long-temps malheureux.

C'est à la prudence du souverain qu'il est réservé d'étudier ces divers mouvemens, de savoir changer en régime des remèdes trop forts pour la disposition du malade, et de tempérer tellement la sévérité avec l'indulgence, que la rigueur de l'une contienne chacun dans les bornes du devoir, et que la douceur de l'autre rétablisse dans les esprits une confiance non moins nécessaire que la crainte pour la gloire et pour la félicité du Gouvernement.

Ainsi la même sagesse qui a donné l'être à la chambre de justice en ordonne aujourd'hui la fin, et vous renvoie à des fonctions plus douces, mais non pas moins importantes, où, à l'exemple des grands magistrats (1) que le Roi avait mis à votre tête, vous porterez toujours le même esprit de justice, le même amour du bien public dont vous avez été animés jusqu'à présent.

Il aurait été plus avantageux pour le public, et plus honorable pour cette compagnie, que la même voix (2) qui forma son union eût pu aussi vous annoncer sa séparation. Mais puisque, par un événement imprévu et par un choix aussi peu désiré que mérité, je me trouve aujourd'hui honoré de cette fonction, j'ose vous assurer au moins que personne ne pouvait vous donner avec plus de plaisir les éloges qui sont dus à vos services et à un zèle supérieur aux services mêmes.

Si son étendue n'a pu être entièrement remplie, vous aurez du moins la satisfaction pré-

---

(1) MM. de Lamoignon et Portail, présidens du Parlement.

(2) Le chancelier Voisin, mort le 2 février précédent.

cieuse à des gens de bien, d'avoir arrêté le
cours d'une déprédation que le malheur des
temps semblait avoir mise au-dessus des lois,
et vous emporterez avec vous la consolation
de sentir que la date de la chambre de justice
va devenir une époque mémorable par laquelle
on marquera désormais le temps où la règle
a succédé à la licence, l'ordre à la confusion,
la lumière à l'obscurité, et où la sagesse qui
nous gouverne, affranchie de la dure nécessité
de se faire craindre par la rigueur du prince,
n'aura plus que le plaisir de se faire révérer
par les bienfaits, et, toujours appliquée au soulagement des peuples, goûtera la gloire solide
d'avoir établi la grandeur du Roi sur le bonheur
de ses sujets.

HARANGUE au Roi.

(FLÉCHIER, *Harangue au sujet de la paix*, en 1697.)

Il y a de la noblesse et de la délicatesse dans cette harangue, et le style est ici, comme dans tous les ouvrages de Fléchier, celui de la véritable langue française.

———

ARGUMENT. Lorsque la paix générale fut conclue à Riswick, Fléchier, à la tête du clergé, alla féliciter le Roi de ses heureux succès et de la paix qui les avait enfin couronnés.

SIRE, lorsque nous allions tous les ans reconnaître aux pieds des autels la protection du Dieu des armées, dans les victoires que vous remportiez sur vos ennemis, quelque grande que fût notre joie, elle ne pouvait être parfaite. Le Ciel, qui nous était si favorable, ne laissait pas d'être irrité. Nous nous réjouissions des événemens glorieux d'une guerre qui pouvait être fatale et qui devait recommencer. Votre Majesté elle-même n'était pas moins sensible à nos pertes qu'à ses propres avantages, et si vos peuples étaient touchés de votre gloire, vous l'étiez, Sire, des besoins et des gémissemens de vos peuples.

Mais aujourd'hui tous nos souhaits sont accomplis. La discorde s'éloigne du monde chré-

tien sans espérance de retour. Nous voyons
finir non-seulement les dangers présens, mais
encore les craintes de l'avenir, et nous n'avons
plus rien à demander au Ciel, dans les douceurs de la paix dont nous jouissons, que le
repos et la conservation de celui qui nous l'a
donnée. Tant de princes jaloux (1), qui semblaient avoir conjuré la ruine de cet État, ont
enfin reconnu, Sire, que votre puissance et
votre grandeur étaient au-dessus de l'envie ;
qu'ils ne pouvaient espérer d'autres avantages
que ceux que vous voudriez bien leur céder ;
que votre justice et votre bonté étaient la seule
ressource qui leur restait, et que, ne pouvant
résister à la force de vos armes, la seule gloire
qu'ils avaient à gagner sur vous était de mériter votre bienveillance.

Vous leur avez offert par modération, Sire,
la paix qu'ils n'osaient presque vous demander ; et, prévenant le besoin qu'ils en avaient,
vous avez cru qu'il y avait plus de générosité
à les satisfaire qu'à les accabler. Dans un temps
où votre puissance semblait croître par la
continuation de la guerre, vous leur avez
dressé vous-même le plan et le projet de leur

_____

(1) Ceux d'Allemagne, d'Angleterre, d'Espagne, de
Hollande et de Savoie.

fortune, en leur rendant, par religion ou par
grandeur d'âme, des places (1) que votre valeur vous avait justement acquises. Lors même
que vous pouviez attendre de nouveaux succès, non-seulement de la bonté de votre cause,
mais encore de la supériorité de vos armes,
vous avez bien voulu sacrifier au repos public
les conquêtes que vous aviez faites, et celles
que vous étiez en état de faire, et payer ainsi
de votre propre gloire le bonheur que vous
procurez à vos peuples.

Ces villes, Sire, que votre Majesté remet
comme en dépôt à leurs anciens possesseurs,
tant qu'ils auront le cœur pacifique, seront
pour eux un monument éternel de votre puissance et de votre généreuse équité. Ils auront
sans cesse devant les yeux ce qu'ils avaient
perdu par leur faiblesse, ce qu'ils ont recouvré par votre libéralité, et ce qu'ils pourraient
perdre encore par leur mauvaise conduite,

Pour nous, Sire, nous voyons avec plaisir revenir ces jours heureux qui doivent couronner un règne aussi glorieux que le vôtre.
Par vos ordres et par vos soins, le commerce

---

(1) Le Roi rendit à l'Espagne ce qu'il avait conquis
sur elle depuis le traité de Nimègue, et diverses places
aux autres Etats.

se rétablit; nos ports s'ouvrent dans l'une et dans l'autre mer. Les richesses étrangères vont aborder de toutes parts. Ceux qui étaient nos ennemis deviennent nos hôtes ; ennuyés de la disette de leurs climats, ils ont recours à la fertilité des nôtres, et votre Majesté répand déjà sur nous ses grâces à pleines mains. Votre cœur, Sire, n'a pu retenir plus long-temps sa tendresse pour ses sujets ; la paix est à peine conclue, que vous leur en faites goûter les douceurs. Vous leur ôtez une partie du fardeau dont vous allez bientôt les décharger entièrement, et vous ne témoignez pas moins d'impatience à les soulager, que vous avez eu de persévérance à les défendre.

Il ne nous reste plus, Sire, qu'à demander à Dieu qu'il donne à votre Majesté de longues et tranquilles années, et, qu'après lui avoir fait sentir tous les plaisirs que donne la gloire, il verse dans son cœur toutes les douceurs de la paix.

CONSEILS *pour analyser un Discours.*

TOUT discours ne se compose pas infailliblement d'autant de parties distinctes qu'il y a de divisions établies par les rhéteurs. Beaucoup n'ont pas d'*exorde* proprement dit, beaucoup manquent de *péroraison* ou de *narration*, *etc.* Cependant ces termes sont utiles pour préciser les idées.

Afin d'étudier un discours avec fruit, on peut profiter des conseils suivans :

Lorsqu'on a pris connaissance du sujet et lu le discours, on cherche d'abord à se rendre compte de l'impression générale qu'il a produite sur l'esprit, et on s'explique cette impression d'une manière brève et précise, pour la conserver dans toute sa force.

Il est bon de dépouiller ensuite le morceau qu'on veut analyser de tout développement et de toute forme oratoire. La logique n'est pas l'éloquence, mais elle en est la base. Ainsi réduit à ce qui est fondamental, le discours présentera ordinairement peu d'idées. Les idées principales (je ne dis pas les idées importantes, car il peut y avoir des idées accessoires d'une grande importance) sont toujours en très-petit nombre. On pourra ainsi l'embrasser rapidement d'un coup-d'œil.

Alors on se rapprochera des détails, et l'on examinera quelle idée principale a reçu le plus de développemens, quelle en a reçu le moins, et ces développemens eux-mêmes, quels ils sont. On caractérisera successivement toutes les parties, en remarquant toujours la convenance ou la disconvenance des développemens et des idées partielles.

Enfin, on passera à l'examen du style, et le premier soin sera de voir s'il est d'accord avec le sujet, et toujours en harmonie avec les pensées. Toutes les autres qualités qu'on peut remarquer dans le style, depuis le mouvement des phrases jusqu'à l'élégance, l'énergie, etc. des expressions, seront l'objet d'un dernier examen.

Je conseillerais aussi, après qu'on aura fait avec soin cette analyse, de relire le discours d'un bout à l'autre, parce qu'alors toutes les observations, et sur l'ensemble et sur les détails, apparaîtront à la fois, réunies autour d'un centre commun qui leur donnera plus d'intérêt et de vie.

J'essaie d'appliquer cette méthode à l'un des plus beaux discours de Mézerai ; nous y trouverons beaucoup à louer et quelques détails à reprendre.

TANNEGUY DU CHATEL A CHARLES VII.

Voyez liv. i, section iii.

Sujet. — *Voyez* l'argument.

Caractère général du discours. — *Voyez* à la suite du titre.

Idées principales. — Depuis long-temps, Tanneguy du Châtel aurait sollicité sa retraite de la Cour, s'il n'avait craint le soupçon d'infidélité, ou au moins d'insouciance ; il se joint volontiers à ses ennemis pour le demander aujourd'hui. — Ferait-il ce qu'il n'a jamais fait ? Mettrait-il l'intérêt d'un particulier en balance avec l'intérêt public ? — Charles aussi doit songer d'abord à la France. — D'ailleurs, il est temps qu'un faible vieillard cède la place à des serviteurs plus utiles à la cause du Roi et de la patrie.

Développemens. — Des deux idées fondamentales de ce discours, le peu de regrets que doit laisser à Tanneguy sa retraite de la Cour, et les avantages qui en résulteront pour le Roi et la France, la seconde est évidemment la plus importante à développer. C'est le fond du sujet, il faut que Charles se persuade que la démarche proposée est nécessaire : aussi l'auteur s'est-il arrêté surtout à ce point. Mais un prince loyal et généreux aurait pu hésiter entre son intérêt et sa reconnaissance envers un fidèle serviteur. Il fallait donc

prévenir avant tout cette lutte pénible, et commencer par lui montrer que la démarche dont il
s'agit est appelée par les vœux même de celui
qui en est l'objet. Il fallait encore terminer par
cette idée, afin de ne laisser au prince aucun
scrupule. Voilà, ce me semble, pourquoi l'exorde
et la péroraison sont et devaient être consacrés à
implorer comme une faveur ce que Charles en-
visageait comme une disgrâce.

Le développement de la seconde idée fonda-
mentale se compose de deux parties. Tanneguy
exprime d'abord son désintéressement, et ensuite
il fait remarquer à Charles les avantages qu'il re-
tirera de cette mesure. Il était naturel que la première partie fût moins développée que la seconde.
Quoique l'orateur intéresse toujours lorsqu'il se
met lui-même en scène avec convenance et dignité,
il doit cependant s'arrêter davantage sur des considérations générales, lorsqu'il veut faire croire à
son désintéressement.

En revenant sur nos pas pour remarquer quelques idées partielles, nous verrons qu'il y a quelque
chose de fort et d'ingénieux à la fois dans cette
transition : *mais puisque mes ennemis même demandent ce que je souhaite.* Il semble que ses
ennemis et lui agissent et parlent ici de concert.
Il y a encore beaucoup de naturel et de mouvement dans cette seconde transition : *les faveurs que
j'ai reçues de votre main,* etc. Et dans la phrase
suivante, où l'orateur passe du premier dévelop-

pement au second, sans que l'effort se fasse sentir.
Je trouve une précision très-remarquable dans
cette phrase, qui présente en peu de mots, et sous
le jour le plus frappant, les avantages que Charles
doit espérer si Tanneguy du Châtel se retire :
Votre sûreté et le bien de la France, etc.

Le caractère de la péroraison est ce qu'il devait être ; il exprime le calme d'un sage qui se
résigne et se sacrifie. Les divers motifs y sont heureusement résumés.

Le style de tout ce discours me paraît généra-
lement convenable au sujet, plein de franchise,
de précision et d'énergie. Cependant j'y blâme-
rai quelques antithèses superflues. C'était bien le
lieu d'en employer quelques-unes ; entre l'intérêt
et le désintéressement, entre l'utilité de sa retraite et l'inutilité de sa présence, l'orateur avait
des contrastes à exprimer ; mais il abuse quelquefois de ce moyen, et la dernière phrase,
sous ce rapport, ne me paraît pas irréprochable.

Observations de détails. — L'exorde de ce discours rappelle celui du discours adressé par Sé-
nèque à Néron dans une circonstance pareille
(*Voyez* le *Conciones latin*). Il peut être intéressant de comparer les deux morceaux.

Force et vérité dans cette antithèse : *Je vous
supplie, Sire, d'accorder à mes services ce qu'ils
croient devoir être accordé à leur vengeance.*

Beaucoup de noblesse et de franchise dans le

mouvement et les expressions de cette phrase : *Ç'a toujours été ma pensée, etc.*

Phrase élégamment écrite : *Cette monarchie, pour le salut de laquelle, etc.*

Donc, etc. Aujourd'hui, on ne place guère ce mot au commencement d'une phrase que pour tirer une conclusion logique. Alors il s'employait même pour annoncer un mouvement oratoire.

Expressions énergiques et dignes de la pensée : *Distribuez, s'il vous plaît, vos autres bienfaits, etc.*

Toute la fin de ce discours, à l'exception des derniers mots, qui me semblent peu naturels, est écrite d'un style ferme et hardi. Plusieurs termes et plusieurs tournures, comme : *Est aussi plus séante à ma vieillesse, ma vigueur étant presque toute usée,* pour être un peu vieillis ou familiers, n'en font pas un effet moins heureux, parce qu'ils se soutiennent et s'expliquent les uns les autres.

―――――

Sauf quelques observations de détail sur lesquelles je ne veux pas m'appesantir, telle serait à-peu-près, selon moi, l'analyse de ce discours, et telle aussi je crois que peut être la méthode d'analyse pour tous les autres. Je recommande de nouveau de relire le discours tout entier.

FIN.

TABLE DES MATIÈRES.

FIN DE LA TABLE.

TRAITÉ

DES

'ANS NATURELS,

TÉRINS, INCESTUEUX

ET ABANDONNÉS.

A SON ALTESSE SÉRÉNISSIME

GR. LE DUC DE PARME,

, ARCHICHANCELIER DE L'EMPIRE.

PAR M. LOISEAU,

DROIT, AVOCAT A LA COUR DE CASSATION
AU CONSEIL IMPÉRIAL DES PRISES.

A PARIS,

TOINE, au Bureau de la Jurisprudence du Code
on, rue Pavée-St.-André-des-Arcs, n°. 3.

M. DCCC XI

www.ingramcontent.com/pod-product-compliance
Lightning Source LLC
Chambersburg PA
CBHW050549270326
41926CB00012B/1973